GÉOGRAPHIE DE LA FRANCE

ET

DE SES COLONIES

3ᵉ Année d'Enseignement primaire supérieur

PRÉPARATION DU BREVET ÉLÉMENTAIRE

ENSEIGNEMENT PRIMAIRE SUPÉRIEUR

Préparation au Brevet élémentaire

A. PIERRE et Mlle A. MARTIN. — **Cours de morale théorique et pratique.**
1 vol. in-12, broché, **1 50**; relié toile. 2 »

— **Extraits des moralistes et des écrivains français.** 1 vol. in-12, broché 2 25;
relié toile. 2 75

A. JACQUET et LACLEF. — **Cours d'Arithmétique théorique et pratique.**
1 vol. in-12, broché, 2 50; relié. 3 »

— **L'Arithmétique du Brevet** élémentaire. 1 vol. in-12, broché, 1 75;
relié. 2 25

— **Solutions raisonnées des Problèmes et Exercices** contenus dans l'Arithmétique du Brevet élémentaire. 1 vol. in-12, broché. 3 »

BOURGUEIL. — **Droit usuel et Économie politique.** 1 vol. in-12, cart. 2 25

A. AMMANN et E. COUTANT. — **Cours des Écoles primaires supérieures.**

— *Première année.* — **Histoire de la France** depuis le début du xvie siècle
jusqu'en 1789. 1 vol. in-12, f. toile. 2 50

— *Deuxième année.* — **Histoire de la France** depuis 1789 jusqu'à nos jours.
1 vol., relié f. toile.

— *Troisième année.* — *Histoire générale de 1789 à nos jours :* **Tableau politique et économique du Monde Contemporain.** 1 vol in-12, f. toile. 3 »

— **Histoire de France du Brevet élémentaire.** 1 vol. in-12, relié toile. 2 50

— **Notions sommaires d'histoire générale et revision de l'histoire de France.**
1 vol. in-12, cartonné. 2 50

(Pour les autres Cours D'AMMANN et COUTANT, destinés à l'enseignement primaire supérieur et à la préparation des Brevets, *voir le catalogue
spécial.*)

BOCQUILLON. — **Comment on prend un croquis;** *la perspective rendue facile.*
1 vol. in-4°, italienne, cartonné. 2 50

J. STEEG. — **L'Honnête homme.** Cours de morale théorique et pratique.
1 vol. in-12, relié. 3 50

— **La Vie morale.** Lectures choisies et annotées. 1 vol. in-12, relié. 3 50

ANGOT et BONHOURE. — **L'Enseignement civique du Brevet élémentaire.**
(En route vers la majorité.) 1. vol. in-12, cartonné. 1 10

RAUBER. — **Principes et Exercices de Composition.** 1 vol. in-12, cart. 2 »
Exercices de style et de Composition (livre du maître du précédent).
1 vol. in-12, cartonné. 3 50

R. PESSONNEAUX. — **Lexicologie élémentaire.** 1 vol. in-12, cart. 1 25

R. PESSONNEAUX et GAUTIER. — **Lexicologie française** (origine, formation et signification des mots). 1 vol. in-12, relié. 3 50

GÉOGRAPHIE

DE LA FRANCE

ET DE SES COLONIES

ACCOMPAGNÉE DE

Croquis, Photogravures, Tableaux synoptiques, Lectures

PAR

GASTON DODU

Inspecteur d'Académie
Ancien professeur d'Histoire et Géographie
Docteur ès lettres

Troisième Année

NOUVELLE ÉDITION REVUE ET CORRIGÉE

PARIS

LIBRAIRIE CLASSIQUE FERNAND NATHAN

18, RUE DE CONDÉ (6º)

1903

CARTES MUETTES D'EXERCICES

(Format de 0ᵐ,34 × 0ᵐ,45)

d'après **BONNEFONT**

Prix de chaque carte : **10** centimes. — Le cent : **7 fr. 50**

Ces cartes, d'une clarté parfaite, remises complètement à jour, rendent les plus grands services aux professeurs et aux élèves; n'indiquant que les contours et les grandes divisions intérieures, elles laissent une *large part de travail* aux élèves tout en leur évitant une copie fastidieuse. Nous ne saurions trop les recommander pour les compositions et les exercices quotidiens.

Voir le détail au Prospectus spécial

PRÉFACE

—

Nous avons écrit ce livre pour les élèves de nos *écoles primaires supérieures*. Non seulement nous nous sommes appliqué à en mettre le ton au niveau de l'enseignement donné dans ces établissements, mais nous avons voulu aussi qu'il fût le *développement fidèle de leur programme*. Pour simplifier la tâche de l'enfant, quelquefois aussi celle du maître, trop souvent obligés, lorsqu'ils ne veulent laisser aucune question sans réponse, de frapper à plusieurs portes, nous avons suivi ce programme pas à pas.

Il faut lire notre livre le programme à la main.

Ceux auxquels il s'adresse y trouveront tout ce qu'il est néces-saire qu'ils sachent bien. Ils pourront, sans dommage, ignorer tout ce qui, de propos délibéré, a été passé sous silence . En y cherchant des noms de villes, de rivières ou de montagnes qu'ils n'y rencontreront pas, ils finiront peut-être par *réagir contre l'instinctive tendance* qui les porte à *confondre la nomenclature avec la géographie.* Mais ils ne devront rien oublier de ce qu'ils y auront lu. Les connaissances acquises par ce moyen suffiront à leur culture, à la condition qu'ils n'en négligent aucune parcelle. Nous avons fait des coupes sombres dans l'épaisse forêt des mots géographiques. C'est assez dire que tout ce qui a été respecté devra être retenu.

Au reste, les sacrifices que nous avons consentis feront ressortir l'importance de ce que nous avons conservé. Puisse donc notre méthode fortifier, chez qui s'en pénétrera, le goût *exclusif* des choses vraiment bonnes et profitables !

Le plan suivi est des plus simples. Chaque numéro du programme a donné matière à un chapitre du livre. Chaque chapitre, précédé de *Notions générales*, et suivi d'un *Tableau synoptique*, a été divisé en *Leçons* comprenant à leur tour trois parties distinctes : un *Résumé,* un *Récit*, une *Lecture*. Toutes les fois que cela a paru nécessaire, des *Croquis*, destinés à éclairer le texte, y ont été intercalés. Croquis très simples, dans le genre de ceux qu'un instant suffit pour tracer à grands traits, en parlant, au tableau noir, ils peuvent, à la rigueur, *dispenser de tout atlas*. Ils ne contiennent aucun mot qui ne soit dans le texte, mais ils contiennent tous ceux qui s'y trouvent. L'indication de *Sujets de devoirs*, qu'il sera facile à nos maîtres de multiplier et de varier à leur gré, termine chacune des quatre grandes parties de l'ouvrage. Croquis ou récits, ces devoirs sont choisis de manière à permettre à l'élève de s'acquitter honorablement de sa tâche, sans l'appoint d'aucun secours étranger. La réflexion sera son principal instrument. Il fera appel à ses souvenirs, mais n'aura jamais l'occasion de répéter machinalement, sans profit pour son intelligence, ce qu'il aura retenu. S'il ne pouvait être autre chose que le résultat d'un effort de mémoire, le devoir de géographie devrait être abandonné.

Mais nous avons cru encore devoir satisfaire au besoin de représentation par l'image, naturel chez l'homme, à plus forte raison chez l'enfant. De là nos *Gravures*. Si forcément restreint qu'en soit le nombre, elles nous paraissent capables de fixer dans son imagination la physionomie de quelques-uns des sites dont il aura lu la description. Sans compter qu'elles éveilleront sa curiosité.

Il trouvera, enfin, dans notre *Appendice*, quelques notions complémentaires qui, intercalées dans le texte, auraient risqué d'obscurcir, au profit de la nomenclature, l'idée générale qui toujours doit demeurer au premier plan ; de même que notre *Index alphabétique*, lui permettra d'entreprendre, sans trop de peine, le travail de synthèse qui peut, en fin d'année, n'être pas sans profit.

Conçue dans cet esprit, la présente publication nous paraît venir à son heure et répondre à la sollicitude éclairée avec laquelle l'Administration supérieure se préoccupe d'assurer l'avenir d'une des classes les plus laborieuses et les plus intéressantes de notre démocratie.

Gaston Dodu.

PREMIÈRE PARTIE

GEOGRAPHIE PHYSIQUE

CHAPITRE I

NOTIONS PRÉLIMINAIRES

NOTIONS GÉNÉRALES

La géographie d'un pays explique en partie son histoire. Quelque vertu qu'on accorde aux institutions, aux mœurs, ou à l'esprit politique de ses habitants, on doit faire état de la supériorité qui résulte de sa constitution physique. Il y a là un facteur à peine moins déterminant des destinées d'un peuple que sa valeur intellectuelle et morale. Le développement politique particulier de la France a été une conséquence de sa parfaite unité géographique.

LEÇON I

**Situation entre l'Océan et la Méditerranée.
Forme. — Étendue.**

RÉSUMÉ. — 1. Situation. — Dans la zone tempérée; à égale distance du pôle et de l'équateur; à l'ouest de l'Europe et au point où les mers du Nord et la Méditerranée sont séparées

par l'isthme le plus étroit. La France doit à cette position
d'être le lieu de passage du monde méditerranéen au monde
océanique.

2. Forme. — Hexagone dont les côtés constitués alternativement par des frontières de terre et de mer se correspondent
avec régularité.

3. Étendue. — Avec ses 536.408 kilomètres carrés, la France
ne vient qu'au cinquième rang en Europe ; mais la médiocrité
d'étendue ne saurait prévaloir sur les avantages résultant de la
situation et de la forme.

RÉCIT. — **1. Situation.** — La France occupe parmi toutes les
régions du globe une situation privilégiée.

Comprise entre le 42°20′ et le 51°5′ de latitude nord, le 7°8′
de longitude occidentale et le 4°51′ de longitude orientale, elle
est au cœur de la zone tempérée, à égale distance du pôle et
de l'équateur. Protégée à la fois contre les chaleurs de l'un et
les glaces de l'autre, elle offre un exemple de concentration des
conditions les plus favorables à la variété des cultures comme
au développement de la vie humaine.

A cet avantage, qu'elle partage avec presque tout le reste
de l'Europe, la France joint celui d'être, sur cette partie du
continent, le lieu de passage du monde méditerranéen au monde
océanique. D'une part, en effet, il n'est pas entre les mers
du Nord et la Méditerranée d'isthme plus étroit que celui dont
son territoire est formé : on ne compte guère, à vol d'oiseau,
plus de 200 lieues depuis le delta rhodanien jusqu'à l'estuaire
de la Seine, ni plus de la moitié entre les golfes de Gascogne
et du Lion. D'autre part, en raison de la médiocrité générale
du relief, les communications sont plus faciles à travers l'isthme
français qu'en aucun autre point de la masse européenne : le
Massif Central est le seul obstacle qui s'y rencontre ; encore
des routes naturelles, suivies aux différentes époques par les
migrations, la conquête et le commerce, permettent-elles de le
contourner.

La France est, par suite, le pays d'Europe le plus directement ouvert vers le nouveau monde où la civilisation fut portée, et vers l'ancien d'où elle est venue. Les lignes droites qui unissent l'Italie à l'Angleterre, l'Allemagne à l'Espagne, se croisent en son centre. Là passent les routes de New-York et Londres à Constantinople, au Caire et à la Chine; de Saint-Pétersbourg à Madrid, Lisbonne et le Brésil. C'est le chemin le plus court de l'Afrique à l'Angleterre, de la vieille Asie à la jeune Amérique.

2. Forme. — Par l'harmonie de ses formes, la France est aussi privilégiée que par l'excellence de sa position. Elle n'est ni une bande de terre allongée, comme l'Italie ou la Scandinavie, ni un continent compact, comme l'Espagne. L'équilibre entre les frontières de terre et de mer n'est nulle part mieux assuré que chez elle : l'Autriche-Hongrie, enfoncée dans l'épaisseur des terres, n'a sur mer qu'un jour étroit; l'Angleterre est une île éloignée de toute terre; la France, au contraire, malgré sa double façade sur l'Océan et la Méditerranée, tient étroitement à tout le reste de l'Europe. Elle offre à peu près l'aspect d'un **hexagone** dont les sommets sont Dunkerque, la pointe Saint-Mathieu, l'embouchure de la Bidassoa, le cap Cerbère, le territoire de Menton, le mont Donon, et dont les fronts maritimes et terrestres se correspondent avec une remarquable régularité.

3. Étendue. — Qu'importe la médiocrité de son étendue en comparaison de sa position privilégiée ou de son harmonique structure? Avec une superficie de **536.408** kilomètres carrés, Corse comprise, la France n'est que la **deux cent cinquantième partie** des continents. Elle ne vient qu'au **cinquième** rang en Europe, après la Russie, la Suède-Norvège, l'Autriche-Hongrie, l'Allemagne. La Chine, les États-Unis, la Russie sont des colosses à côté d'elle. La France n'en a pas moins joué un rôle important dans l'histoire du monde, tant il est vrai que les avantages naturels d'un pays contribuent puissamment à son progrès social et à sa grandeur politique.

LECTURE

Elégance des formes de la France. — « La France se distingue entre toutes les contrées de l'Europe par l'élégance et l'équilibre de ses formes. Ses contours mouvementés s'harmonisent de la manière la plus gracieuse avec la solide majesté de l'ensemble et se développent régulièrement en une série d'ondulations rythmiques. Un méridien que l'on peut considérer comme un axe idéal réunit les deux extrémités saillantes du territoire en passant à travers la capitale et le centre de figure et partage la France en deux moitiés presque symétriques. De chaque côté de cet axe se disposent les faces du grand hexagone que représente le pourtour du pays. Au nord-ouest, le rivage de la Manche correspond à la frontière de Belgique exposée au nord-est ; à l'ouest, les côtes de Bretagne et du Poitou forment avec les plages rectilignes des Landes une courbe concave tournée vers la haute mer, tandis qu'à l'est les limites de la France décrivent une autre concavité vigoureusement accentuée par les rangées du Jura et les massifs des Alpes. Enfin, au sud-ouest, l'arête des Pyrénées fait équilibre aux rivages méridionaux du Languedoc et de la Provence, dont la direction générale est celle du nord-ouest. Des deux diagonales de la France, l'une réunit deux frontières terrestres, celle de la Belgique et de l'Espagne, l'autre rejoint les deux mers, l'Atlantique et la Méditerranée. Ces frontières de terre et de mer qui se succèdent ainsi avec une si remarquable alternance présentent respectivement à peu près la même longueur, du moins en ligne droite, tant la pondération est grande entre les diverses parties de la contrée. » (E. Reclus, *Nouvelle Géographie universelle*, **Hachette**, éditeur.)

TABLEAU SYNOPTIQUE

NOTIONS PRÉLIMINAIRES

<table>
<tr><td rowspan="3">LA FRANCE</td><td>I
Situation</td><td>1. Dans la zone tempérée ; à égale distance du pôle et de l'équateur.
Conséquences : également protégée contre les froids polaires et les chaleurs équatoriales.
2. Au point où les mers du Nord et la Méditerranée sont séparées par l'isthme le plus étroit.
Conséquences : lieu de passage du monde méditerranéen au monde océanique.</td></tr>
<tr><td>II
Forme</td><td>Hexagone aux côtés alternativement constitués par des frontières terrestres et maritimes.
Conséquences : équilibre entre la terre et la mer.</td></tr>
<tr><td>III
Étendue</td><td>Médiocre (536.408 kilomètres carrés).
Médiocrité compensée par les privilèges de la situation et l'harmonie de la forme.</td></tr>
</table>

CHAPITRE II

LIMITES

NOTIONS GÉNÉRALES

Si la situation et la structure favorisent le développement politique et social d'un pays, la nature de ses limites assure sa cohésion. Ce n'est pas seulement sa constitution anarchique qui livra la Pologne à ses ambitieux voisins, c'est encore et surtout son manque de frontières naturelles. La France, au contraire, offre, sur presque tout son pourtour, un ensemble nettement délimité par la nature. Sauf au nord-est, où la ligne de démarcation est factice, la mer ou les montagnes forment partout ceinture. Est-il meilleur talisman contre l'invasion et le démembrement?

Leçon I

Avant et après 1871

RÉSUMÉ. — **1. Les limites avant 1871** étaient marquées à l'est par le Rhin ; mais le traité de Francfort (10 mai 1871), en nous arrachant l'Alsace-Lorraine, nous en a éloignés.

2. Les limites actuelles s'arrêtent aux Vosges dont les deux versants sont même, à partir du mont Donon, possédés par nos voisins.

Récit. — **1. Limites anciennes.** — Au nord-ouest, à l'ouest et au sud-est, la France a ses flancs baignés par la *mer du Nord*, la *Manche*, l'*Atlantique*, la *Méditerranée*. Le rempart des *Pyrénées*, des *Alpes*, du *Jura* la bastionne au sud-ouest et à l'est, l'isolant de l'Espagne, de l'Italie, de la Suisse. Exception

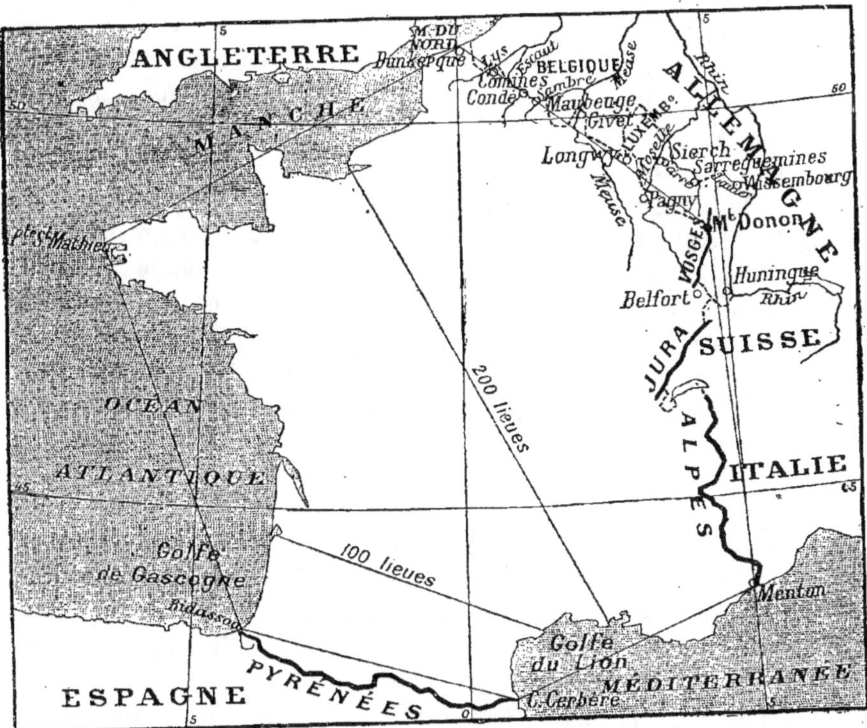

Croquis 1. — Situation. — Forme. — Limites.

faite de la partie méridionale des *Vosges*, une simple ligne conventionnelle la sépare, au nord-est, de l'Allemagne, du Luxembourg, de la Belgique. C'est, par suite, au nord-est que les modifications les plus fréquentes et les plus sérieuses ont pu être opérées. La dernière, conséquence de notre guerre avec la Prusse, remonte au traité de Francfort (10 mai 1871). Avant cette date, la frontière franco-allemande suivait la rive gauche du Rhin depuis *Huningue* jusqu'au confluent de la *Lauter*; puis, par une ligne tracée le long de cette rivière jusqu'aux environs de *Wissembourg* et coupant la *Sarre* près de *Sarreguemines*, la-*Moselle* près de *Sierck* rejoignait l'angle sud-est du grand-duché de Luxembourg.

2. Limites nouvelles. — Aujourd'hui elle traverse la *trouee de Belfort*, à 12 kilomètres au nord de cette place, suit les *Vosges* jusqu'au *mont Donon*, tourne brusquement vers l'ouest jusqu'à la *Moselle* qu'elle coupe en aval de *Pagny*, puis court directement au nord pour rejoindre, près de *Longwy*, l'angle sud-ouest du grand-duché de Luxembourg.

De *Longwy* à *Dunkerque*, la frontière franco-belge, quoique artificielle comme la précédente, n'a subi aucune retouche depuis 1830. Elle est marquée par une ligne qui coupe la *Meuse* à *Givet*, la *Sambre* en aval de *Maubeuge*, l'*Escaut* près de *Condé*, la *Lys* à *Comines*. Il est vrai qu'elle est garantie par le boulevard de la Belgique neutralisée.

LECTURE

Etat précaire de notre frontière du nord-est après la guerre de 1870-1871. — « Au point de vue des intérêts de la défense du territoire, les clauses du malheureux traité de Francfort nous avaient fait une situation lamentable. Il s'était ouvert, à notre frontière de l'est, une brèche qui, de Longwy à la Suisse, ne mesurait pas moins de 250 kilomètres. Appuyés sur des places fortes couvrant leur flanc droit, nos vainqueurs pouvaient se concentrer à leur aise sur la ligne Metz-Sarrebourg et de là se jeter derechef sur la France. Le système des voies de communication praticables se prêtait admirablement au succès de toutes leurs entreprises[1]. » (Hennebert, *La Guerre*, **Hachette et C** **ie**, éditeurs).

1. On verra plus loin, pp. 148 et 149, par quels obstacles artificiels le Génie militaire a fermé la brèche à l'invasion.

TABLEAU SYNOPTIQUE

LIMITES

I
Avant 1871

1. *Immuables :* en tous points, sauf au nord-est (mer du Nord, Manche, Atlantique, Méditerranée, Pyrénées, Alpes, Jura).

2. *Variables au nord-est*

  a Franco-allemandes (Rhin, d'Huningue au confluent de Lauter ; Lauter, jusqu'aux environs de Wissembourg ; Sarreguemines sur Sarre ; Sierck sur Moselle ; angle sud-est du Luxembourg).

  b Franco-belges (ligne coupant Meuse à Givet, Sambre à Maubeuge, Escaut à Condé, Lys à Comines).

II
Depuis 1871

1. *Immuables :* les mêmes.

2. *Variables*

  a Franco-allemandes (trouée de Belfort, Vosges jusqu'au Donon, du Donon à Pagny-sur-Moselle, de Pagny à Longwy).

  b Franco-belges : les mêmes.

CHAPITRE III

RELIEF

NOTIONS GÉNÉRALES

Un regard jeté sur une carte de France suffit à donner une idée du relief de ce pays. Tirez une ligne de Bayonne (Basses-Pyrénées) à Mézières (Ardennes), et vous aurez à l'est la *partie montagneuse*, à l'ouest la *partie des plaines*. Les vallées de la Garonne, du Rhône et de la Seine supérieure interrompent seules la zone d'élévations, de même que les plateaux d'Artois, de Picardie, de Caux, et les collines du Poitou, du Perche, de Normandie, de Bretagne sont les seules saillies de la zone basse. Cela fait, suivez la pente des plaines doucement inclinée vers le sud-ouest et le nord-ouest, et vous aboutirez à la *ligne des côtes* ou ligne de rencontre entre la terre et la mer. C'est dans cette double direction qu'exception faite du jour ouvert sur la Méditerranée par la vallée du Rhône il faut aller chercher la mer.

Il suit de là que l'étude générale du relief français doit porter successivement sur les *montagnes*, sur les *plaines*, sur les *côtes*.

Nos *montagnes* offrent l'exemple de structures les plus diverses : chaînes dans les Alpes, les Pyrénées, le Jura, les Vosges ; massif dans la France centrale ; plateaux

dans la région du nord-est. L'Espagne est surtout un plateau ; l'Italie, une bande de terre soudée à une longue
chaîne ; telle autre contrée du globe, comme le Monténé-
gro ou l'Abyssinie, se réduit au massif dont sa surface est
couverte. Quelque pittoresques que puissent être, dans ces
pays, les sites de la montagne, les mêmes accidents se
reproduisent, à peu de chose près, à intervalles peu éloignés. Au contraire, l'extrême variété de structure rencontrée dans la France montagneuse sauve cette dernière de
la monotonie.

Une impression analogue se dégage de la contemplation de nos *plaines*. L'uniformité n'est pas leur caractère.
De la frontière belge aux Pyrénées, elles ne sont pas seulement sillonnées par des ondulations plus ou moins
accentuées, mais elles doivent aussi à l'abondance de leurs
vallons ou de leurs collines une variété d'aspect qu'on ne
retrouve ni dans les steppes de Russie, ni dans les prairies de l'Amérique du Nord, ni dans les pampas de l'Amérique du Sud.

Comme, enfin, la configuration des *côtes* résulte de la
nature même du relief, c'est-à-dire du voisinage de la
montagne ou de la plaine, la France, pays de montagnes
et pays de plaines, a ici des côtes basses, là des côtes élevées. Le matelot qui longe notre littoral n'est pas moins
intéressé par les changements de tableau que le touriste
en excursion dans la montagne ou en promenade dans la
plaine.

Leçon I

Les Montagnes. — Divisions. — Caractères généraux.

RÉSUMÉ. — 1. Variété des systèmes montagneux. — La France possède les trois grandes variétés de relief que l'on distingue ordinairement, *chaînes*, *massifs*, *plateaux*. On peut, en prenant la variété pour base, classer les montagnes françaises en trois groupes : 1° **systèmes à forme de chaîne** (*Pyrénées, Alpes, Jura, Vosges*); 2° **systèmes à forme de massif** (*Massif Central*); 3° **systèmes à forme de plateau** (*de Langres, Ardennais, Lorrain*). Les chaînes se dressent dans les régions frontières ; le Massif Central est, comme son nom l'indique, en pleine France ; les plateaux se rencontrent à l'extrémité nord-est du pays.

2. Les **chaînes françaises** ne sont comparables, ni pour la hauteur, ni pour le développement en surface, aux principaux soulèvements du globe. Elles n'en couvrent pas moins des espaces étendus, sans que, d'ailleurs, la direction générale de l'axe du soulèvement cesse d'être perceptible. Les Pyrénées sont plutôt parallèles à l'équateur; les Alpes, le Jura, les Vosges, plutôt parallèles au méridien.

3. Le **Massif Central,** largement étalé en forme de trident, couvre le sixième de la superficie de la France. Il est le seul des soulèvements français qui, à une époque antérieure de l'histoire de la terre, ait été un foyer d'éruption volcanique.

4. Le **plateau** est la forme de relief la moins répandue en France. Il est, en outre, toute proportion gardée, inférieur en population et en richesse à la chaîne et au massif.

RÉCIT. — 1. Variété des systèmes montagneux. — D'une façon générale, les systèmes montagneux affectent, dans leur structure, trois formes bien caractérisées. Dans les uns, les hauteurs se développent sur une ou plusieurs rangées, avec ou sans interruption, suivant une direction déterminée dont elles ne s'écartent que par exception. Ce sont les **systèmes à chaîne.**

Les autres, d'aspect plus chaotique, divergent en des directions multiples, tantôt entaillés de vallées étroites et profondes, tantôt rendus impénétrables par l'épaisseur de leur masse. On les désigne sous le nom de **massifs.**

Les troisièmes ne sont pas autre chose que des plaines plates, à peu près uniformes, que leur seule élévation au-dessus des pays environnants différencie des autres plaines. On reconnaît à ces signes les **plateaux.**

Ces trois variétés se rencontrant en France, il est naturel de répartir en trois groupes les systèmes montagneux français : 1° aux frontières, les **chaînes** *des Alpes, des Pyrénées, du Jura, des Vosges;* 2° au centre, l'énorme bloc du **Massif Central,** auprès duquel les autres groupes montagneux épars dans la grande plaine semblent des pygmées; 3° au nord-est, les **plateaux de** *Langres, Ardennais* et *Lorrain.*

2. Les chaînes françaises. — Aucune des **chaînes françaises** ne mérite d'être rangée parmi les plus importants soulèvements du globe. Si imposantes que soient les Pyrénées et les Alpes par rapport au Jura ou aux Vosges, elles ne sont rien en comparaison de l'Himalaya ou des Andes. Leur développement en surface ou en hauteur ne leur permet de rivaliser ni avec la muraille chinoise ni avec la Cordillère américaine. Ce n'est pas à dire que les chaînes françaises couvrent une insignifiante portion de notre sol. Loin de se dérouler sous forme de simples murailles, elles se ramifient dans tous les sens : c'est par centaines que les villes et les villages se comptent dans leurs vallées; c'est par milliers que les hommes sont accourus pour les peupler !

L'axe principal du soulèvement n'en suit pas moins une direction générale bien déterminée. A l'exception des Pyrénées, plutôt *parallèles à l'équateur,* nos trois autres chaînes sont plus ou moins dirigées dans le *sens du méridien.* Elles forment, en effet, du sud au nord, entre Nice et Strasbourg, trois groupes successifs d'élévations correspondant aux Alpes, au Jura et aux Vosges.

3. Le Massif Central. — Plus compliquée est la forme du Massif Central[1], encore qu'il ne soit pas impossible d'y reconnaître certains traits conducteurs. Très justement un géographe allemand l'a comparée à celle, très simple, d'un trident. Le manche est, en effet, représenté par les *Cévennes ;* la dent orientale par les *monts du Vivarais, du Lyonnais, du Beaujolais, du Charolais ;* la dent centrale par les *monts du Velay, du Forez, de la Madeleine ;* la dent occidentale par les *monts de la Margeride, d'Auvergne, du Limousin ;* le tout couvrant environ le sixième de la superficie de la France, soit 80.000 kilomètres carrés. *Massif* et non *plateau,* comme on l'a dit longtemps, comme on le répète encore par l'effet de l'habitude ; car ces 80.000 kilomètres carrés correspondent non à une haute plaine uniforme, mais à une région fortement accidentée, ayant des hauts et des bas, réunissant à peu près toutes les formes de relief. L'Espagne a un *plateau* à son centre, la France un *massif.*

La pente de ce dernier est aussi facile à reconnaître que sa forme. Observez la direction des cours d'eau qui ont leurs sources à son cœur. Les uns vont se perdre dans la Loire au-dessous de Nevers, les autres dans la Garonne au-dessous de Castelsarrasin. Signe évident que la pente est *double,* vers le nord-ouest et vers le sud-ouest.

L'aspect du pays est caractéristique. En maints endroits, ce dernier a gardé les traces d'une *activité volcanique* aujourd'hui éteinte. L'Auvergne, par exemple, fut autrefois un des plus importants foyers d'éruption du globe. On dirait aujourd'hui « une contrée brûlée[2] ». Ici, c'est un fleuve de lave solidifiée devenue la carrière noire de *Volvic ;* là, des colonnes basal-

1. Voir plus loin *Croquis du Massif Central*, p. 51.
2. Vidal-Lablache.

tiques, comme les *orgues d'Espaly*, *la Denise*, *l'aiguille Saint-Michel*, la *butte Corneille* au nord et au nord-ouest du Puy ; ailleurs, des sommets aux flancs sombres, écrasés en cra-tères quelquefois remplis d'eau. De toutes les nappes formées dans ces conditions, le *lac Pavin* est à la fois la plus sévère d'aspect et la plus grandiose de forme. Le reste de volcanicité se manifeste encore par des sources thermales et minérales. Celles du *Mont-Dore* et de *la Bourboule* sont parmi les plus célèbres et les mieux utilisées de France.

4. Les plateaux. — Nos **plateaux** occupent une superficie infime par rapport aux espaces que couvrent nos systèmes à chaîne et à massif. La vie, d'autre part, ne s'y est pas portée aussi intense que vers ces derniers. Ils sont, le plus souvent, sillonnés par des vallées étroites et en nombre insuffisant pour découper la masse montagneuse et animer la physionomie du paysage.

LECTURE

Le lac Pavin. — « Le premier aspect du Pavin est saisissant. Ses eaux remplissent en partie un vaste cratère en forme de cavité circulaire dont les parois sont bien plus élevées que la surface de la nappe liquide. Lorsqu'on pénètre dans l'enceinte escarpée qui entoure le lac, en suivant la brèche étroite qui donne issue à son trop-plein, on se trouve dans l'intérieur d'un vaste amphithéâtre dont l'arène liquide a 800 mètres de dia-mètre. Les parois de cet énorme Colisée naturel, fortement inclinées, atteignent jusqu'à la hauteur de 64 mètres ; elles sont entrecoupées de masses et de saillies rocheuses ; le reste des pentes se dérobe sous le feuillage touffu des hêtres et sous celui plus sombre des sapins. Le cône volcanique de Mont-chalme ou Montchat, revêtu aussi de bois, se dresse au sud-est. Il continue par son flanc la rive inclinée et laisse deviner par la courbe de son sommet, mollement tronqué, les contours d'un cratère supérieur. Si, au contraire, vous considérez Pavin du haut de la crête qui termine l'escarpement ardu et presque partout impraticable de son rivage, l'aspect est plus impressionnant encore. On a la sensation d'un abîme. Assombries par le reflet de leurs rives, les eaux paraissent remplir, immobiles, un gouffre immense. A cette hauteur, les petites vagues, les rides de la surface, sont invisibles. Au crépuscule, le lac prend l'apparence d'un bain de plomb fondu, et les parois du cirque semblent presque noires.

« On ne s'étonne plus des légendes qui jadis faisaient de Pavin un objet de terreur et de mystérieux effroi. Il était, disait-on, sans fond, et l'imprudent qui y jetait une pierre provoquait soudain un tourbillon, duquel sortaient d'épais nuages portant dans leurs flancs la grêle, la foudre, la tempête. Nul poisson n'y pouvait vivre, nul bateau n'aurait pu s'y aventurer sans être aussitôt englouti. Quoique affaiblies, ces croyances ne sont pas absolument éteintes dans le voisinage, bien que des embarcations sillonnent journellement le lac, que la sonde en ait déterminé la profondeur [1] et qu'enfin l'industrie l'ait transformé depuis quelques années en un vaste vivier à truites. » (Edouard Vimont, *Le lac Pavin*.)

Leçon II

Les Montagnes (*Suite*). — **Caractères particuliers.**

RÉSUMÉ. — 1. Différentes variétés de structure. — Une même variété de système peut offrir des **types fort dissemblables entre eux.** Les Pyrénées, les Alpes, le Jura, les Vosges sont des chaînes, mais des chaînes qui ne se ressemblent guère.

2. Les Pyrénées. — Les **Pyrénées** se dressent comme un mur élevé et continu entre la France et l'Espagne. Des cols aux

---

1. Superficie : 40 hectares. Profondeur maxima : 94 mètres.

sommets la différence de niveau est peu sensible : pas de dépressions profondes; si ce n'est vers les extrémités. Pentes douces du côté de l'Espagne, brusques du côté de la France. Nombreuses les vallées transversales, rares les longitudinales.

3. Les Alpes. — Au lieu de former un mur continu, les **Alpes** sont composées de massifs reposant sur un socle commun et dont les contreforts s'emboîtent les uns dans les autres de manière à laisser entre eux des cols assez praticables. Entre les cols et les sommets des Alpes la différence de hauteur est, par suite, plus marquée qu'entre les cols et les sommets des Pyrénées. Nombreuses les vallées longitudinales, rares les transversales. Pentes brusques du côté de l'Italie, douces du côté de la France.

4. Le Jura. — Par sa structure, le **Jura** ne rappelle ni le mur des Pyrénées ni le chapelet de massifs à base commune des Alpes. Il est constitué par des chaînons distincts et parallèles. Cette disposition entraîne la forme longitudinale des vallées. Mais, si le Jura ressemble, à cet égard, aux Alpes, il a plus d'affinité avec les Pyrénées sous le rapport de la continuité d'élévation. Pentes brusques du côté de la Suisse, douces du côté de la France.

5. Les Vosges. — Les **Vosges** sont moins nettement caractérisées comme chaîne que les Pyrénées, les Alpes ou le Jura. Des espaces relativement étendus y affectent la forme de plateau. Pentes brusques vers le Rhin, douces vers la France.

6. Le Massif Central. — Quelque obstacle qu'oppose le **Massif Central** à la marche des hommes et aux échanges du commerce, il est percé par plusieurs passages naturels.

7. Glaciers. — Les neiges ne demeurant point d'une manière persistante au-dessous d'un certain niveau, les Alpes et les Pyrénées sont les seules à se couvrir de **glaciers**. La *mer de glace* du mont Blanc est le roi des glaciers européens.

RÉCIT. — **1. Différentes variétés de structure.** — Il ne résulte pas de ce qui précède que tous les systèmes appartenant à un même groupe soient invariablement et uniformément constitués. Les chaînes, par exemple, offrent entre elles une infinie variété de structure. Rien ne ressemble moins que les Pyrénées aux Alpes ou que le Jura aux Pyrénées. Chaque chaîne, chaque massif, chaque plateau a ses caractères particuliers qui, en le distinguant des autres systèmes de même famille, lui donnent sa physionomie propre. Un examen rapide des particularités de chacun de nos cinq plus importants soulèvements, Pyrénées, Alpes, Jura, Vosges, Massif Central, suffira à l'établir.

2. Les Pyrénées. — Les **Pyrénées**[1] (hauteur moyenne, 1.200^m; hauteur maxima, 3.404^m au *Nethou*) sont la chaîne par excellence. Non seulement l'axe demeure *rectiligne* d'un bout de la chaîne à l'autre bout, mais la hauteur à laquelle atteint la ligne des crêtes reste partout considérable. C'est un véritable mur, sans variété dans l'orientation, comme sans défaillance dans la structure. Une semblable continuité d'élévation ne se rencontre nulle part ailleurs en Europe, si ce n'est aux confins de l'extrême orient, dans la région russe du Caucase. Les cols, descendant rarement au-dessous de 2.000 mètres, sont de faibles échancrures, et les sommets, se distinguant mal des hauteurs environnantes, apparaissent comme d'imperceptibles pointes posées sur un long rempart. Les premiers abaissent en des proportions insignifiantes la barrière opposée par la masse montagneuse aux relations des hommes; et l'individualité manque aux seconds. Aussi, les deux seuls passages permettant de se rendre facilement d'un versant à l'autre ne se trouvent-ils qu'aux extrémités : à l'orient, entre Perpignan et Barcelone; à l'occident, entre Bayonne et Madrid. De l'un à l'autre, la distance, en ligne droite, n'est pas inférieure à 450 kilomètres.

A l'époque romaine et au moyen âge, tant que le centre de gravité du monde historique resta dans le bassin méditerra-

---

1. Voir plus loin *Croquis des Pyrénées*, p. 36.

néen, la route de Perpignan fut la seule fréquentée ; mais, après la découverte de l'Amérique, le déplacement de la civilisation vers les rives océaniques donna à la route de Bayonne une importance qu'elle a conservée depuis.

Le voyageur qui a franchi l'un de ces passages est frappé du **contraste** offert par le versant qu'il découvre avec celui qu'il vient de quitter. Du côté de l'Espagne, les contreforts et les escarpements prolongent au loin le système pyrénéen ; du côté de la France, la plaine commence au pied des monts. Ici, une pente brusque ; là, une inclinaison lente ménageant la transition entre la région montageuse et la vallée de l'Èbre. C'est pourquoi, vues de chez nous, les Pyrénées paraissent plus imposantes et plus grandioses que de chez nos voisins. L'impression ressentie en France qu'elles « se sont dressées d'un jet hors d'une fissure de la terre[1] » s'efface, en Espagne, au spectacle des ramifications. En revanche, l'Espagne doit à ces dernières d'être admirablement conformée pour la défensive. L'histoire des guerres de Napoléon prouve que jamais l'invasion ne pourra mordre sur les roches castillanes à la condition qu'il s'y trouve quelques soldats pour les défendre. Au contraire, les vallées françaises ouvrent à l'ennemi des chemins directs et faciles vers Toulouse et Bordeaux. C'est dire qu'elles sont orientées perpendiculairement à l'axe du soulèvement. Dans les Pyrénées, les vallées *transversales* sont, en effet, la règle ; les *longitudinales*, l'exception.

La forme régulière de la chaîne et l'absence complète de contreforts donnent l'explication des lignes presque droites suivant lesquelles les villes se sont construites dans la plaine française. Tracez *trois lignes parallèlement aux crêtes*, à une égale distance de 20 kilomètres, et vous aurez sur la première les petits bourgs, les postes militaires, les stations balnéaires comme Eaux-Chaudes, Cauterets[2], Barèges, Bagnères-de-Luchon ; sur la seconde, les villes secondaires, Mauléon, Oloron, Lourdes, Bagnères-de-Bigorre, Montréjeau, Saint-Girons

1. E. Reclus.
2. Voir gravure n° 1.

Tarascon, Prades, Céret ; sur la troisième, les grandes villes, Bayonne, Pau, Tarbes, Saint-Gaudens, Foix et Perpignan.

3. Les Alpes. — Tout autre est la structure des **Alpes**[1] (hauteur moyenne, 1.000^m ; hauteur maxima, 4.810^m au *mont Blanc*). L'axe rectiligne est remplacé ici par un *demi-cercle* immense ; le mur élevé et continu par une série de massifs dressés sur un socle commun, mais que des cols, descendant souvent au-dessous de 2.000 mètres, séparent les uns des autres. Tels le *col de l'Argentière* (1.995^m), suivi par une route carrossable de Barcelonnette à Coni ; le *col du mont Genèvre* (1.854^m), dont la route également carrossable conduit de Briançon à Suse ; le *col de l'Échelle*, au sud du Thabor (1.790^m), le plus bas de la frontière franco-italienne, mais encore dépourvu de grande route ; le *col du Mont Fréjus*, sous lequel passe, à 1.250 mètres d'altitude moyenne, grâce au tunnel percé par l'ingénieur Sommeiller, la ligne ferrée de Chambéry à Turin ; ceux du *mont Cenis* (2.082^m) et du *Petit Saint-Bernard* (2.157^m), conduisant de Lans-le-Bourg à Suse et de Saint-Maurice à Aoste. La *différence de hauteur* entre les sommets et les cols est donc plus marquée dans les Alpes que dans les Pyrénées. Alors que les géants alpestres dépassent les plus hautes cimes pyrénéennes, les cols s'abaissent à des niveaux inconnus à la frontière espagnole.

Au contraire des Pyrénées, les Alpes tombent à pic du côté de l'Italie et s'étagent en terrasses sur le versant français jusqu'à la vallée du Rhône. Une armée d'invasion engagée sur ces terrasses y est aussi mal à l'aise que sur les escarpements aragonais et catalans. Les vallées qui accompagnent les lignes de soulèvement se répartissant, comme elles, en plusieurs directions, rien n'est plus difficile aux généraux que d'y combiner leurs mouvements. Au xvie et au xviiie siècle, Charles-Quint et le prince Eugène en firent l'expérience à leurs dépens. Aux vallées transversales et convergentes du versant français des Pyrénées correspondent, dans la France alpestre, des vallées

1. Voir plus loin *Croquis des Alpes*, p. 39.

longitudinales et divergentes. Il résulte de là que les Alpes sont pour nous une aussi bonne frontière naturelle que les Pyrénées pour l'Espagne.

La variété d'orientation des massifs et des vallées n'a pas permis aux hommes de disposer leurs villes suivant des lignes aussi régulières qu'ils l'ont pu faire dans la partie supérieure des bassins de l'Adour, de la Garonne et de l'Aude. Il faut descendre assez bas, jusqu'à mi-chemin vers la vallée du Rhône, pour rencontrer une ligne dont la courbe, passant par Annecy, Chambéry, Grenoble, Gap, Digne, Nice, rappelle assez fidèlement le demi-cercle tracé par le soulèvement.

4. Le Jura. — Datant des mêmes âges terrestres que certains des contreforts des Alpes qui l'avoisinent au sud, le **Jura**[1] (hauteur moyenne, 500^m; hauteur maxima, 1.723^m au *Crêt de la Neige*) offre un nouveau et troisième type de système à chaîne. Il n'est composé ni d'une chaîne maîtresse, comme les Pyrénées, ni d'un long chapelet de massifs à base commune, comme les Alpes. Semblable aux montagnes de Bosnie et d'Herzégovine ou aux Alleghanys d'Amérique, il consiste en remparts distincts, parallèles, reposant sur un plateau incliné de l'est à l'ouest, et si semblables entre eux qu'il est impossible d'y distinguer ce qui est principal et ce qui est subordonné. Ces remparts, d'inégale élévation, ont été maintes fois comparés aux « vagues successives de la mer assiègeant le rivage », aux plis d'une « étoffe froissée », aux sillons d'un « champ nouvellement labouré par la charrue ».

Ils sont divisés en tronçons par de profondes coupures transversales appelées *cluses*. Les vallées *longitudinales*, allongées dans le sens de la chaîne, sont les *combes*. Cluses et combes recueillent les eaux d'un grand nombre de lacs à forme ovale ou très allongée, comme les *lacs de Châlin* ou de *Nantua*, dont les émissaires se vident dans l'Ain. Les cluses servent encore de passage aux rivières et aux ruisseaux pour se rendre d'une vallée dans une autre ; elles donnent çà et là au cours de l'Ain

1. Voir plus loin *Croquis du Jura*, p. 41.

l'aspect d'un fleuve à demi souterrain ; et ce n'est qu'après avoir échappé à leurs étranglements que le Doubs finit par se joindre aux eaux tributaires de la Méditerranée.

Tout cela ne rend pas le Jura facile à traverser. Escalader un rempart, le descendre pour en remonter un autre qu'il faut descendre à son tour, et ainsi de suite jusqu'à l'extrême bord du talus, est une opération à la fois pénible et longue. Ajoutez que la hauteur des cols, comparée à celle des crêtes, est très élevée, le Jura ressemblant, sous ce rapport, aux Pyrénées plus qu'aux Alpes. Voilà pourquoi, avant le percement des routes, c'était à ses extrémités, par la trouée du Rhin au nord, par celle du Rhône au sud, que se faisaient les opérations militaires ainsi que la plupart des transactions commerciales. Malgré le voisinage géographique, Besançon et Neufchâtel étaient alors aussi éloignés l'un de l'autre que Toulouse et Saragosse, Foix et la Seu-d'Urgel le sont encore aujourd'hui. Plus de vingt routes carrossables et cinq lignes ferrées ont rapproché les deux versants, mais à quels frais et au prix de quels travaux ! Citons, parmi les premières, celles de Saint-Claude[1] à Gex par le *col de la Faucille*, de Champagnole à Nyon par le *col de Saint-Cergue* ; parmi les secondes, celles de Lyon à Genève passant en tunnel sous le *Grand Crêt d'Eau*, de Pontarlier à Neufchâtel par le *val de Travers*, de Besançon au Locle et à la Chaux-de-Fonds par le *col des Brenets*.

A remarquer l'aspect des pics jurassiques qui ne rappelle ni celui des pics pyrénéens, redressement de roches plus ou moins perceptible au-dessus du niveau moyen, ni celui des pics alpestres à la masse compacte, à la forme trapue. Le langage populaire, en les désignant par les appellations de *dents* ou de *crêts*, a traduit l'impression produite par leur profil sur les hommes qui les contemplent. Du bas des plaines ils apparaissent, en effet, comme la dentelure d'une scie ou les crêtes d'un haut rempart.

1. Voir gravure n° 2.

5. Les Vosges. — Séparées du Jura par la trouée de Belfort, les **Vosges** [1] (hauteur moyenne, 1.000^m; hauteur maxima, 1.428^m au *Guebwiller*) sont une chaîne moins bien caractérisée que les précédentes. Leur structure rappelle, par certains traits, celle des plateaux. Elles complètent, d'ailleurs, à l'ouest du continent, la série des hauts plateaux européens. Les *chaumes* sont les parties de la montagne affectant plus particulièrement la forme de plateau. Les *ballons* sont les sommets arrondis de la chaîne. Entre la hauteur des ballons et celle des cols, la différence est peu marquée; l'altitude moyenne du soulèvement est donc considérable et peu en rapport avec celle des cimes culminantes; c'est un point de ressemblance avec les Pyrénées. Mais, par leur disposition générale, les Vosges, rappellent plutôt les Alpes. Elles s'abaissent, comme elles, en pentes douces du côté de la France, formant trois étages que les gens du pays appellent la *montagne*, la *voge*, la *plaine*, tandis que, de l'autre côté, elles s'élèvent brusquement au-dessus de la vallée. La principale route des Vosges, donnant accès des vallées de la Moselle et de la Meurthe dans la vallée du Rhin, est celle de *Saverne*. Elle appartient à l'Allemagne depuis nos désastres de 1870. Elle est suivie par le chemin de fer de Paris à Strasbourg et le canal de la Marne au Rhin.

6. Le Massif Central. — Bien que d'une altitude moyenne inférieure à celle des Pyrénées et des Alpes (hauteur moyenne, 500^m; hauteur maxima, 1.886^m au *Puy de Sancy*), le **Massif Central** [2] oppose, par son épaisse largeur, à la marche des peuples comme aux échanges du commerce, un obstacle difficilement franchissable. A cet égard, il est, pour la défense nationale, d'un inappréciable prix. Il n'est pas vrai que Paris soit le réduit de cette défense : Paris pris, il reste aux défenseurs du pays les rudes roches granitiques de la France centrale, où la tradition de Vercingétorix serait reprise par ses descendants. La

---

1. Voir plus loin *Croquis des Vosges*, p. 43.
2. Voir plus loin *Croquis du Massif Central*, p. 51.

plate Allemagne a pu être traversée de part en part après Iéna et Awerstaedt. En forçant l'invasion à s'arrêter ou à se diviser, en rendant impossible la jonction des armées qui l'attaqueraient par des frontières éloignées, le Massif Central empêchera que la France subisse jamais la honte d'une promenade militaire comme celle de 1806. Il offre toutefois un petit nombre de brèches et de passages propres à faciliter les rapports de l'un à l'autre versant. Ainsi, entre le massif du Morvan et le reste des hautes terres, les vallées des affluents de la Saône et de la Loire entaillent profondément les monts du Beaujolais; on a même pu, en suivant celles de la Bourbince et de la Dheune, joindre, par un canal, Digoin et Chalon. La plaine de la Limagne que parcourt l'Allier ouvre aussi un chemin à travers les Cévennes par la *dépression de Villefort* dans la direction de la Cèze, c'est-à-dire du Rhône et de la Méditerranée; on y a établi le chemin de fer de Clermont à Nîmes. Il n'est pas jusqu'aux monts du Cantal à travers lesquels on ait réussi à construire, à plus de 1.100 mètres d'altitude, une double voie carrossable et ferrée. On a utilisé, pour cela, le sillon creusé d'un côté par la Cère, affluent de la Dordogne, de l'autre par l'Alagnon, affluent de l'Allier; la *trouée du Lioran* ouvre une porte sur la région garonnaise.

7. Les principaux glaciers. — Ce qui vient d'être dit de la hauteur et de la structure de nos cinq plus importants soulèvements permet de comprendre comment et dans quelle mesure les neiges persistantes, graduellement transformées en glace, se répartissent sur leurs sommets ou leurs pentes. Les Alpes et les Pyrénées sont seules assez hautes pour conserver leur glace pendant la chaleur des étés. Mais un massif largement étalé se prête aux accumulations plus qu'une crête continue. Aussi les Alpes sont-elles plus riches en glace que les Pyrénées. La *mer de glace* du mont Blanc couvre une surface de 282 kilomètres carrés. Dans le Dauphiné, le *glacier Blanc*, le *glacier Noir* et surtout le *glacier de la Pilatte*, rangés autour du Pelvoux, le cèdent à peine en importance au roi des glaciers européens. Bien inférieurs sont ceux des Pyrénées, puisqu'ils ne dépassent jamais 40 à 45 kilomètres carrés. Il est rare, d'autre part, qu'ils affectent, comme dans les Alpes, la forme d'un fleuve. Sur le versant septentrional, entre Bagnères-de-Luchon et la vallée du Lys, se rencontre une bande glacée sur laquelle, en plein midi, au plus fort de l'été, on peut faire 12 à 13 kilomètres en ligne droite. Mais qu'est cela en comparaison du glacier alpestre des *Bossons*, descendu du mont Blanc jusqu'à l'altitude de 1.200 mètres?

LECTURE

1. *Le percement du tunnel du col de Fréjus, improprement nommé du mont Cenis.* — « L'inauguration des travaux eut lieu le 31 août 1857, du côté nord, ou de Modane, en présence du roi Victor-Emmanuel et de Cavour. La première mine fut allumée par le roi au moyen d'un fil électrique, et, le 14 novembre suivant, on alluma également la première mine du côté sud, ou de Bardonnèche. On commença à travailler péniblement à la main, le forage marchant lentement, pas plus vite que dans une galerie de mine. Les événements de la guerre d'Italie vinrent d'ailleurs quelque temps ralentir les travaux.

« En janvier 1861, c'est-à-dire après trois ans et quatre mois, le forage du mont Cenis n'avait guère avancé que de 725 mètres du côté de Bardonnèche, soit de $0^m,63$ par jour; il est vrai qu'on ne marchait encore qu'avec des fleurets à main.

« Mais, à cette date, on installa à Bardonnèche la première machine perforatrice de Sommeiller, son bélier compresseur. Par suite de toutes les difficultés du début, de l'insuffisance des ouvriers, on n'avait fait avec une série de ces machines, à la fin de 1861, que 170 mètres ou $0^m,45$ par jour, un tiers de moins qu'avec le travail à la main. L'époque des tâtonnements allait pourtant bientôt finir; tous les perfectionnements étaient enfin trouvés. On put désormais percer avec de nouvelles machines perforatrices de Sommeiller mues par l'air comprimé soixante trous à la fois, et chaque foret perçait un trou dix fois plus vite que le fleuret à main. En 1862, on fit ainsi à Bardonnèche plus de 1 mètre par jour ; en 1863, 1^m,16 ; en 1865, 1^m,70 ; enfin, en 1870, 2^m,42 ; pendant quelques jours on atteignit même un avancement maximum de 3 mètres.

« Du côté de Bardonnèche, de 1857 à 1870, on a creusé 7.080 mètres de tunnel et, du côté de Modane, 5.153 mètres : soit, en tout, 12.233 mètres, qui représentent la longueur totale du tunnel du mont Cenis. Ce n'est pas au milieu du tunnel, mais à 1.000 mètres plus près de l'entrée nord ou de Modane, que s'est faite la rencontre. On a mis treize ans et quatre mois pour cet avancement total, car c'est le 25 décembre 1870 que la sonde a traversé la dernière masse rocheuse qui séparait les deux galeries. La rencontre s'est faite presque mathématiquement, avec une déviation insignifiante de 0^m,40, tant les précautions avaient été minutieusement prises. En tenant compte des dates extrêmes, du 31 août 1857 et du 25 décembre 1870, soit treize ans et quatre mois, cela donne, pour l'avancement journalier moyen dans le tunnel du mont Cenis, 2^m,60. Pendant tout ce temps, quinze à dix-huit cents ouvriers ont été occupés dans le tunnel. Le travail y a été bien difficile, parfois très périlleux, et la température souvent intolérable : 30 degrés et demi dans un air très humide. L'anémie a fait un assez grand nombre de victimes.

« C'est seulement dans le courant de 1871 que tous les travaux du mont Cenis et de ses abords ont été entièrement achevés. La première locomotive franchit le tunnel en août. Le 11 juillet, Sommeiller était mort, emporté par une maladie de cœur, à la suite des fatigues incessantes qu'il avait endurées pendant tout le temps de l'exécution du tunnel. Il ne put assister à son triomphe. « Je suis perdu », disait-il à son médecin. — « Vous qui avez percé la grande montagne, vous surmonterez cette épreuve », répondit l'autre. — Mais lui : « Non, le poumon est fermé. » Et, très peu de jours après, il expira.

« Le tunnel du mont Cenis, qui fait communiquer Paris avec

Turin, la France avec l'Italie, a 10 mètres d'ouverture ou de diamètre. Il est à une hauteur de 1.335 mètres au point le plus élevé, au milieu du tunnel. A Bardonnèche, l'altitude est de 1.251 mètres ; à Modane, de 1.159. La rampe du tunnel est de 22 millimètres par mètre à partir de l'entrée nord en venant de France, et sur 6.110 mètres ; et la pente est de 5 dixièmes de millimètre par mètre, et presque insensible sur les autres 6.110 mètres, en allant vers Bardonnèche. Il en résulte que la pente générale du tunnel va de la France vers l'Italie et que c'est comme une énorme cheminée dont le tirage se fait dans ce sens. L'air y est toujours bon, jamais trop chaud. On met vingt-cinq minutes pour la traversée du tunnel en allant dans le sens de la Drenta, et à peu près le même temps dans l'autre sens. » (Simonin, *Revue des Deux Mondes*, août 1884.)

2. *Le Massif Central, réduit de la Défense nationale.* — « Le Massif Central a les caractères d'un immense réduit.

« Les grandes voies de communication, qui relient les trois bassins principaux de la France, contournent ce massif en formant un triangle qui l'enveloppe comme un chemin de ronde ; les trois côtés de ce triangle sont la voie du sud-ouest de Paris à Bordeaux par le seuil de Poitiers, la voie du sud-est par la Seine, l'Armançon, la Saône et le Rhône, enfin la ligne du midi reliant les deux autres par Toulouse, Carcassonne et Nîmes.

« Presque toutes les cités dont les noms rappellent de grands événements sont situées sur l'un des côtés de ce triangle ; il suffit de mentionner Orléans, Blois, Tours, Poitiers, Angoulême, Bordeaux, Toulouse, Carcassonne, Béziers, Montpellier, Nîmes, Arles, Avignon, Lyon, Chalon, Dijon, Sens ; les routes qui les unissent dessinent les courants principaux de la vie nationale, comme le démontre encore aujourd'hui le simple examen de la carte statistique des chemins de fer. Sur ces routes historiques, que les piétons parcouraient seuls autrefois, les villes sont, en général, situées à deux étapes l'une de l'autre, et les étapes intermédiaires sont marquées par des localités moins considérables. C'est l'ancien itinéraire du tour de France.

« Au centre du Massif Central, des bassins fermés, anciens lits de lacs, la Limagne, le Livradois et la plaine du Forez, forment des places d'armes où des armées pourraient venir se refaire à l'abri d'excellentes positions défensives.

« On a parfois pensé à établir à Clermont l'arsenal central de la France, à y élever des fortifications, et à en faire une sorte de réduit dans le réduit. La ville elle-même serait difficile à défendre parce qu'elle est dominée, mais c'est la Limagne entière qu'il s'agirait de protéger contre une attaque. Dans ces conditions, on trouverait, aux environs de Saint-Pourçain, d'excellentes positions qui commandent les routes venant du nord, c'est-à-dire du côté dangereux. » (Niox, *Géographie mili-taire, France*, **Chapelot et Cie**, éditeurs.)

Leçon III

Les Montagnes (*Suite*). — Description. — Systèmes à forme de chaîne.

RÉSUMÉ. — **1. Pyrénées.** — Dans les **Pyrénées**, on distingue deux sections séparées par la percée de la Garonne : les **Pyrénées méditerranéennes** et les **Pyrénées atlantiques.** Le *Canigou* (2.787^m), le *Puigmal* (2.909^m), le *Montcalm* et le *Mont-Vallier* qui dépasse 3.000 mètres sont les principaux sommets des premières. Le *Nethou* (3.404^m), géant de la chaîne, le *Posets* (3.367^m), le *Perdu* (3.352^m), dressés sur le territoire espagnol, et le *Vignemale* (3.290^m), dressé sur le territoire français, sont les principaux sommets des secondes. Il n'est guère de beauté plus pittoresque que celle du cirque français de *Gavarnie*.

2. Alpes. — Dans les **Alpes**, on distingue trois sections auxquelles se rattachent respectivement trois contreforts : les **Alpes**

maritimes avec leur *contrefort de Provence*, les **Alpes Cottiennes** avec leur *contrefort du Dauphiné*, les **Alpes Grées** avec leur *contrefort de Savoie*. Les monts les plus élevés sont : dans la première section, le *Viso* (3.840^m) ; dans la seconde, le *Genèvre*, le *Thabor*, le *Cenis ;* dans la troisième, le *mont Blanc* (4.810^m), géant de la chaîne. Les contreforts donnent aux trois provinces qu'ils couvrent leur aspect particulier. La haute Provence n'offre qu'un chaos de masses calcaires généralement dépourvues d'arbres et ravinées par les torrents. D'aspect plus riant, plus vert, le Dauphiné possède à la *Barre des Ecrins* (4.103^m) la cime la plus fière des Alpes françaises. La Savoie est le pays des lacs alpestres dominés par les pentes du *Semnoz*, du *Parmelan* et de la *Tournette*. C'est une Suisse en France.

3. Jura. — Avec ses rangées parallèles couvertes de sapinières, le **Jura** est plus monotone d'aspect et plus sombre. Toute beauté n'a cependant pas été refusée à ses vallées profondes ni toute grandeur à ses crêts. Le plus haut d'entre eux, le **Crêt de la Neige**, atteint 1.723 mètres.

4. Vosges. — Les **Vosges** ne s'élèvent pas, au ballon de *Guebwiller*, leur point culminant, au-dessus de 1.428 mètres.

RÉCIT. — **1. Pyrénées.** — On a quelquefois divisé les Pyrénées en trois sections, orientale, centrale, occidentale, en se basant sur la différence des altitudes dans les diverses parties du système. La division en deux sections, Pyrénées *méditerranéennes* et Pyrénées *atlantiques*, nous paraît préférable. Elle est basée sur l'architecture extérieure, sur l'architecture profonde, sur l'opposition de climat, sur la différence d'aspect. En effet, si bien rythmé que soit le vaste ensemble de la chaîne, une sorte de rupture se présente au milieu, à l'endroit où naissent les premières eaux de la Garonne, à égale distance de l'Atlantique et de la Méditerranée. Ici, des formations granitiques ; là, des terrains crétacés, jurassiques et schisteux. Du côté de l'Atlantique, l'humidité est considérable, mais décroît graduellement dans la direction de la Méditerranée, si bien que, de ce côté seulement, les montagnes sont revêtues de terre végétale, tandis qu'à l'autre bout la roche montre à peu près partout des aspérités entre des touffes d'herbes et de broussailles.

a. **Pyrénées méditerranéennes.** — Emergeant brusquement des eaux marines au cap Creus, les *Albères* doivent leur

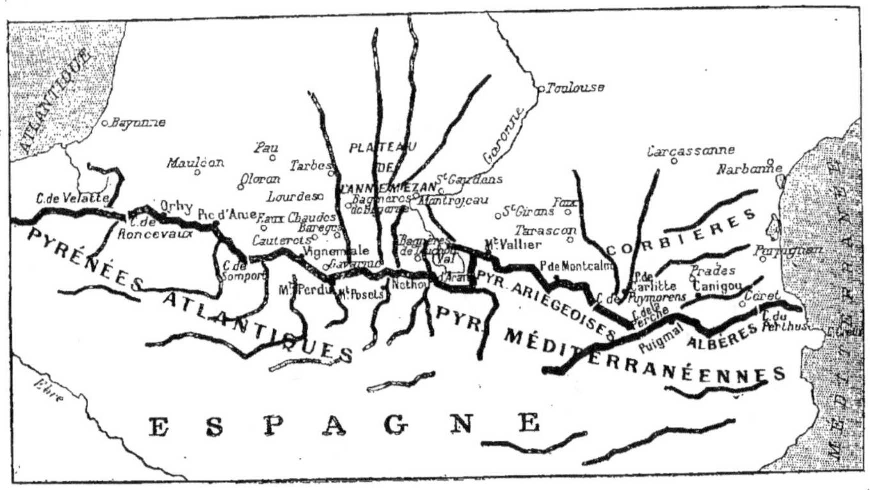

Croquis 2. — Les Pyrénées.

nom à la blancheur que l'absence de végétation donne à leurs roches. Le col du *Perthus* les coupe à 290 mètres d'altitude. Les montagnes plus hautes qui les prolongent à l'ouest atteignent **2.787** mètres avec le *Canigou*, sorte de promontoire isolé de trois côtés, et **2.909** mètres avec le *Puigmal*. L'isolement du Canigou le fit longtemps passer pour la cime maîtresse. On l'aperçoit de si loin, de France, d'Espagne, de la Méditerranée, qu'on ne lui croyait aucun rival. Et cependant, sans parler des hauteurs les plus superbes, un pic voisin, le *Carlitte*, dont le sépare la dépression de la *Perche*, le dépasse de **133** mètres. Plus élevées encore sont les cimes des Pyrénées ariégeoises

Montcalm, *Mont Vallier*, oscillant entre **2.800** et plus de **3.000** mètres. Cette partie des Pyrénées est celle où la forme normale de la chaîne se trouve le mieux représentée. L'arête y est continue, sans cols ni échancrures notables ; et rien, depuis le col de *Puymorens* jusqu'au val d'Aran, n'en vient altérer l'inflexible régularité.

b. **Pyrénées atlantiques.** — Les Pyrénées atlantiques présentent les points culminants du système : le *Nethou*, principale aiguille de la Maladetta (3.404^m), le *Posets* (3.367^m), le *Perdu* (3.352^m). Difficiles à l'escalade, ils n'ont pu être gravis et complètement étudiés qu'à notre siècle : le Perdu en 1802, le Nethou en 1842, le Posets en 1856. Tous les trois appartiennent à l'Espagne. En revanche, la France a le *Vignemale*, la plus haute montagne des Pyrénées françaises (3.290^m) et le magnifique amphithéâtre de ces cirques gigantesques dont E. Reclus a dit que les gradins semblent avoir été faits pour une assemblée de Titans (*Troumouse*, *Estaubé*, *Gavarnie*). Mais avec les montagnes basques l'altitude diminue sensiblement: les pics d'*Anie* et d'*Orhy* n'ont plus rien qui rappelle la majesté des précédents ; les cols de *Somport*, de *Roncevaux*, et surtout *le col de Velatte*, sont de profondes entailles d'une montagne qui va s'abaissant aux abords de l'océan.

Des Pyrénées méditerranéennes partent les *Corbières*, qui se prolongent jusqu'à Carcassonne et Narbonne. Des Pyrénées atlantiques se détache le *plateau de Lannemezan*, dont les lignes s'écartent en forme d'éventail entre les affluents de gauche de la Garonne et de l'Adour. Mais ces hauteurs, très secondaires, sont des accidents dans la plaine. On sait que la France n'est pas le pays des contreforts pyrénéens.

2. Alpes. — L'étude de la chaîne maîtresse doit être menée de front avec celle des contreforts. Si les cols permettent d'établir trois sections dans la chaîne, les vallées séparent les contreforts en trois groupes correspondant aux trois sections: **Alpes Maritimes**, du col de Tende au col d'Agnello, avec le *contrefort des Alpes de Provence* entre le littoral méditerranéen et la vallée de la Durance ; **Alpes Cottiennes**, du col d'Agnello au col du mont Cenis, avec le *contrefort des Alpes du Dauphiné* entre la vallée de la Durance et la vallée de l'Isère ; **Alpes Grées**, du col du mont Cenis au col de la Seigne, avec le *contrefort des Alpes de Savoie* entre la vallée de l'Isère et la vallée du Rhône.

a. **Alpes maritimes.** — Elles doivent leur nom à leur proximité de la mer, dont elles ne sont séparées que par une route étroite et pittoresque, la *Corniche*. A part le massif de *l'Enchastraye* et *l'aiguille de Chambeyron*, les cimes culminantes, comme le *Viso* (3.840ᵐ) que Pline croyait être le plus haut sommet, s'élèvent en terre italienne. En *Provence*, c'est un chaos de masses calcaires d'aspect sauvage, généralement dépourvues d'arbres, ravinées par des torrents aux crues redoutables et s'abaissant progressivement de 3.000 mètres avec le *mont Pelat* à moins de 800 mètres avec l'*Esterel* et les *monts des Maures*. Ces deux derniers soulèvements, de formation granitique, tranchent dans la zone calcaire.

b. **Alpes Cottiennes.** — Elles sont ainsi nommées d'un préfet des Allobroges, Cottius, auquel l'empereur Auguste avait confié la garde de leurs passages. De structure moins compliquée que les précédentes, elles se composent de deux massifs allongés en chaînes. Le plus oriental porte le nom d'*Alpes Cottiennes ;* le plus occidental celui d'*Alpes du Dauphiné*. Cette fois les points culminants se dressent sur le territoire français : *mont Genèvre*, *mont Thabor* qui marque l'angle rentrant le plus prononcé de la chaîne en France, *mont Cenis*. Mais là ne sont pas encore les grandes hauteurs. Les massifs dauphinois des *Grandes-Rousses* et du *Pelvoux* dépassent respectivement, avec les *Aiguilles d'Arves* et la *Barre des Ecrins*, 3.500 et 4.000 mètres. C'est la plus haute altitude des Alpes françaises.

c. **Alpes Grées.** — Leur nom vient d'un vieux mot celtique « grai », signifiant « pointe », « haut sommet ». Il n'est pas, en effet, dans le vaste système, de plus haut sommet que le **mont Blanc** (4.810ᵐ). Et cependant voici venir le jour où, après

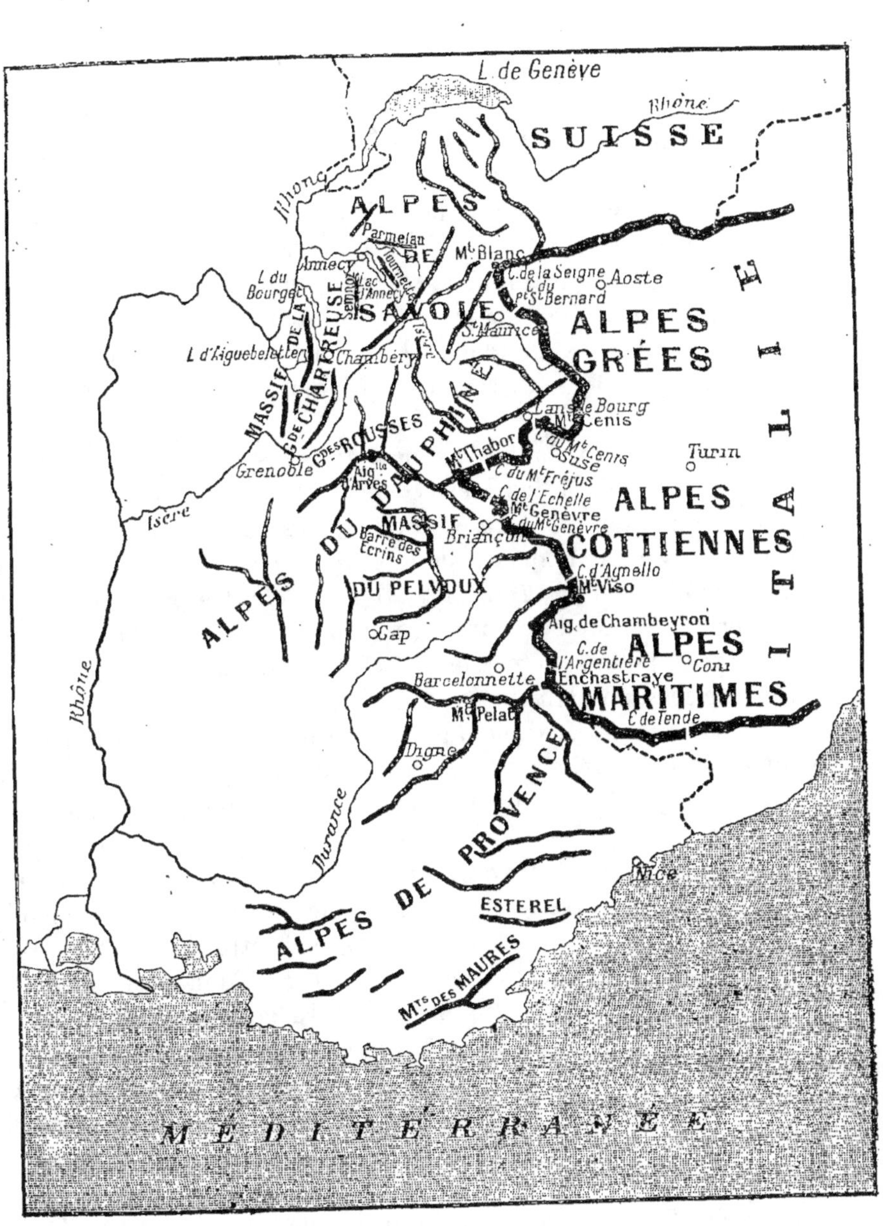

CROQUIS 3. — Les Alpes.

être resté jusqu'en 1786 vierge de toute escalade, le géant alpestre va être sillonné par un chemin de fer. Entreprise unique au monde! Le mont Blanc ne doit sa réputation ni à la largeur de sa base ni à la valeur des eaux qui rayonnent de son centre. Du moins, il ne saurait, à ce double point de vue, être mis en comparaison avec le mont Rose ni avec le Saint-Gothard. Mais, dans sa faible étendue relative, il est un monde de neiges et de glaces. Les noms de Saussure, de Rendu, de Forbes, de Tyndall resteront à jamais associés aux noms de ses glaciers.

Beaucoup plus riantes d'aspect que les montagnes de Provence et possédant des lacs (*Genève*, *Annecy*, *Bourget*, *Aiguebelette*) qui manquent au Dauphiné, les *Alpes de Savoie* sont représentées par le massif de la *Grande Chartreuse*, le *Semnoz*, le *Parmelan* et la *Tournette*. Il suffit de les parcourir, d'en admirer les silhouettes aux couleurs variées, blanches ou verdoyantes, pour comprendre qn'elles aient pu inspirer les romanciers, notamment André Theuriet. La Savoie est une Suisse en France. On se demande vraiment ce qu'en poussant plus loin les touristes vont chercher de plus beau.

3. Jura. — Les Alpes de Savoie forment une transition naturelle entre les grandes Alpes et le **Jura**. En maints endroits, dans la région du Rhône et du Bourget, on observe une sorte de croisement entre les deux systèmes orographiques. Telle montagne, comme la *Dent du Chat*, peut être classée dans l'un avec autant de raison que dans l'autre. Mais, au nord du Rhône, la structure particulière au Jura se dessine plus nettement. Le voyageur a conscience qu'il pénètre dans une région différente. Il s'engage dans les chaînons parallèles, s'enfonce dans les combes, évite les étranglements des cluses. Devant lui se dressent presque à chaque pas les cheminées de quelque usine, les ailes de quelque moulin. Le long des pentes, il se perd en de vastes sapinières qui donnent sinon les meilleurs, du moins les plus beaux sapins de l'Europe. Les forêts, voilà la principale richesse du Jura dont les points culminants sont le

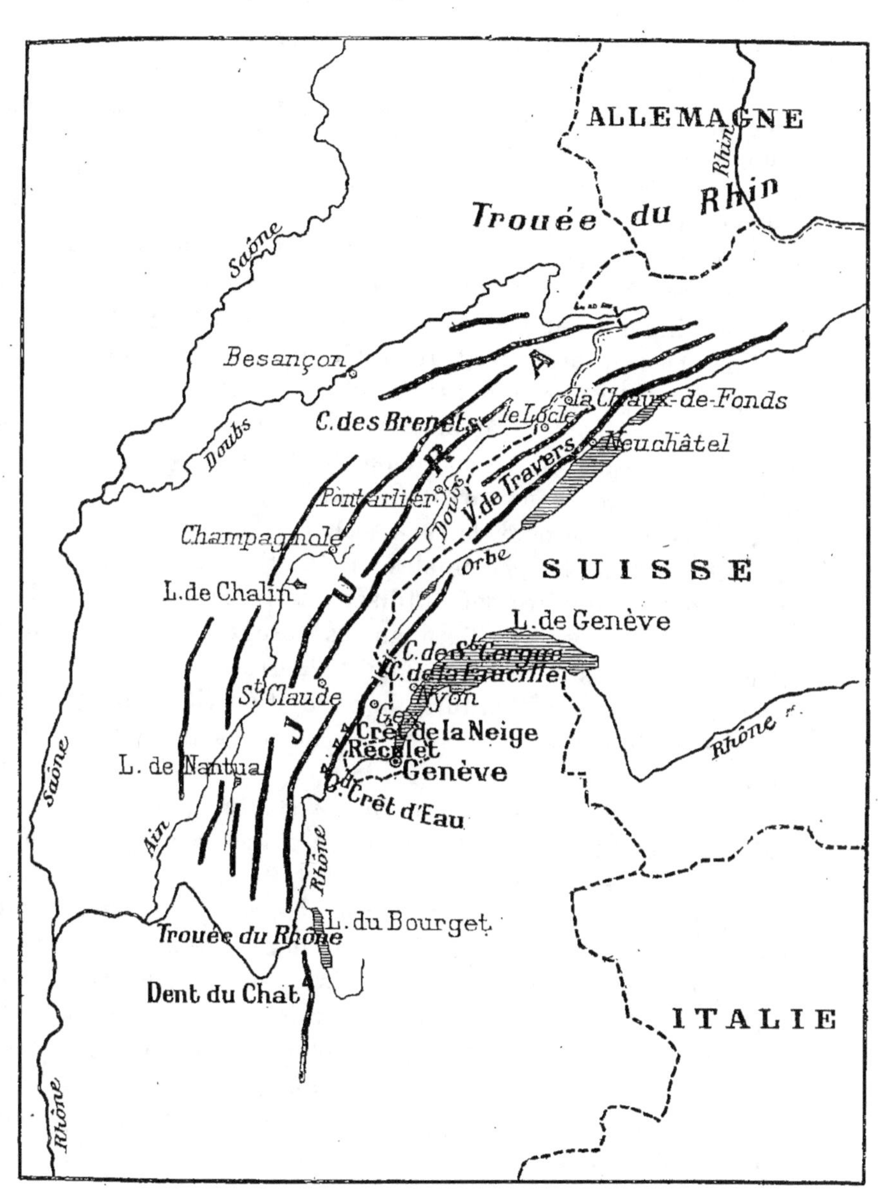

Croquis 4. — Le Jura.

Grand Crêt d'Eau (**1.600^m**), le *Reculet* (**1.720^m**), le *Crêt de la Neige* (**1.723^m**).

On a vu plus haut que les cols ne sont que.d'étroits passages, étranglés, pour ainsi dire, entre les roches. Tels le *col de la Faucille*, le *col de Saint-Cergue*, le *val de Travers*, le *col des Brenets*.

4. Vosges. — Au point de vue des forêts et des cours d'eau, les **Vosges** sont aussi bien aménagées, sinon mieux, que le Jura. « C'est, écrit M. E. Risler dans sa *Géologie agricole*, un modèle à imiter ailleurs, dans les Alpes comme dans les Pyrénées. Non seulement les lacs si pittoresques de Gérardmer, de Retournemer[1] etc., forment des régulateurs naturels, mais on a créé, au moyen de barrages, des lacs artificiels. Ce large vallon, pour ainsi dire, a son réservoir qui emmagasine les eaux de source et les utilise pour arroser ses prés. Quand il y a peu de culture, on se sert de la chute pour faire marcher la machine à battre ou la féculerie. Dans les principales vallées, l'industrie est venue se joindre à l'agriculture pour utiliser ces forces naturelles. Une partie des familles travaille dans les tissages, une autre partie dans les champs ou dans les bois et, grâce à cette union de l'industrie et de l'agriculture, la population vit dans l'aisance, malgré la rigueur du climat et la pauvreté naturelle du sol. »

Le *ballon de Guebwiller* (**1.428^m**), le *Hohneck* (**1.366^m**), le *ballon d'Alsace* (**1.260^m**) et le *Donon* (**1.010^m**), au delà duquel les deux versants ne sont plus terre française, sont les sommets les plus saillants.

Ils sont, en somme, peu de chose, en comparaison de leurs voisins des Alpes ou même du Jura ; mais, comme les cols qui les séparent sont à peine moins élevés qu'eux-mêmes, l'ensemble du système offre une barrière qui a sa valeur. Le *col de la Schlucht* ne descend pas à plus de 1.100 mètres ; ceux du *Bonhomme*, de *Sainte-Marie-aux-Mines* et de *Bussang*, quoique d'accès plus facile, se maintiennent encore à des hauteurs variant entre 734 et 950 mètres.

1. Voir photog. n° 8.

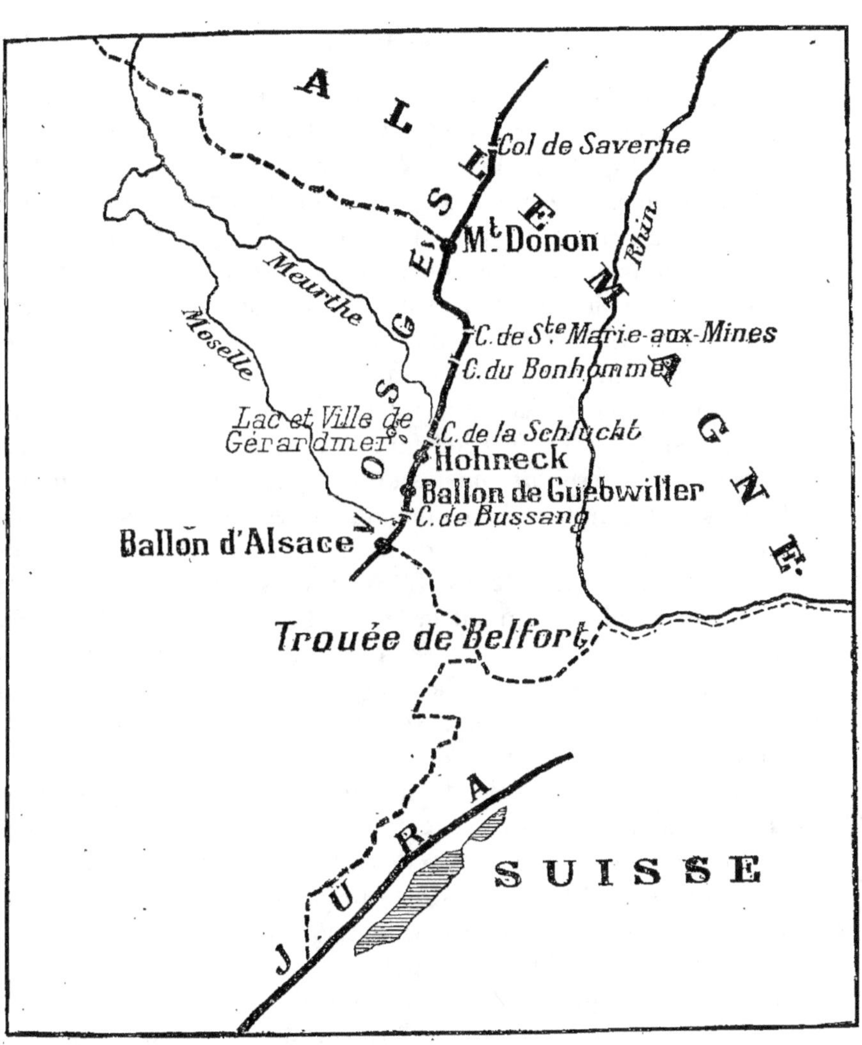

CROQUIS 5. — Les Vosges.

LECTURE

1. *Le lac d'Annecy et son décor* [1]. — « L'eau est d'un vert lustré
et tendre. Des frissons, tantôt argentés et tantôt mordorés, la
moirent à la moindre brise. Le soleil luit partout. À droite, il
baigne l'énorme croupe allongée du Semnoz d'une blanche
couleur très claire à l'endroit où les roches se dénudent, plus
foncée et plus chaude aux places où s'épaississent des forêts de
sapins ; à gauche, dans la verdure, il fait pétiller des pointes de
clochers de villages, des murs blancs et des toits de vendan-
geoirs disséminés dans les vignes.

« Vers le fond du lac, cinq plans de montagnes s'échelonnent
et s'enchevêtrent, noyés de brumes transparentes qui veloutent
les contours, arrondissent les arêtes, puis s'envolent en fumées
blanches et vont former comme un chapeau de nuées autour des
cimes les plus hautes. Déjà quelques-unes sont entièrement dé-
gagées et découpent leurs crêtes hardies sur un azur éblouis-
sant, qui semble les poudrer de sa lumière bleue ; le Parmelan s'allonge comme un rempart crénelé entre Annecy et
Thônes ; la géante du lac, la Tournette, domine tout le
paysage avec ses tours en ruine et ses formidables épaulements
où scintillent des plaques de neige.

« La lumière attendrie du matin harmonise toutes ces lignes
et fond dans une tonalité sans cesse changeante le vert phos-
phorescent des vignes, l'or des blés, la verdure épaisse des
noyers trapus et le velours presque noir des sapins. Une brise
légère traverse la nappe céruléenne du lac, y fait des risées
couleur d'aigue-marine et apporte jusque sur le bateau l'odeur
des vignobles qui commencent à fleurir.

« ... Le bateau longeait un haut promontoire boisé, qui semblait, ainsi qu'un mur à pic, fermer brusquement le lac. En
face, sur une presqu'île bordée de peupliers et de marronniers,
le château de Duingt, avec ses tourelles pointues et sa façade

1. Voir gravure n° 3.

blanche, s'avançait dans la verdure, comme pour achever de
barrer l'entrée du petit lac... Le bateau doublait la pointe du
promontoire et décrivait une courbe lente dans une anse bordée
de vignes, au fond de laquelle les anciens bâtiments d'une
abbaye de bénédictins, transformée en hôtel, dressent leurs
toits bruns au-dessus de l'épaisse verdure d'un bois de marronniers. Entre les vignobles et les arbres des vergers, l'unique
rue du village apparaissait, chauffant au soleil ses auvents hospi-
taliers, ses galeries de vieux bois fusé et ses toitures moussues.

« Au delà du village et des vignes, des pentes boisées et ravinées montaient en muraille verdoyante jusqu'aux roches en
encorbellement où l'église de Saint-Germain est suspendue
comme un nid de mouettes à une falaise ; puis des forêts ré-
sineuses succédaient aux cultures, des pâturages dorés de
lumière se découpaient dans le velours sombre des sapins et se
continuaient presque à pic, jusqu'aux assises rocheuses où les
bastions de la Tournette contemplaient le fond du lac bleuis-
sant et son cirque de montagnes harmonieusement groupées. »
(André Theuriet, *Amour d'Automne*, **Lemerre**, éditeur.)

2. *La Grande-Chartreuse.* — « Il est peu de touristes qui ne
connaissent l'imposant massif de la Grande-Chartreuse. Ces
montagnes, autrefois presque inaccessibles, dépourvues de
routes, dans lesquelles on ne pouvait pénétrer que par des défi-
lés étroits, dont quelques-uns même étaient fermés par des
portes, appartenaient, avant la Révolution, à l'ordre des Char-
treux qui avaient conservé avec soin les belles forêts qui les
couvraient. Devenues, à cette époque, propriété nationale, ces
forêts ont été jusqu'ici préservées de la dent du bétail et exploitées avec méthode par les soins de l'administration forestière.
Aussi présentent-elles les aspects les plus pittoresques et les
plus grandioses. Quand, du sommet du Grand-Som ou du
haut du Grand-Couloir, on promène ses regards sur les cimes
qu'on a sous ses pieds et qu'entoure en demi-cercle la riante et
fertile vallée du Graisivaudan, au milieu de laquelle coule l'Isère,
on aperçoit une mer de verdure qui s'étale sur les flancs des

montagnes. Partout où les détritus des plantes ont fourni quelques centimètres de terre végétale, une forêt de hêtres, de sapins et de mélèzes, a pris possession du terrain ; elle pénètre dans toutes les fissures, dentèle le ciel avec les flèches des arbres qui se profilent sur les sommets les plus élevés, s'accroche aux moindres saillies et court sur les corniches du rocher en traçant une raie verte sur le fond grisâtre de la muraille à pic. Sous le couvert des sapins et des mélèzes végète un fouillis de sorbiers, d'aunes rampants, de viornes, de sureaux, d'airelles et de toute cette multitude d'arbustes et d'arbrisseaux dont la flore alpestre est si bien pourvue. Parfois, des taches d'un vert moins sombre trouent le massif ou frangent la lisière supérieure de la forêt jusqu'au pied de l'escarpement rocheux ; ce sont des prairies pourvues d'un chalet, où, pendant l'été, vont pâturer les vaches du couvent. Partout la végétation maîtresse étreint le sol sous sa puissance ; des sources jaillissent dans toutes les dépressions, donnant naissance à des ruisseaux, qui coulent limpides et purs, sans entraîner jamais ni terre, ni rochers. C'est un paysage splendide, qui ne le cède en rien aux plus beaux que la Suisse peut offrir. » (Jules Clavé, *Le Reboisement des Alpes, Revue des Deux Mondes*, février 1881.)

3. *Le chemin de fer du Mont-Blanc.* — « La gare de départ du chemin de fer électrique du mont Blanc sera située sur le territoire de la commune de Rouches, à proximité de la ligne du Fayet à Chamonix, actuellement en construction. L'entrée en galerie aura lieu un peu en amont du hameau de Taconaz, à l'attitude de 1.100 mètres. La ligne suivra la crête le long du glacier de Taconaz, qui s'élève, par le pic du Grand-Béchard, sur l'aiguille du Goûter.

« On créera une galerie souterraine de 5.000 mètres de longueur depuis le pied de la montagne de Taconaz jusqu'au sommet de l'aiguille du Goûter à 3.843 mètres d'altitude. Elle passera dans l'intérieur de l'arête rocheuse reliant le Grand-Béchard à l'aiguille du Goûter. Des sortes de balcons seront établis sur divers points du trajet pour procurer aux voyageurs des aperçus sur les magnifiques points de vue que présentent les cimes et glaciers de la chaîne du mont Blanc.

« Une gare-hôtel sera établie sur le sommet de l'aiguille du Goûter pour permettre aux touristes d'y séjourner avec tout le confort possible. Cette station sera le point d'excursion sur le glacier. La ligne se dirigera directement sous le dôme du Goûter, dans la direction de l'observatoire Vallot, situé, comme chacun sait, sur le rocher des Bosses, à 4.362 mètres au-dessus du niveau de la mer. En ce point, on établira une nouvelle station.

« De cette altitude, pour parvenir aux petits Rochers Rouges, qui sont à 350 mètres au-dessous du sommet du mont Blanc et sont déjà en partie occupés par l'observatoire Jansen, on passera sous les rochers des Bosses. Ce sont les petits Rochers Rouges que l'on a choisis comme gare terminus, à 4.580 mètres de hauteur. De ce point au sommet du mont Blanc (4.810 mètres), il reste un parcours de 230 mètres ; il sera franchi à l'aide d'une pente douce sur laquelle circulera un câble-traîneau permettant de conduire les voyageurs de l'hôtel Terminus au point culminant du géant des Alpes.

« Le trajet total effectué par le chemin de fer à crémaillère et par le câble-traîneau sera de 10 kilomètres. La gare terminus sera souterraine et composée de nefs permettant la création d'hôtels-restaurants et de différentes industries. On y pourra assister, à l'abri de tout danger, aux révolutions atmosphériques qui, fréquemment, se produisent à ces altitudes. On assure qu'au mois de juillet 1902 les touristes seront transportés sur le dôme du Goûter à une hauteur de plus de 3.508 mètres. » (Marsillon, *Écho de la semaine*, 28 janvier 1900.)

Leçon IV

Les Montagnes (*Suite*). — Description (*Suite*). — Systèmes à forme de massif et à forme de plateau.

RÉSUMÉ. — 1. Forme de massif. — Le **Massif Central** comprend quatre sections : un talus, une branche orientale, une branche médiane, une branche occidentale. Le talus est formé par les **Cévennes** (*Montagne Noire, Espinouse, Garrigues, nœud de la Lozère*) ; la branche orientale par les hauteurs situées entre la vallée de la Loire et les vallées du Rhône et de la Saône (*Vivarais, Lyonnais, Beaujolais, Charolais*) ; la branche médiane par les hauteurs situées entre la Loire et l'Allier (*Velay, Forez, Madeleine*) ; la branche occidentale par la *Margeride*, les *monts d'Auvergne* (*Cantal, Dore, Dômes*) et les *monts du Limousin*. Le *Puy de Sancy* (1.886^m) marque dans la chaîne des Dore le point le plus élevé de la France centrale.

Les groupes montagneux épars dans la plaine sont de simples accidents dans le relief général du bas pays.

2. Forme de plateau. — Le **plateau de Langres**, coupé par de nombreux passages, est un médiocre obstacle. Le **plateau ardennais**, peu élevé, habité par une population clairsemée, a perdu en valeur économique et stratégique depuis que des coupes inconsidérées ont été pratiquées dans ses bois. Le **plateau lorrain** se distingue du précédent par sa variété plus riche de relief, mais ne le dépasse guère en altitude.

RÉCIT. — 1. Forme de massif. — La forme indiquée plus haut du **Massif Central** légitime la division en quatre sections : le talus, la branche orientale, la branche médiane, la branche occidentale.

a. **Talus.** — Il est formé par les **Cévennes** allant du passage du Languedoc au nœud de la Lozère avec une direction générale sud-ouest nord-est et une altitude s'élevant progressivement de **1.210** mètres au mont Nore à **1.702** mètres au pic de Finiels. Sur ce parcours, les Cévennes portent différents noms.

La *montagne Noire*, dominée par le *mont Nore* est la première
saillie. Viennent ensuite les *monts de l'Espinouse*, offrant
entre leurs deux versants la plus complète opposition de climat
et d'aspect : au sud, une pente brusque, des ruisseaux perma-
nents, des prairies, des arbres à l'épais feuillage ; au nord, une
inclinaison douce, des torrents, des terrains pierreux, des
arbres rabougris. Puis, les *monts Garrigues*, ainsi nommés
des chênes kermès ou garrus qui les recouvrent et auxquels s'a-
dossent les *Causses* (*Larzac, Noir, Méjean, Sauveterre*) séparés
les uns des autres par le cours supérieur du Tarn et ses affluents,
Dourbie et Jonte, et dont les grottes feraient croire à l'existence
d'un vaste monde souterrain[1]. Enfin le *nœud de la Lozère*, amas
de roches nues et de plateaux décharnés que balayent les vents.

b. **Branche orientale.** — Elle est formée par les hautes terres
allant du nœud de la Lozère au passage de Bourgogne avec
une direction générale nord-sud et une altitude qui, cette fois,
va s'abaissant de 1,754 mètres au *Mézenc* à 600 mètres. Les
monts du Virarais, qui sont la chaîne de France où tombe
la plus grande quantité d'eau de pluie, cachent les sources des
rivières torrentueuses aboutissant au Rhône. Ancien foyer
d'éruption, ils montrent le basalte sur leurs pentes, et comme
celui-ci est particulièrement propice à la croissance des châ-
taigniers, le *Tanargue*, le *Gerbier-des-Joncs*, le *Mézenc* en
sont recouverts. Les *monts du Lyonnais* sont dominés par le
massif porphyrique de *Tarare:* les *monts du Beaujolais* par le
Saint-Rigaud. Au delà, les *monts du Charolais* ne sont plus, à
proprement parler, qu'une suite de plateaux faiblement ondulés.
Bien que séparé des précédents par la dépression du canal du
Centre, le massif granitique du *Morvan* peut leur être rattaché.
Il est, comme le Vivarais, abondamment mouillé par les pluies ;
et on verra plus loin que cette abondance, jointe à son imperméabilité, est le seul élément perturbateur du régime fluvial
séquanien[2].

1. Voir gravure n° 4.
2. Voir p. 88.

c. **Branche médiane.** — Elle est formée par un soulèvement qui atteint sa plus forte altitude, en son milieu, à *Pierre-sur-Haute* (1.640ᵐ), avec une direction générale nord-sud. Les *monts du Velay* cachent, sous le gazon des pâturages, plus de 150 cônes d'éruption, pour la plupart dégradés, derniers signes de l'ancienne activité volcanique. Les *monts du Forez* doivent aux épaisses forêts qui les recouvrent leur aspect sombre et sévère. La chaîne porphyrique de la *Madeleine* s'éclaircit en même temps qu'elle s'abaisse au delà de La Palisse.

d. **Branche occidentale.** — C'est, à la fois, la plus massive de toutes et celle où se dresse, au *Puy de Sancy* (**1.886ᵐ**), le géant de la France centrale. Direction générale : sud-est nord-ouest. Elle se compose essentiellement de trois groupes granitiques : la *Margeride*, les *monts d'Auvergne* et les *monts du Limousin*.

La végétation forestière de la *Margeride* contraste avec le dénûment des *plateaux d'Aubrac*, qui l'avoisinent au sud.

Les *monts d'Auvergne* comprennent : les *monts du Cantal*, massif dans le massif, régulièrement étoilé de vallées extérieures par les ruisseaux qui naissent sur ses hauteurs couvertes de laves (*Puy-Violent, Puy-Mary, Plomb du Cantal* 1.858ᵐ) ; les *monts Dore*, dédale de chaînons et de plateaux entrecroisés dans lequel le touriste a grand'peine à se reconnaître (*Puy de Sancy*, 1.886ᵐ) ; les *monts Dômes*, qui marquent, de ce côté du massif, le premier abaissement (*Puy de Dôme*, 1.463ᵐ).

Plus à l'ouest, les *monts du Limousin* ressemblent moins, en effet, à des montagnes véritables qu'à de hautes terres mamelonnées. Leurs points culminants (*mont Besson* et *mont Odouze*) restent inférieurs à 1.000 mètres. Plus déprimés encore sont les *monts de la Marche*, sorte de contrefort des monts du Limousin. Le *Puy de Sauvagnac*, qui marque la cime, ne dépasse pas 700 mètres.

Groupes montagneux épars dans la plaine. — Simples accidents au milieu des plaines françaises, ces groupes, qui affectent tantôt la forme de colline, tantôt celle de plateau, n'ont pas, pour ainsi dire, d'individualité. Il n'est guère possible, par suite, de

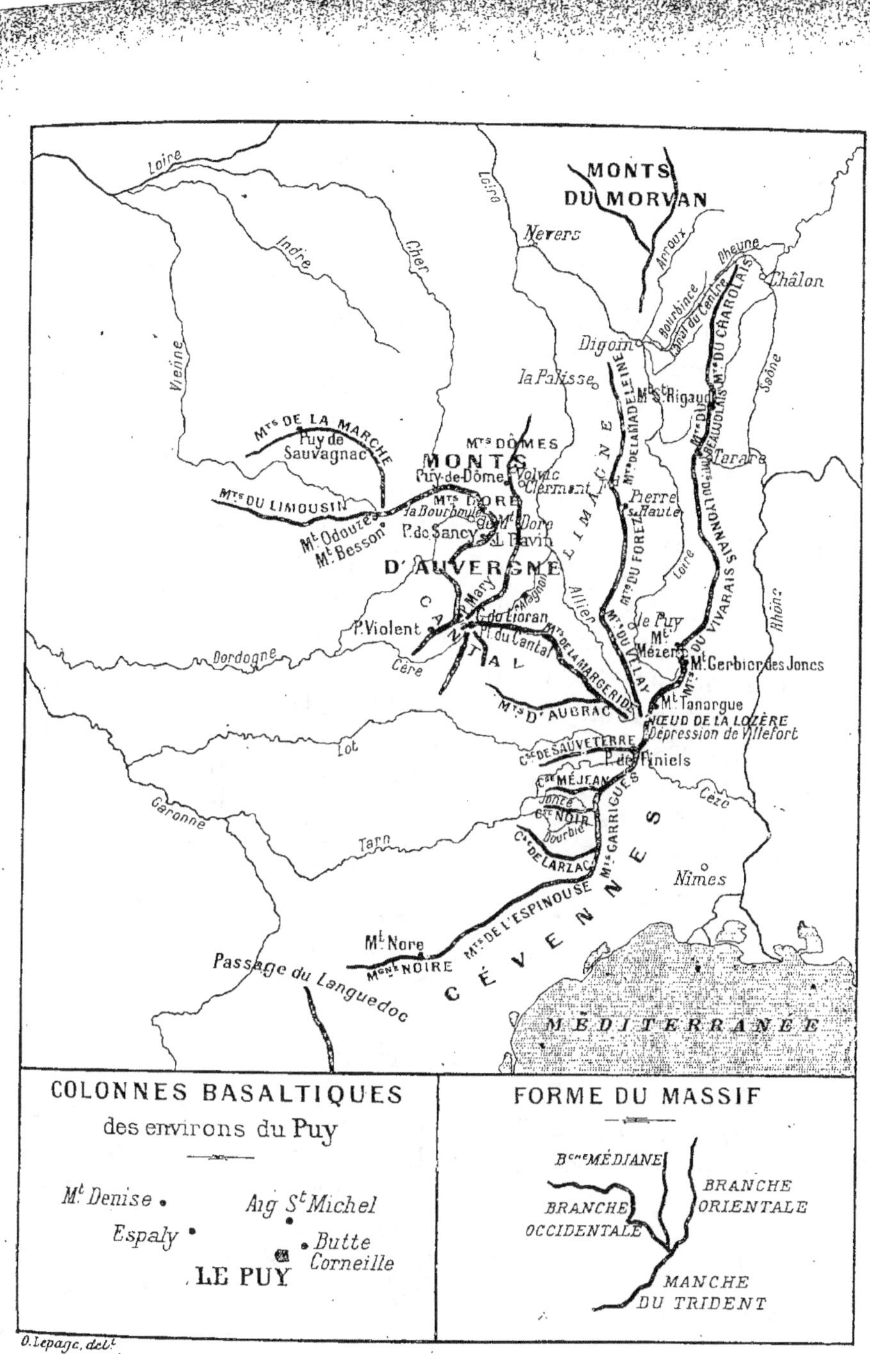

CROQUIS 6. — Le Massif Central.

séparer leur étude de celle des plaines. La leçon suivante sera consacrée aux deux à la fois.

2. Forme de plateau. — Plateau de Langres. — Ne faisant qu'un avec la *Côte d'Or*, il atteint sa plus grande élévation au *mont Tasselot* (593ᵐ). Aussi n'est-il pas un obstacle aux communications entre les vallées de la Seine et de la Saône. Des tunnels et des rampes ont permis aux ingénieurs d'y établir voies de fer et canaux.

Plateau ardennais. — N'est que l'extrémité occidentale du massif schisteux rhénan qui s'étend à l'est en terre allemande. Il est caractérisé par la faible densité de sa population et par la pauvreté de sa végétation, depuis que des éclaircies ont été pratiquées dans ses bois. Il est d'ailleurs peu élevé, son altitude variant de 200 à 500 mètres.

Plateau lorrain. — Limité à l'est par les Vosges, au nord par le massif schisteux rhénan, il se distingue du précédent par son altitude moyenne légèrement supérieure et surtout par une variété plus riche de relief. Signalons les *collines de la Moselle* ; les *côtes de Meuse* ; la *forêt d'Argonne* avec ses fameux Thermopyles (*Chalade, Islettes, Croix-aux-Bois, Grand-Pré, Chêne-Populeux*) en arrière desquels Dumouriez arrêta l'invasion à Valmy ; les *Faucilles*, qui forment la bordure méridionale du plateau.

LECTURE

Aspect général de l'Ardenne. — « La surface, à peine ondulée, fréquemment noyée de brouillards, lavée par les pluies, constitue des landes couvertes de bruyères, des *fagnes*, et, par endroits, des marécages tourbeux ; aux endroits les moins deshérités, on cultive le seigle ; ailleurs s'étendent des *rièzes*, espaces dénudés ; ailleurs des forêts. Les bois de l'Ardenne alimentaient jadis de nombreuses usines où l'on pratiquait la fonte au bois ; la plupart sont abandonnées aujourd'hui ; mais l'industrie de la fonte n'a pas péri. On a remplacé les moteurs

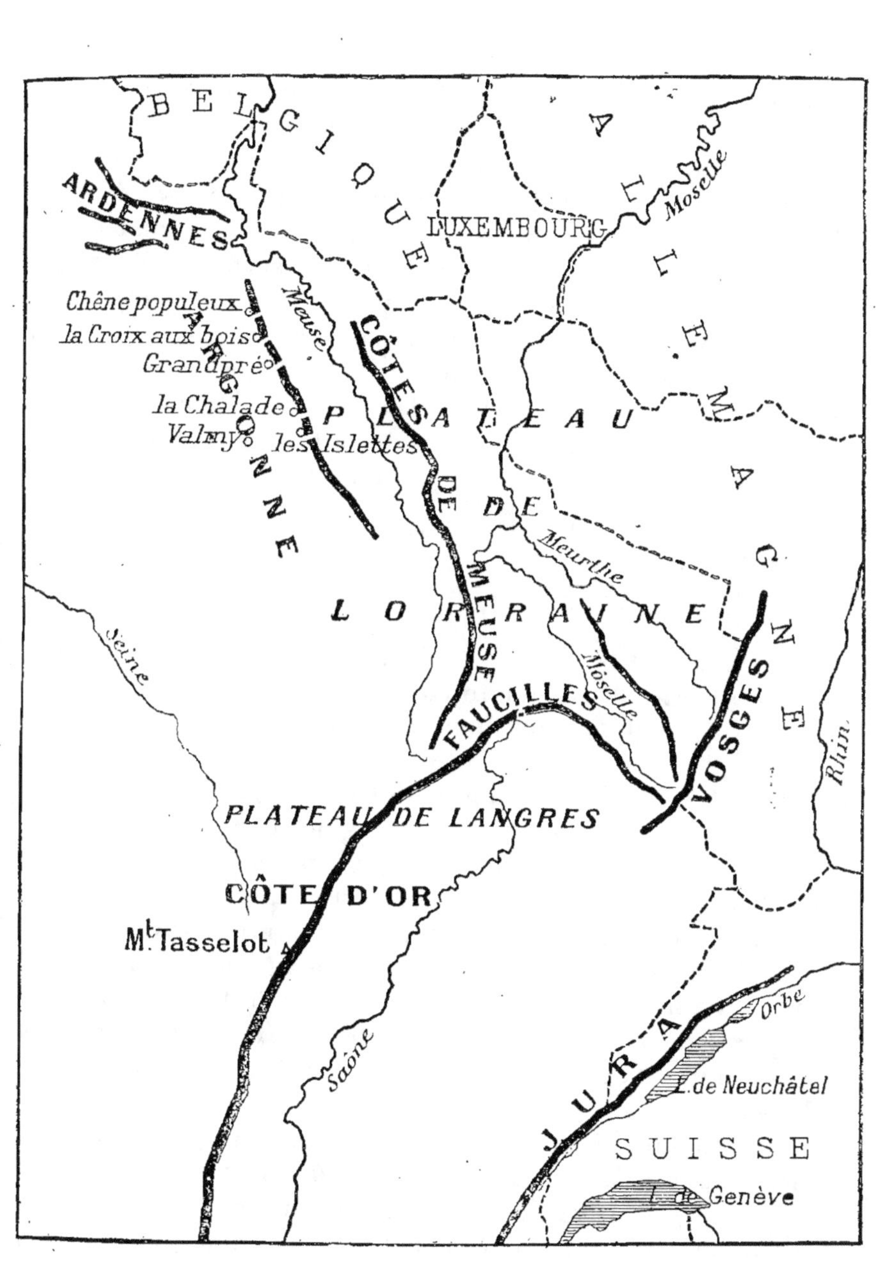

CROQUIS 7. — Plateaux.

hydrauliques par la vapeur, et l'on va chercher au loin la houille et le minerai de fer. Quelques villages de la vallée de la Semoy fabriquent des clous à la main ; sur la Meuse, Charleville est le principal centre de l'industrie du fer, avec Monthermé. A Fumay, on extrait l'ardoise en abondance. Sur le plateau, la population est très clairsemée et se livre surtout à l'élevage. La race bovine de l'Ardenne est petite, mais laborieuse. Les chevaux sont très résistants et passent toutes les nuits dans les bois, tant que la neige ne couvre pas le sol. Presque seuls des chevaux de la Grande Armée, les chevaux ardennais ont pu survivre aux privations de la campagne de Russie en 1812. » (Vidal-Lablache, *la France*. **A. Colin et C**ie, éditeurs.)

Leçon V

Les plaines. — Divisions. — Caractères généraux et particuliers. — Description.

RÉSUMÉ. — **1. Les plaines.** — La partie de la France couverte par les plaines forme trois régions distinctes.

2. Altitude. — Sauf en quelques points, ces plaines ne s'élèvent pas au-dessus de 200 mètres. Les accidents qu'on y rencontre suffisent cependant à en assurer la variété.

3. Plaine du Nord-Ouest. — La **plaine du Nord-Ouest** est une vaste cuvette dont Paris occupe le fond et dont les *plateaux d'Artois*, de *Picardie*, de *Caux*, les *collines du Perche*, de *Normandie* et du *Maine* sont les rebords dressés du côté de l'Océan.

4. Plaine du Sud-Ouest. — Loin de se déprimer en son centre, comme la précédente, la **plaine du Sud-Ouest**, correspondant à la vallée de la Garonne, s'abaisse uniformément du pied des montagnes aux rives de l'Océan. Le *passage du Poitou* donne accès de l'une à l'autre.

5. Plaine du Sud-Est. — Quant à la plaine du Sud-Est, correspondant à la vallée de la Saône et du Rhône, elle n'a quelque largeur qu'à ses extrémités. Elle se réduit en son milieu à un étroit couloir dont les Cévennes et les contreforts des Alpes forment les parois.

RÉCIT. — **1. Les plaines.** — Au pied des montagnes que nous venons d'étudier s'étendent les terrains bas. En tenant compte de l'inclinaison générale, on peut distinguer, dans ces derniers, trois parties principales : la **plaine du Nord-Ouest,** limitée par la Manche, le Massif Central, les plateaux de Langres et Ardennais ; la **plaine du Sud-Ouest,** correspondant à la vallée de la Garonne ; la **plaine du Sud-Est,** à celles de la Saône et du Rhône.

2. Altitude des plaines. — Dans l'ensemble, ces plaines ne dépassent pas 200 mètres d'altitude. Il s'en faut cependant que ce soit là une limite absolue. Si la mer s'élevait dans une égale mesure au-dessus de son niveau actuel, la plus grande partie du sol disparaîtrait sous les eaux ; mais quelques hauteurs émergeraient encore. Il suit de là que les plaines françaises n'ont rien qui rappelle la platitude d'un damier. Elles se caractérisent, au contraire, par une remarquable variété de formes ; rien même ne contribue plus que cette variété à les différencier les unes des autres, à donner à chacune son originalité.

3. Plaine du Nord-Ouest. — Paris en est le centre ou plutôt le fond. La plaine forme, en effet, une sorte de cuvette dont les bords sont relevés aux quatre coins de l'horizon. Comme l'a dit l'ingénieur Belgrand, toutes les lignes rayonnantes que l'on trace sur la carte à partir de Paris vont toujours en montant, qu'on les dirige vers l'amont ou vers la côte. Si, malgré cette circonstance, la Seine a pu gagner la mer, c'est que sa force d'érosion s'est trouvée assez grande pour rompre une des parois du bassin. Autrement ses eaux, retenues par les hauteurs qui séparent Paris de la Manche, se seraient amoncelées dans le fond de la cuvette.

Ces hauteurs sont les *plateaux crayeux d'Artois et de Picar-die*, dont la pauvreté d'aspect n'exclut pas la richesse souter-raine ; le plateau également crayeux du *pays de Caux* ; le groupe des *collines du Perche, de Normandie et du Maine* dont le point culminant (*mont des Avaloirs*) n'atteint pas 420 mètres, mais qui doivent aux pluies venant de l'Océan leurs gras pâturages et leurs vertes forêts. Un charme reposant se dégage du pay-sage. Notamment la partie située à la base du Cotentin donne, toutes proportions gardées, l'illusion de la Suisse. On l'a appelée « Petite Suisse » ou « Suisse normande ».

La péninsule granitique de Bretagne marque la pointe la plus avancée de la plaine dans la direction de l'ouest. Assez accidentée dans sa partie occidentale où les *monts Menez, d'Arrée* et la *montagne Noire* atteignent respectivement 340, 390 et près de 330 mètres, la Bretagne est, au contraire, déprimée dans sa partie orientale. En certains points des Côtes-du-Nord ou du Finistère, on se croirait en pays de mon-tagnes. Dans l'Ille-et-Vilaine et la Loire-Inférieure, on ne relève qu'une différence de quelques mètres entre le niveau maritime et le niveau de la terre ferme.

4. Plaine du Sud-Ouest. — Un seuil élevé de 150 mètres ouvre une importante communication entre la plaine du nord-ouest et celle du sud-ouest. C'est le *passage du Poitou* dont Poitiers, assis sur le Clain, commande l'entrée. Cette ville et ses envi-rons ont dû à cette situation d'avoir été, pendant le moyen âge, le lieu de rencontre entre les peuples du Nord et ceux du Midi. Que de batailles de Poitiers aux premiers siècles de notre his-toire ! Bataille de 507 entre les Francs de Clovis et les Visigoths d'Alaric II ; bataille de 732 entre les Francs de Charles-Martel et les Arabes d'Abdérame ; bataille de 1356 entre les chevaliers de Jean le Bon et les archers du prince Noir ! Avec les bords du Rhin, ceux de la Vienne sont un des endroits de l'Europe occidentale où on s'est le plus battu.

La plaine du Sud-Ouest n'a pas, comme la précédente, la forme d'une cuvette. Aucun renflement du sol ne sépare Toulouse de Bordeaux, et, pour se rendre à l'Océan, la Garonne n'a dû accomplir aucun travail d'érosion. Loin de là ; tout le pays s'abaisse d'une manière uniforme et régulière dans la direction de la mer.

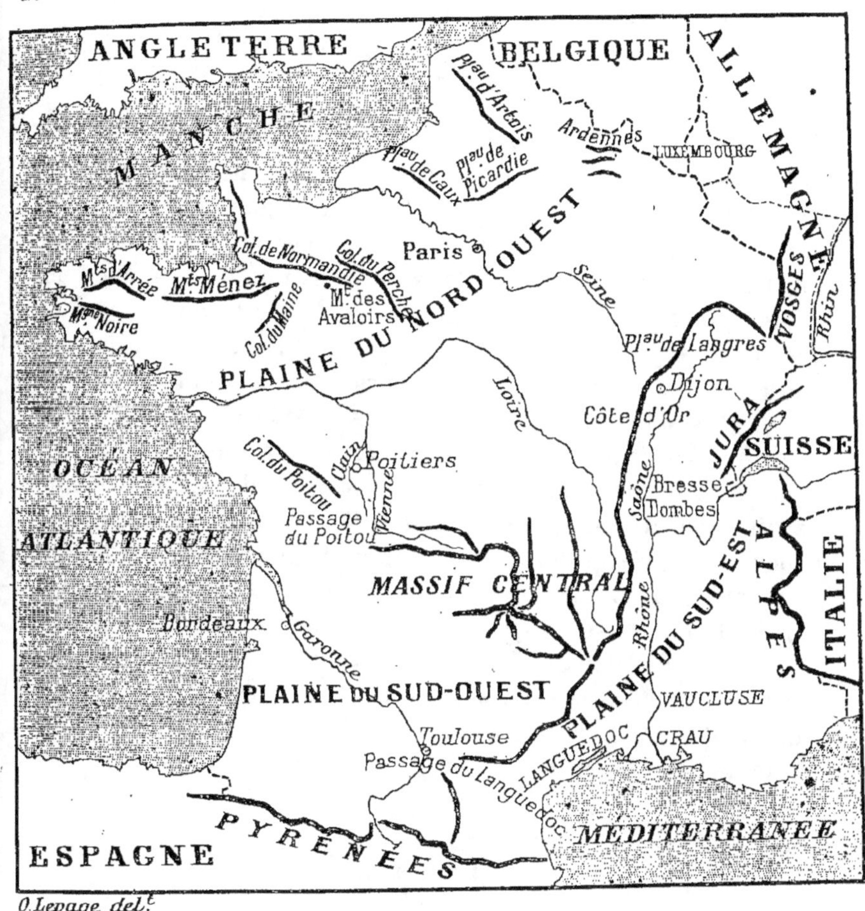

CROQUIS 3. — Les plaines.

5. Plaine du Sud-Est. — Les terrains bas dans lesquels la Saône et le Rhône ont tracé leur sillon perpendiculairement à la Méditerranée sont moins une plaine proprement dite qu'une vallée assez large aux deux extrémités, étroite et resserrée en son milieu. A un bout, la région dijonnaise, la Bresse et la Dombes ; à l'autre, la plaine de Vaucluse que fertilisent les eaux de la « divine fontaine », celles du bas Languedoc et de la Crau.

LECTURE

La fontaine de Vaucluse. — « La divine fontaine de Vaucluse est située au pied du Ventoux. Elle est renfermée dans un vaste bassin presque circulaire et en forme d'entonnoir, vers lequel il faut monter assez péniblement. Le chemin aboutit à une caverne ouverte en arcade dans un rocher taillé à pic et d'une hauteur d'environ 200 mètres au-dessus du lit du cours d'eau que la source forme lorsqu'elle jaillit. Telle est l'admirable fontaine qui alimente d'eau les diverses branches de la Sorgues, et qui sert, dans les arrondissements d'Avignon et de Carpentras, à arroser plus de 4.000 hectares et à mettre en mouvement environ deux cents usines. L'origine de ses eaux paraît devoir être attribuée aux pluies qui tombent sur les terrains néocomiens très perméables, occupant une surface d'environ 100.000 hectares sur les montagnes des départements de Vaucluse et des Basses-Alpes, entre Vaucluse et Sisteron. Les oscillations de l'eau dans la fontaine sont, en effet, toujours liées avec les sécheresses ou les pluies qui règnent sur la montagne. » (J.-A. Barral, *Les irrigations dans le département de Vaucluse*, **Guillaumin**, éditeur.)

Leçon VI

Les Côtes. — Divisions. — Caractères généraux et particuliers.

RÉSUMÉ. — **1. Divisions.** — Les côtes présentent trois sections : côtes de la mer du Nord ; côtes de l'Atlantique ; côtes de la Méditerranée.

2. — Aspect général. —Sur une longueur totale de 2.700 kilomètres, elles se modifient de façon lente, mais continue. Sans être inhospitalières, elles ne peuvent être rangées parmi les plus propices à la navigation.

3. Les côtes de la mer du Nord (75 kilomètres y compris le Pas-de-Calais) sont très basses, quelque fois même déprimées. Les *moëres*, plaines situées au-dessous du niveau de la mer, n'ont pu être sauvées de l'invasion marine qu'au prix d'un travail opiniâtre. Le *Pas-de-Calais* marque un relèvement de la côte.

4. Les côtes de l'Atlantique (2.000 kilomètres), quoique moins basses que les précédentes, ne sont guère mieux abritées : elles restent plates sur une trop grande étendue ; et c'est dans les rares régions où se dressent les saillies les mieux caractérisées, où se creusent les meilleurs et plus profonds abris, que règnent, sous l'influence des marées et des vents, les plus furieuses tempêtes océaniques. Tels le *Cotentin* et la *Bretagne*, contre lesquels les courants du *raz Blanchart*, de la *Déroute*, de *Fromveur* et du *Four* déferlent avec furie.

Les modifications apportées à la ligne du littoral ont été la conséquence des assauts de l'Océan. Il n'est pas, à cet égard, de côte plus curieuse à étudier que celle qui s'étend de l'estuaire de la Loire à l'estuaire de l'Adour. C'est ainsi que les *îles de Noirmoutier, Yeu, Ré, Oléron* se sont détachées du continent ; que l'*îlot de Cordouan* n'a cessé de perdre en étendue et que la *presqu'île de Grave* a été en partie démolie. C'est ainsi par contre que les débris arrachés par la vague aux terres voisines ont comblé le *golfe du Poitou* et que les sables amoncelés par les vents, en fermant les baies landaises, en ont fait des étangs.

5. Les côtes de la Méditerranée (625 kilomètres) sont en général plus hospitalières parce que les eaux marines sont moins agitées et les tempêtes plus rares. La *Provence* est inférieure en articulations côtières à la Bretagne ; mais, comme son abord est facile, elle apparaît comme *la province maritime* *par excellence* de la France. Quant à la côte du *Languedoc*, basse et malsaine, elle ne vaut pas mieux que les côtes plates de l'Océan.

RÉCIT. — **1. Divisions.** — Les plaines françaises aboutissant à trois mers (**du Nord, Atlantique, Méditerranée**), nous suivrons les côtes de chacune d'elles, non sans en avoir indiqué préalablement les caractères généraux et les particularités.

2. Aspect général. — Les côtes françaises offrent un développement total de 2.700 kilomètres. D'une façon générale, elles sont, comme presque partout instables. Bien rares, celles dont l'assaut du flot marin n'ait jamais modifié le tracé. Les nôtres ont subi la loi commune : au nord comme à l'ouest, à l'ouest comme au sud, elles ont, sur certains points, cédé à l'attaque; mais, par un phénomène contraire et simultané, elles ont fait, sur d'autres points, reculer la masse liquide. Lutte incessante des deux éléments, aussi vieille que le monde et ne devant finir qu'avec lui!

Sans pouvoir être rangées parmi les côtes inhospitalières, elles ne sont pas des plus favorables à la navigation. Sous le rapport de la richesse en abris naturels, la France est inférieure à l'Angleterre, à l'Italie, à la péninsule Balkanique. Elle est trop exposée aux vents de l'Océan, et l'abord par mer n'y est pas partout sans danger.

3. Les côtes de la mer du Nord. — Les côtes de la **mer du Nord**[1] sont à la fois les moins développées et les plus basses. D'une part. elles n'ont que **75** kilomètres de longueur, y compris le Pas-de-Calais. D'autre part, une très légère différence de niveau établit la ligne de démarcation entre le continent et le domaine des eaux. Il suffirait d'un rien pour que l'un s'étende au détriment de l'autre. Renversez le cordon de dunes, haut de **15** mètres, que le travail de l'homme a fixé au sol au moyen de plantes à racines tenaces, ou obstruez les canaux de drainage

---

1. Voir plus loin *Croquis des côtes de la mer du Nord*, p. 66.

qui assèchent les *moëres* situées au-dessous du niveau maritime, et ce qui est solide aujourd'hui deviendra liquide demain. Supposez, au contraire, que le travail d'envasement d'une mer sans profondeur s'accélère par suite d'une recrudescence dans l'apport alluvionnaire des fleuves côtiers, et les bancs de sable émergeront au-dessus de la couche d'eau.

Le *Pas-de-Calais* marque un relèvement de la côte en même temps qu'un abaissement sensible du lit marin. Toutefois les bancs de sable n'ont pas entièrement disparu : le *Colbart* et le *Banc rouge* y gênent la navigation.

4. Les côtes de l'Océan Atlantique. — Moins basses que les côtes de la mer du Nord, celles de l'Océan[1] sont encore plates presque partout. Les saillies des presqu'îles montagneuses du *Cotentin* et de la *Bretagne* constituent une exception parmi les plaines du *Marquenterre*, de la *Vendée*, de l'*Aunis*, de la *Saintonge*, des *Landes*. Avec les estuaires *de la Seine, de la Loire et de la Gironde*, les baies de ces presqu'îles sont, sur un parcours de 2.000 kilomètres, les seuls abris naturels capables d'offrir quelque sécurité aux navires. Or il n'est pas, sur notre littoral océanique, de région plus difficilement accessible ni plus féconde en naufrages. Le conflit des marées produit, le long des côtes du Cotentin et de la Bretagne, des courants dangereux : le *raz Blanchart*, coulant comme un énorme fleuve entre Aurigny et le cap de la Hague, avec une vitesse de 16 kilomètres à l'heure ; le courant de la *Déroute*, entre Jersey et la côte occidentale du Cotentin, un peu moins rapide, mais dont le nom exprime bien la détresse des marins perdus dans ses eaux ; le *passage du Fromveur* ou « grand effroi », entre Ouessant et Molène ; celui du *Four*, entre Ouessant et la côte bretonne, torrent furieux dans un lit sans profondeur, aux multiples écueils. Pour jouir de la sécurité des abris, il faut donc avoir auparavant triomphé des dangers de l'abord. Ceci enlève beaucoup de prix à cela.

---

1. Voir plus loin *Croquis des côtes de l'Atlantique*, p. 69.

L'action des marées, jointe à la violence des tempêtes, expose les côtes de l'Atlantique aux empiétements réciproques des rivages et des golfes. C'est dans la partie comprise entre l'estuaire de la Loire et l'estuaire de la Gironde que les phénomènes les plus remarquables de ce genre ont été observés. Une série d'îles, *Noirmoutier*, *Yeu*, *Ré*, *Oléron*, marque la ligne de l'ancien littoral. Que Noirmoutier, pour ne citer que celle-là, ait été autrefois rattachée au continent, c'est chose aisée à prouver. Outre que son orientation est la même que celle du littoral vendéen, elle n'en est séparée que par un étroit canal, la *Passe fromentine*, dont les eaux, disparaissant à marée basse, mettent à jour le socle commun à l'île et à la terre ferme. Alors les hommes y passent à pied sec, et des balises-reposoirs leur servent de refuge en cas de surprise par la marée. Il semble, toutefois, que la séparation soit ancienne ; des espèces particulières d'escargots, de crustacés et d'insectes ne se rencontrent que là, tandis que les vipères, très communes dans le Poitou, sont inconnues dans l'île. Ailleurs, au contraire, l'Océan a jeté le long du littoral les débris arrachés aux terres voisines : la *baie de Bourgneuf* se comble rapidement, et la *baie d'Aiguillon* est le faible reste de l'ancien *golfe du Poitou*.

A peine moins curieux est le phénomène de démolition et d'ensablement dont la partie située entre l'estuaire de la Gironde et l'estuaire de l'Adour a été le théâtre. N'êtes-vous point frappés par le brusque changement de direction vers l'est affecté à son extrémité nord par la péninsule qui sépare la Gironde de l'Océan ? Si celle-ci suivait la direction normale, elle resterait dans le plan des îles d'Oléron et de Ré, signe évident qu'en ces parages la terre ferme a perdu plusieurs milliers d'hectares. L'*îlot de Cordouan* s'est rapetissé depuis le xvie siècle ; et, sans les travaux des ingénieurs, l'extrémité septentrionale de la péninsule se serait détachée du continent ; nous aurions compté une île de plus, l'île de *Grave*. Observez encore tous ces étangs qui se succèdent à quelque distance du littoral, du haut en bas, en ligne droite, comme lui (*Hourtin*, *Lacanau*,

Cazau, Parentis, Aureilhan, Saint-Julien, Léon, Soustons).
C'étaient, à une époque géologique antérieure, des baies de
l'Océan. Mais un bourrelet de sable les a séparées de la mer.
Seul, le *bassin d'Arcachon* a conservé sa communication avec
l'Océan; et cette particularité est due à la poussée de la *Leyre*
petit fleuve qui empêche les sables de s'amonceler à l'entrée.

5. Les côtes de la Méditerranée. — Les 625 kilomètres que
baigne la **Méditerranée**[1] sont partagés par le delta du Rhône
en deux parties presque égales, mais très différentes : d'un
côté, le littoral bas, sablonneux, malsain, du *Languedoc;* de
l'autre, le littoral escarpé et rocheux de la *Provence*, terre
promise des malades.

On a célébré sur tous les tons la beauté des sites méditerranéens. Plus d'une fois, la contemplation des purs horizons du
« lac bleu » a fait tort à l'impression laissée dans l'esprit des
voyageurs par la vue des plages océaniques. Mais, au moins,
faut-il s'entendre sur la ligne de démarcation à établir entre
les purs horizons et les régions moins favorisées.

On ne saurait nier que les étangs du Languedoc, sur lesquels
la culture gagne heureusement tous les jours, ne soient un foyer
de miasmes délétères. Les susceptibilités du patriotisme local
ne sauraient tenir contre les chiffres de la statistique accusant,
dans les villages de la zone basse du littoral de l'Hérault, un
déficit d'âge moyen de dix, quinze et même vingt ans. A *Vic*, à
Capestang, à *Villeneuve-les-Maguelone* et surtout à *Mireval* et
à *Vias*, la moitié des enfants meurt avant la dixième année.
Sur trois étrangers qui viennent habiter ces régions, deux sont
atteints par les fièvres. Heureux ceux qui ne payent pas de
leur vie leur tribut au climat! Aussi, les villes qui, selon
l'énergique expression de Michelet, « ne veulent pas être des
ports » se retirent-elles à l'intérieur des terres. Telles *Narbonne*, port marchand à l'époque romaine, mais isolée aujour-
d'hui de la mer, et toutes ces « villes mortes du golfe du
Lion » dont M. Lenthéric a retracé l'histoire.

1. Voir plus loin *Croquis des côtes de la Méditerranée*, p. 71.

Cette réserve faite, il faut reconnaître qu'on ne rencontre nulle part ailleurs sur nos côtes, si ce n'est en Bretagne, une plus grande richesse d'articulation. La côte de Provence, dominée par les derniers contreforts des Alpes, est un modèle du genre. Et, tandis que les mers bretonnes sont la patrie des tempêtes et des naufrages, la Méditerranée, plus clémente, ne livre point d'assaut furieux à ses rivages qu'elle se contente de creuser en abris sûrs. Ce n'est pas qu'elle manque de profondeur. Si, en certains endroits du golfe du Lion, notamment au pied de la bande de sable qui ferme l'*étang de Thau*, la couche liquide n'a que 10 mètres d'épaisseur et 50 mètres au large, elle est, ailleurs, beaucoup plus imposante. La sonde, jetée à 40 kilomètres du cap Creus, n'atteint les vases grossières du lit qu'à 1.000 mètres ; elle descend même jusqu'à 2.000 mètres à peu de distance des côtes de Provence. Mais les marées véritables y sont inconnues, les vagues courtes, les tempêtes rares.

Lorsqu'on parle des côtes de la Méditerranée, il convient donc de distinguer toujours celles de la Provence de celles du Languedoc. Les côtes de la mer du Nord et de l'Océan n'ont rien à envier à celles-ci ; celles-là, au contraire, sont, à tous égards, privilégiées en comparaison avec tout le reste du littoral français.

LECTURE

Un exemple de démolition du littoral. — « A la fin du XVIe siècle, lorsque l'architecte Louis de Foix travaillait à la reconstruction de la tour de Cordouan, l'île était assez grande et assez haute pour qu'on pût y installer le village temporaire des ouvriers. Et, tandis que l'île rocheuse se rapetissait peu à peu, le littoral de la grande terre, de plus en plus entamé, s'éloignait du phare. En 1630, la péninsule de Grave n'était qu'à 5 kilomètres de Cordouan ; elle en est à 7 de nos jours. De nombreux villages, dont les chroniques nous conservent les noms, ont été engloutis par les flots ou par les dunes qui marchent au-devant d'eux.

La ville de Soulac, fort prospère à l'époque de la domination
anglaise, était située alors au bord de la Gironde. Mais l'ensemble de la péninsule, envahi par la mer, a cheminé vers l'est
pour ainsi dire, et ce qui reste du vieux Soulac, une église
ogivale et quelques murailles, se trouve actuellement sur le
littoral de l'Océan, après avoir été successivement recouvert
par chacune des dunes en marche. Il est probable que toute
la partie de la péninsule située au nord de Soulac aurait été
changée en île et que la mer aurait ouvert à la Gironde une nouvelle embouchure, si les ingénieurs n'étaient pas intervenus,
peut-être à tort, pour fixer le rivage par de coûteux travaux
d'endiguement. » (Elisée Reclus, *la France*, **Hachette et C**[ie],
éditeurs).

Leçon VII

Les Côtes (*Suite*). — **Description.**

RÉSUMÉ. — 1. Mer du Nord. — Se prête mal à l'établissement des ports que menace l'envahissement des sables. *Dunkerque* nécessite de grands frais d'entretien.

La largeur relativement médiocre du *Pas-de-Calais* (31 kilomètres) a donné l'idée de relier la France et l'Angleterre au
moyen d'un tunnel sous-marin. Mais ce projet n'a pas reçu
encore un commencement d'exécution.

2. Océan Atlantique. — Sur la Manche, regardant l'Angleterre, deux grands ports, *Le Havre* (marchand), *Cherbourg*
(militaire) et une quantité de ports secondaires (*Boulogne,
Dieppe, Saint-Malo*, etc.). Sur l'Océan, regardant l'Amérique,
trois ports militaires, *Brest, Lorient, Rochefort*, et quatre grands
ports marchands, *Nantes, La Rochelle, Bordeaux, Bayonne*. La
côte, extrêmement découpée en Bretagne, déjà plus régulière
entre l'estuaire de la Loire et l'estuaire de la Gironde, devient
tout à fait rectiligne à partir de ce point jusqu'à l'embouchure

de l'Adour. Cette monotonie n'est rompue qu'au sud de Bayonne, au moment où les derniers contreforts des Pyrénées baignent leur pied dans l'Océan ; mais, à quelques kilomètres de là, commence le littoral espagnol (embouchure de la *Bidassoa*).

3. Méditerranée. — Sur la côte basse du Languedoc, les étangs se succèdent à faibles intervalles : *Lapalme*, *Sigean*, *Thau* ; à l'exception de *Cette*, aucun grand port ne s'y est établi. Au contraire, sur la côte rocheuse de Provence où abondent les baies profondes (*golfe de Berre*, *golfe de Marseille*), la rangée des étangs est remplacée par une ligne presque ininterrompue d'excellents ports (*Marseille*, *Toulon*, *Nice*).

Au large, l'*île de Corse*.

RÉCIT. — **1. Côtes de la mer du Nord.** — Si on se rappelle ce qui a été dit de la nature de ces côtes, on ne s'étonnera pas

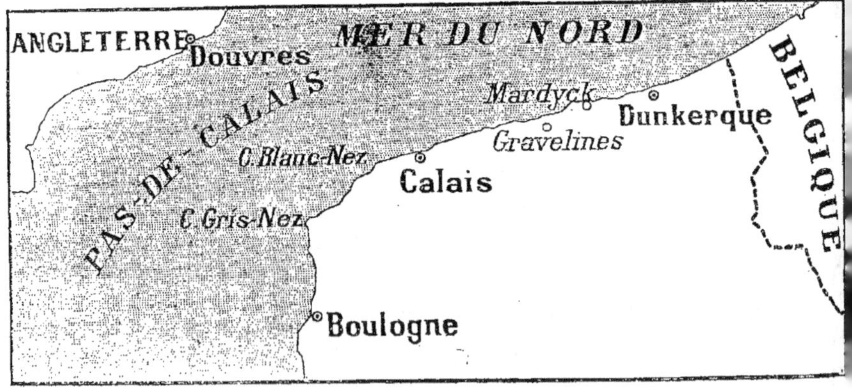

CROQUIS 9. — Les côtes de la mer du Nord.

de l'énormité des dépenses occasionnées par l'établissement et l'entretien des ports. Le meilleur est *Dunkerque*, qui a supplanté *Mardyck* et *Gravelines*. Protégé par de longues jetées et couvert par d'importantes batteries, il est devenu l'un des plus actifs, le quatrième de France. C'est par lui que la plupart des matières premières indispensables à l'industrie flamande sont importées de Norvège (bois), de Russie (lin et chanvre), de l'Inde (jute), de l'Amérique du Sud (laines). Il faut espérer que les travaux d'aménagement constant dont ce port est l'objet l'empêcheront de céder à son tour la place à quelque autre havre du littoral.

Large de **31** kilomètres, le *Pas-de-Calais*, avec les hautes falaises crayeuses des *caps Blanc-Nez* et *Gris-Nez*, sépare la France de l'Angleterre. Il est depuis longtemps question de relier Douvres et *Calais* par un tunnel creusé à **127** mètres au-dessous du niveau de la mer. Sans les objections mises en avant par l'Angleterre, qui craint d'y perdre les avantages de sa position insulaire, le projet ne serait plus à réaliser.

2. Côtes de l'Atlantique. — Du Pas-de-Calais à la *pointe de Corsen*, entre la France et l'Angleterre, l'océan Atlantique forme la *Manche*.

Cette mer baigne les côtes artésienne et picarde, la côte normande, la côte bretonne.

A l'exception de *Boulogne* qui, sur la Manche, vient immédiatement après Le Havre pour l'importance du mouvement, aucune grande station n'est à signaler sur les *côtes artésienne et picarde*. Des rendez-vous de baigneurs comme *Berck*, des bourgs de pêche comme *Le Crotoy*, en animent seuls le profil monotone et plat.

Plus accidentée et plus peuplée est la *côte normande*. Celle-ci varie dans sa constitution géologique comme dans son architecture extérieure. Crétacée dans le pays de Caux, jurassique dans le Calvados, granitique dans le Cotentin, elle est successivement la muraille abrupte d'un plateau, la lisière ondulée d'une plaine, la dernière saillie d'une presqu'île projetée en dehors du tronc continental. On y rencontre deux ports de premier ordre, l'un marchand, l'autre militaire : *Le Havre* et *Cherbourg*.

Fondé par François Ier à l'embouchure de la Seine, Le Havre est en communication suivie avec Londres qui lui envoie les houilles d'Angleterre, avec Liverpool et New-York qui l'approvisionnent de coton et de blé. C'est le *port de Paris*, la clef qui ouvre la porte de la capitale. D'autre part, Cherbourg, assis au pied de collines, sur la côte septentrionale du Cotentin, mérite bien la qualification d' « auberge de la Manche » que lui donnait Vauban. Sans avoir la même importance, un grand nombre d'autres ports permettent aux navires de faire escale : *Le Tréport, Dieppe, Fécamp, Etretat* dans le pays de Caux ; *Trouville, Cabourg, Isigny* dans le Calvados ; *Granville* dans le Cotentin. Entre ces points, les anses et les promontoires alternent, enlevant toute monotonie au parcours : *cap de la Hève, golfe de la Vire, pointe de Barfleur, cap de la Hague, anse de Vauville.*

Et cependant les articulations de la côte normande ne sont rien en comparaison des articulations de la côte bretonne. On ne rencontre nulle part ailleurs en Europe, si ce n'est dans les mers de Grèce, un mélange plus intime de la terre et de l'eau. Duel sans fin entre une mer furieuse et une des plus rudes terres de granit qui soit au monde ! De là l'incomparable ceinture de golfes et de baies dont le pays breton offre le spectacle : baies du *Mont Saint-Michel*, un des points du globe où la marée monte le plus haut ; de *la Fresnaye*, entre *Saint-Malo* et le *cap Fréhel* ; de *Saint-Brieuc*, où affluent les pêcheurs ; de *Morlaix*, au fond de laquelle se cache le port du même nom. Tout ce qui peut solliciter l'homme à la navigation se trouve réuni là : découpure des rivages, sécurité des abris, excellence des ports. Pourquoi donc faut-il que ces parages soient si peu sûrs ? Pourquoi faut-il que tant de navires s'y soient perdus, corps et biens, sans qu'aucune épave ait pu raconter le naufrage ?

A partir de la pointe de Corsen jusqu'à l'embouchure de la *Loire*, les échancrures de l'Océan sont encore plus accentuées : *rade de Brest* entre la *pointe Saint-Mathieu* et la *presqu'île de Crozon* ; *baie de Douarnenez* entre la presqu'île de Crozon et

CROQUIS 10. — Les côtes de l'Atlantique.

la pointe du Raz ; baie d'Audierne entre la pointe du Raz et celle de *Penmark ; rade d'Etel* à l'occident de la *presqu'île de Quiberon ; golfe du Morbihan* avec, au large, *Belle Isle*, et, dans la direction de Quiberon, les *alignements de Carnac*, le plus curieux monument celtique qui se rencontre en France[1]. C'est que, de ce côté, les terrains schisteux, naturellement plus friables que les granits du nord, ont opposé une résistance moins heureuse aux assauts de l'Océan. Deux ports de guerre d'inégale valeur y sont établis : *Brest*, sans rival sur l'Atlantique, et *Lorient*, auquel la prospérité du précédent a porté un rude coup.

Entre l'embouchure de la Loire et celle de la Gironde, la côte est plus intéressante par les changements survenus dans la ligne du littoral que par son aspect actuel. A citer trois ports : *Nantes*, dont l'avant-port *Saint-Nazaire* est en relation avec les Antilles et l'Amérique du Sud ; *La Rochelle*, qui, après avoir été ruinée par la révocation de l'édit de Nantes, semble avoir, depuis peu, recouvré une partie de son ancienne prospérité ; *Rochefort*, notre second port de guerre sur l'Atlantique, œuvre de Colbert. A quelque distance, les îles de *Ré* et d'*Oléron*, séparées l'une de l'autre par le *pertuis d'Antioche* et du continent par les *pertuis Breton* et *Maumusson*. Deux pointes se projettent aux embouchures de la Loire et de la Gironde : *Chemoulin* et *Saint-Gildas*, *la Coubre* et *Grave*.

Mais, passé Grave, le littoral devient monotone et insignifiant. *Bordeaux* est un grand port, venant après Marseille et Le Havre ; *Bayonne* en est un autre, quoique peu de chose en comparaison du précédent. Mais, entre l'un et l'autre, l'œil contemple à perte de vue un cordon de dunes jadis mobiles, aujourd'hui fixées par des plantations de pins. Le travail de fixation accompli entre les années 1787 et 1789 a immortalisé le nom de l'ingénieur Brémontier. Point d'abri si ce n'est le *bassin d'Arcachon* dont le *cap Ferret* commande l'entrée. Les rochers ne reparaissent qu'au sud de Bayonne, où les derniers

1. Voir gravure n° 5.

contreforts des Pyrénées finissent à peu de distance du littoral. Profonde, la mer déferle en lames énormes. Traversez l'estuaire de la *Bidassoa* dans un de ces nombreux petits bateaux que de misérables pilotes espagnols mettent pour quelques sous à votre disposition, et vous pénétrez en Espagne où la pittoresque Fontarabie vous réserve la surprise de ses remparts démantelés, de ses rues escarpées, de ses maisons aux étages surchargés de balcons, aux armoiries sculptées dans la pierre.

3. Côtes de la Méditerranée. — Du *cap Cerbère* au *Rhône*, la côte, à l'exception des vingt premiers kilomètres où viennent

CROQUIS 11. — Les côtes de la Méditerranée.

mourir les dernières pentes des Albères et où se creuse l'excellente rade de *Port-Vendres*, est plate et marécageuse. C'est, tout le long du *golfe du Lion*, la région des étangs. Les principaux sont ceux de *Leucate, Lapalme, Sigean, Vic, Mauguio, Aigues-Mortes, Vaccarès*. L'étang de *Thau* mérite, à deux titres, une mention spéciale : il est le plus long de la série et, sur la mince flèche de sable qui le sépare de la mer, s'est élevée la ville de

Cette, second de nos ports marchands sur la Méditerranée (commerce des vins, des liqueurs, du sel)[1].

Du Rhône à la frontière italienne voisine de l'embouchure de la *Roya*, la côte est élevée et rocheuse. C'est la région des golfes profonds et des promontoires saillants. Les golfes sont ceux de *Marseille*, de *Saint-Tropez*, de *Fréjus*, de *la Napoule* et *Jouan*. Si sûrs que soient ces derniers, celui de *Berre*, improprement appelé étang, vaut encore mieux; mais, comme la *passe de Caronte*, qui le met en communication avec la mer, est étroite et peu profonde, on a négligé jusqu'à ce jour d'en tirer parti. Négligence regrettable, car les navires y seraient non seulement hors de toute atteinte, mais encore, grâce aux monts de l'Estaque, hors de la vue de l'ennemi. On a calculé que les travaux d'élargissement et d'approfondissement de la passe s'élèveraient à une cinquantaine de millions. On a reculé devant cette dépense. Souhaitons qu'on n'ait pas à le regretter quelque jour ! Les caps ne sont pas autre chose, au point de vue géologique, que les bastions avancés des massifs alpestres : le *cap Sicié* est la terminaison brusque des monts des Maures ; le *cap Roux*, celle des monts de l'Esterel. *Marseille* (commerce des blés), *Toulon* et *Nice* sont les principaux ports. Marseille, en dépit de la concurrence de Brindisi, de Trieste et de Gênes, reste le premier port de l'Europe sur la Méditerranée, et Toulon est celui de nos cinq ports militaires qui, en cas de guerre maritime, fournirait le plus aisément le maximum d'efforts de notre marine militaire.

Dans la Méditerranée, la France possède une grande île formant un département, la *Corse*. A l'orient et à l'occident, ses côtes offrent un aspect tout différent : ici, les golfes profonds, les hautes falaises, les bons ports (*Saint-Florent*, *Calvi*, *Ajaccio*), bref la reproduction, en pleine mer, du littoral provençal ; là, les marécages, la reproduction du littoral languedocien. Ile montagneuse, la Corse a des sommets qui,

1. Voir gravure n° 6.

comme le *Monte Cinto* et le *Monte Rotondo*, dépassent **2.600** et
2.700 mètres. De là descendent des torrents : le *Golo* vers la
côte orientale, le *Liamone* vers la côte occidentale.

LECTURE

1. *La côte entre Marseille et Menton.* — « Il n'est personne
aujourd'hui qui ne connaisse ces rivages véritablement bénis
du ciel. L'Europe entière et l'Amérique y envoient chaque
année des colonies de plus en plus nombreuses. C'est une véritable émigration du Nord vers le Midi, une désertion des pays
du brouillard pour le pays du soleil. Depuis près d'un demi-
siècle, l'aristocratie frileuse du monde entier en fait, pendant
six mois, son séjour de prédilection ; les mourants eux-mêmes
veulent y respirer leur dernier souffle et viennent, dans cette
douce lumière, s'endormir de leur dernier sommeil. C'est en
effet un pays sans hiver ; et il est certaines parties de la côte
qui ne connaissent ni le vent, ni la gelée, ni l'extrême chaleur,
jouissant ainsi d'une température presque constante et d'une
sorte de printemps éternel... Le voisinage de la mer y adou
cit le climat. Les vents tièdes et humides du sud et du sud-
est tempèrent l'extrême sécheresse produite par ce terrible
mistral du nord, qui est bien le maître vent, le *magistral* de la
Provence, et qui fait, pendant les trois quarts de l'année, la
désolation de la vallée du Rhône. Toute la contrée qui avoisine
la plage est défendue du froid par l'abri même des Alpes, et,
au pied de ce rempart de neiges éternelles, règne une température moyenne, éminemment favorable au développement des
plantes odorantes et des cultures semi-tropicales. Les arbres
se rapprochent de la mer pour fuir en même temps le froid des
hautes cimes et l'extrême chaleur concentrée dans des plaines
trop longtemps exposées au soleil de l'été. En toute saison, les
collines élevées sont couvertes de pins d'Alep, de chênes-lièges,
de grandes bruyères arborescentes et d'arbousiers toujours
verts, ornés à la fois de baies rouges et de fleurs blanches. Plus
près de la côte, des groupes de pins-parasols couronnent les

éminences moyennes et descendent majestueusement dans la plaine ; les lauriers-roses bordent les ruisseaux ; les orangers, les citronniers en pleine terre épanouissent leurs têtes rondes et leur feuillage luisant et satiné, chargés de leurs fruits parfumés et presque lumineux au soleil, tandis que les palmiers découpent sur l'azur du ciel leurs tiges flexibles et retombantes, et que les aloès en fleurs, pareils à des candélabres gigantesques, semblent éclairer cette féerie de la nature dont aucune parole ne peut rendre la royale splendeur. » (Lenthéric, *La Provence maritime*, **Plon-Nourrit et Cie**, éditeurs.)

2. *Départ des marins bretons pour l'Islande.* — « Les *Islandais* n'avaient presque jamais vu l'été de France.

« A la fin de chaque hiver, ils recevaient avec les autres pêcheurs, dans le port de Paimpol, la bénédiction des départs. Pour ce jour de fête, un reposoir, toujours le même, était construit sur le quai ; il imitait une grotte en rochers et, au milieu, parmi des trophées d'ancres, d'avirons et de filets, trônait, douce et impassible, la Vierge, patronne des marins, sortie pour eux de son église, regardant toujours, de génération en génération, avec ses mêmes yeux sans vie, les heureux pour qui la saison allait être bonne, — et les autres, ceux qui ne devaient pas revenir.

« Le Saint-Sacrement, suivi d'une procession lente de femmes et de mères, de fiancées et de sœurs, faisait le tour du port, où tous les navires islandais, qui s'étaient pavoisés, saluaient du pavillon au passage. Le prêtre, s'arrêtant devant chacun d'eux disait les paroles et faisait les gestes qui bénissent.

« Ensuite, ils partaient tous comme une flotte, laissant le pays vide d'époux, d'amants et de fils. En s'éloignant, les équipages chantaient ensemble, à pleines voix vibrantes, les cantiques de Marie Etoile-de-la-Mer.

« Et, chaque année, c'était le même cérémonial de départ, les mêmes adieux. » (Pierre Loti, *Pêcheur d'Islande*, **Calmann Lévy et Cie** éditeurs.)

TABLEAU SYNOPTIQUE : RELIEF
I MONTAGNES

I — Divisions

1. CHAÎNES : Alpes, Pyrénées, Jura, Vosges.
2. MASSIFS : Massif central.
3. PLATEAUX : de Langres, Ardennais, Lorrain.

II — Caractères

1. GÉNÉRAUX

1° *Chaînes.* Inférieures en surface comme en hauteur aux principaux soulèvements du globe. Dirigées dans le sens du méridien, à l'exception des Pyrénées parallèles à l'équateur.

2° *Massif central.* Forme d'un trident. Ancien foyer d'éruption.

3° *Plateaux.* Moins peuplés et moins riches que les chaînes ou le massif.

2. PARTICULIERS

1° *Pyrénées.* Mur continu. Vallées transversales. Pentes brusques vers la France, douces vers l'Espagne. Cols principaux aux deux seuils de l'orient et de l'occident. Hauteur maxima : 3.404^m (Néthou).

2° *Alpes.* Chapelet de massifs. Vallées longitudinales. Pentes douces vers la France, brusques vers l'Italie. Cols échelonnés sur toute la ligne (de l'Argentière, du Mont Genèvre, de l'Echelle, de Fréjus, du Mont Cenis, du Petit Saint-Bernard). Hauteur maxima : 4.810^m (mont Blanc).

3° *Jura.* Ni mur ni chapelet, mais rangées de chaînons distincts et parallèles. Vallées longitudinales ou combes. Pentes douces vers la France, brusques vers la Suisse. Cols (de la Faucille, de Saint-Cergue, des Brenets). Hauteur maxima : 1.723^m (Crêt de la Neige).

4° *Vosges.* Moins nettement caractérisées. Alternance entre la forme de chaîne et celle de plateau. Pentes douces vers la France, brusques vers l'Allemagne. Principal col (de Saverne, à l'Allemagne depuis 1871). Hauteur maxima : 1.428^m (Guebwiller).

5° *Massif central.* Enorme barrière faisant obstacle à la marche des peuples, quoique percée par plusieurs passages (dépression de Villefort, trouée du Lioran). Hauteur maxima : 1.886^m (Puy-de-Sancy).

6° *Neiges.* Persistantes dans les Alpes et les Pyrénées. Fondent ailleurs chaque année.

III — Description

1. CHAÎNES

1° *Pyrénées*
- a. Méditerranéennes (Canigou, 2.787^m ; Puigmal, 2.909^m ; Montcalm et Mont Vallier).
- b. Atlantiques (Néthou, 3.404^m ; Posets, 3.367^m ; Perdu, 3.352^m ; Vignemale, 3.290^m).

2° *Alpes*
- a. Maritimes (Viso, 3.840^m), avec leur contrefort de Provence.
- b. Cottiennes (Genèvre, Thabor, Cenis), avec leur contrefort du Dauphiné.
- c. Grées (mont Blanc, 4.810 m.), avec leur contrefort de Savoie.

3° *Jura* — Dent du Chat ; Grand Crêt d'Eau 1.600^m ; Reculet, 1.720^m ; Crêt de la Neige, 1.723^m.

4° *Vosges* — Guebwiller, 1.428^m ; Hohneck, 1.366^m ; Ballon d'Alsace, 1.260^m ; Donon, 1.010^m.

2. MASSIF CENTRAL

- a. *Talus.* Cévennes (Montagne Noire, Espinouse, Garrigues).
- b. *Branche orientale* (Vivarais, Lyonnais, Beaujolais, Charolais, Morvan).
- c. *Branche médiane* (Velay, Forez, Madeleine).
- d. *Branche occidentale* (Margeride, monts d'Auvergne, monts du Limousin).

PLATEAUX

De Langres (Tasselot, 593^m), obstacle sans importance.

Ardennais. Moins élevé encore (200 à 500 mètres).

Lorrain. Altitude moyenne légèrement supérieure à celle des deux précédents (collines de Moselle, côtes de Meuse, forêt d'Argonne).

II PLAINES

I **Divisions**	{	. Plaine du nord-ouest. — 2 Plaine du sud-ouest. — 3 Plaine du sud-est.

1. Généraux, Hauteur : 200 mètres. Quelques points supérieurs à ce chiffre. Nombreux accidents assurant la variété de l'ensemble.

II
Caractères

2. Particuliers
- 1° *Plaine du nord-ouest.* Vaste cuvette avec Paris pour centre.
- 2° *Plaine du sud-ouest.* Pas de dépression au centre ; inclinaison uniforme et régulière depuis la région montagneuse jusqu'à la mer.
- 3° *Plaine du sud-est.* Etroite en son milieu, épanouie à ses extrémités.

III
Description

1. *Plaine du nord-ouest.* Hauteurs (plateaux d'Artois et de Picardie, collines du Perche, de Normandie, du Maine, monts Menez, d'Arrée et Montagne Noire).
2. *Plaine du sud-ouest.* Passage du Poitou dont Poitiers commande l'entrée.
3. *Plaine du sud-est.* A un bout, la région dijonnaise, la Bresse et la Dombes. A l'autre bout, les plaines de Vaucluse, du bas Languedoc, de la Crau.

III CÔTES

I
Divisions

1. Côtes de la mer du Nord. — 2. Côtes de l'Atlantique. — 3. Côtes de la Méditerranée.

II
Caractères

1. Généraux. Modifications lentes, mais continues. Ni inhospitalières, ni très favorables à la navigation.

2. Particuliers
- 1° *Côtes de la mer du Nord.* Basses, sauf en Pas-de-Calais. Longueur : 75 kilomètres.
- 2° *Côtes de l'Atlantique.* Moins basses, mais guère mieux abritées que les précédentes. Rares les presqu'îles montagneuses (Cotentin et Bretagne) au milieu des plaines basses (Marquenterre, Vendée, Aunis, Saintonge, Landes). Exemples curieux de phénomènes de démolition et d'ensablement (îles détachées du continent, Noirmoutier, Yeu, Ré, Oléron ; baies transformées en étangs, Hourtin, Lacanau, Cazau, Parentis, Aureilhan, Saint-Julien, Léon, Soustons). Longueur : 2.000 kilomètres.
- 3° *Côtes de la Méditerranée.* Basses, sablonneuses, malsaines, en Languedoc. Escarpées, rocheuses, salubres en Provence. Longueur : 625 kilomètres.

III
Description

1. Côtes de la mer du Nord
- Ports (**Dunkerque, Mardyck, Gravelines, Calais**).
- Caps (**Blanc-Nez, Gris-Nez**).

2 Côtes de l'Atlantique
- 1° *Manche*
  - Ports (Boulogne, Berck, Le Crotoy, Le Tréport, Dieppe, Fécamp, Etretat, Le Havre, Trouville, Cabourg, Isigny, Granville).
  - Caps (de la Hève, de Barfleur, de la Hague, Fréhel).
  - Golfes (de la Vire, de Vauville, du Mont-Saint-Michel, de la Fresnaye, de Saint-Brieuc, de Morlaix).
- 2° *Océan*
  - Ports (Brest, Lorient, Nantes, La Rochelle, Rochefort, Bordeaux, Bayonne).
  - Caps (Pointes Saint-Mathieu, du Raz, de Penmarch, Chemoulin, Saint-Gildas, Coubre, Grave).
  - Rade de Brest, baies de Douarnenez, d'Audierne, rade d'Etel, golfe du Morbihan.
  - Presqu'îles de Crozon et de Quiberon.

3. Côtes de la Méditerranée
- 1° *Languedoc*
  - Ports, (Port-Vendres et Cette).
  - Etangs de Leucate, Lapalme, Sigean, Thau, Vic, Mauguio, Aigues-Mortes, Vaccarès.
- 2° *Provence*
  - Ports (Toulon, Marseille, Nice).
  - Golfes (Marseille, Saint-Tropez, Fréjus, Napoule, Jouan).
  - Caps (Sicié et Roux).
  - Golfe de Berre.
  - Au large : île de Corse.

CHAPITRE IV

CLIMAT

NOTIONS GÉNÉRALES

Plus directement que le relief, le climat influe sur la destinée d'un pays. Il porte en lui le germe de toute défaillance ou de toute vie. Il importe peu que l'homme habite sur des montagnes, dans des plaines, ou près des côtes, si l'air qu'il respire amollit sa volonté ou anémie son organisme. Mais quels trésors d'énergie ne puise-t-il pas dans la possession d'une santé physique et morale sans cesse retrempée à des sources vivifiantes ! C'est ce qui se produit en France, où le climat est un des meilleurs qu'il soit donné à l'homme de souhaiter.

Leçon I

Unité et variété du climat français. — Régions rudes, régions tièdes. — Climats locaux. — Régime des vents et des pluies.

RÉSUMÉ. — 1. Unité du climat. — L'unité du climat français se manifeste par l'uniformité relative de la température dans les régions les plus diverses. D'une façon générale, ce climat est **maritime**, par suite **tempéré**, c'est-à-dire affranchi des chaleurs excessives comme des froids rigoureux.

2. Variété du climat. — Mais cette unité ne va pas sans quelque **variété**. On distingue, en effet, à des traits particuliers, sept climats locaux : le *climat armoricain* ou *breton*, le *climat girondin*, le *climat séquanien*, le *climat méditerranéen* correspondant aux **régions tièdes** ; le *climat du Massif Central*, le *climat rhodanien* et le *climat vosgien* correspondant aux **régions rudes**.

3. Causes. — D'ailleurs le **régime des vents et des pluies** peut modifier les causes déterminantes d'un climat. Il pleut notamment beaucoup plus dans les régions maritimes et les pays montagneux, comme la Bretagne et les Cévennes, que dans les plaines de la Seine, de la basse Loire et de la région méditerranéenne.

4. Résultats. — C'est à la douceur du climat qu'est due la *supériorité de la moyenne de la vie humaine en France* par rapport aux autres pays.

Récit. — **1. Unité du climat.** — Deux traits essentiels caractérisent le climat français : *son unité* et *sa variété*.

En effet, du nord au sud, des montagnes aux plaines, règne une température relativement constante et uniforme. Il est facile d'apercevoir les raisons de cette **unité**. Outre que la France s'étend dans la zone tempérée de l'hémisphère nord, la mer n'est nulle part, sauf dans la région de l'est, très éloignée. L'influence de ce grand facteur de modération des chaleurs estivales et des froids hivernaux pénètre donc à peu près partout à l'intérieur. En même temps, l'altitude, sauf au centre et aux extrémités, c'est-à-dire dans le Massif Central, aux Pyrénées et aux Alpes, n'est jamais très élevée. D'où il suit que la mesure dans laquelle elle modifie la température résultant de la latitude est à peu près égale partout. Les pluies enfin ne sont nulle part assez torrentielles pour tremper le sol à l'excès ni assez rares pour le laisser souffrir de la sécheresse. Aussi, quoique répartie d'inégale façon, suivant le voisinage plus ou moins immédiat de l'Océan et les variations plus ou moins accentuées du relief l'humidité est-elle *suffisante* partout, sans être nulle part exagérée. Rien qui rappelle l'abondance des précipitations de la zone tropicale ni fasse songer au ciel implacable du littoral péruvien où la pluie est un phénomène que l'habitant ne contemple qu'une ou deux fois dans sa vie.

L'unité, voilà donc bien la première caractéristique du climat français. Elle permet de définir ce dernier d'un mot : il est **maritime**, c'est-à-dire **tempéré**. Pas de chaleurs brûlantes en été ni de froids rigoureux en hiver. Pas de ces mois glacés ni de ces « mois d'enfer » dont l'égale inclémence rend si dur le séjour des plateaux castillans [1]. Sauf dans l'est, où les influences marines sont combattues par la réaction continentale et où les écarts de température sont, par suite, plus sensibles, aucune véritable incommodité ne provient du fait du climat.

2. Variété du climat. — Mais est-ce à dire qu'aucune différence ne soit appréciable entre le climat des diverses régions de France ? Nullement. Chaque grande région naturelle se distingue, au contraire, par des traits particuliers. C'est la **variété** dans l'unité. Cette variété permet de reconnaître sept climats locaux : le *climat armoricain* ou *breton*, le *climat girondin*, le *climat séquanien*, le *climat méditerranéen*, le *climat du Massif Central*, le *climat rhodanien*, le *climat vosgien*.

Le climat armoricain ou breton règne sur les deux péninsules de Bretagne et du Cotentin. Cherbourg, Rennes et Brest se trouvent ainsi être soumis aux mêmes influences atmosphériques. C'est le type le plus parfait du climat maritime avec ses hivers doux et ses étés tièdes.

Le climat girondin correspond aux plaines de la Charente, de la Garonne et de l'Adour. La Rochelle, Rochefort, Angoulême, Bordeaux, Bayonne et Toulouse en éprouvent les effets. Les hivers, grâce au voisinage de la mer, n'y sont pas moins doux que dans le précédent ; mais déjà, sous l'influence d'une latitude plus méridionale, les étés y sont plus chauds.

---

1. Un vieux dicton espagnol qualifie ainsi le climat de Madrid : « Neuf mois d'hiver et trois mois d'enfer .»

Le climat séquanien se fait sentir sur les domaines fluviaux de la Somme, de la Seine, de la Loire moyenne, depuis le Berry jusqu'à la Flandre, depuis la Touraine jusqu'à la Champagne.

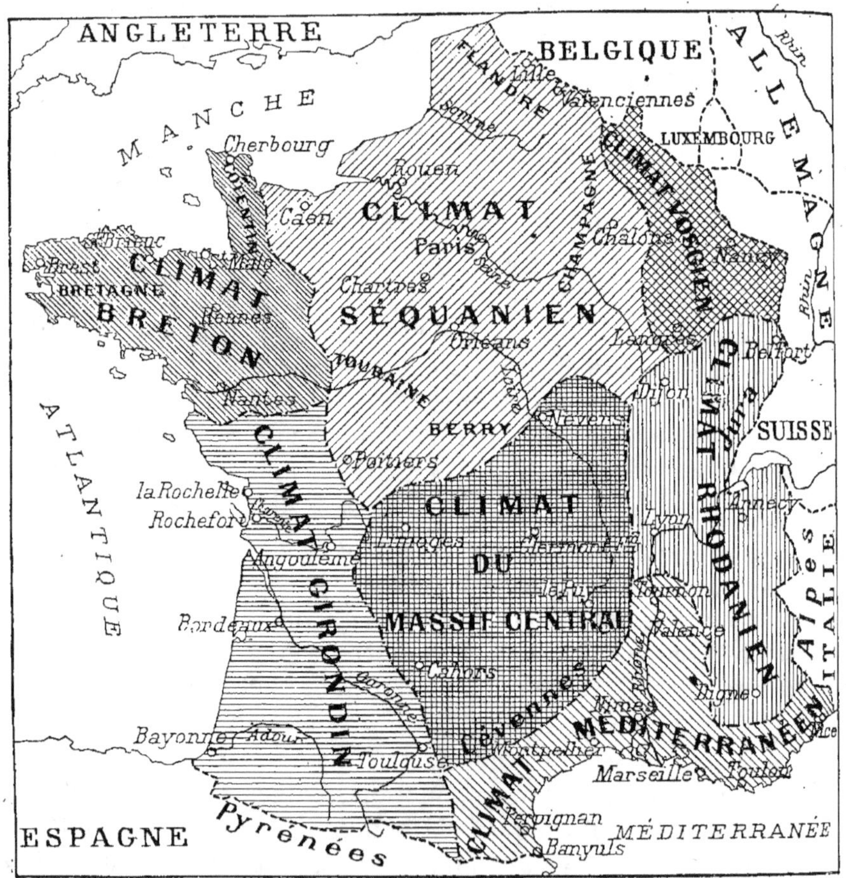

Croquis 12. — Les climats.

Il est caractérisé par des écarts plus marqués que dans les régions armoricaine ou girondine. Si les étés sont généralement un peu plus chauds que dans la première et un peu moins chauds que dans la seconde, les froids de l'hiver sont plus vifs que dans toutes les deux.

Le climat méditerranéen domine dans les départements du littoral et dans la vallée du Rhône jusqu'à Valence. C'est le plus chaud de France. Sauf dans les années exceptionnelles, ses hivers sans neige passent à peu près inaperçus, mais ses chaleurs estivales, entretenues par un soleil de feu et le souffle tiède du vent marin, paraissent insupportables aux hommes du Nord.

Les climats du Massif Central, rhodanien et vosgien se ressemblent par la rigueur des hivers et l'ardeur des étés. Ils ne diffèrent entre eux que par l'abondance plus ou moins grande des neiges et la durée des saisons. Ils constituent, pour ainsi parler, une zone de transition entre le climat maritime et le climat continental. Climats maritimes par comparaison avec le reste de la masse continentale, climats continentaux par comparaison avec le reste de la France.

Bref, les quatre premiers climats correspondent aux **régions tièdes** ; les trois derniers aux **régions rudes.**

3. Causes. — Mais il est un facteur important du climat qui, troublant les conditions atmosphériques, peut déterminer, dans une même région, des sections fort différentes. C'est le **régime des vents et des pluies.**

D'une part, les *vents venus de l'Atlantique,* chauds et humides, prédominent dans les régions soumises aux climats armoricain, girondin et séquanien. Le vent d'est, tour à tour glacé et brûlant, souffle dans la région des plateaux et montagnes du nord-est ainsi que dans la vallée de la Saône et du Rhône. *Le vent du Sud* se fait sentir sur tout le littoral méditerranéen et remonte dans la vallée du Rhône jusqu'à Valence. Le *mistral* est un vent local piquant et violent qui sévit par période de trois, six ou neuf jours dans la vallée du Rhône depuis Tournon jusqu'à la Méditerranée et le long de la Méditerranée jusqu'à Toulon.

D'autre part, les pluies ne tombent pas également sur toutes les parties de notre sol. Les plus considérables s'observent dans les régions maritimes, comme la Bretagne et le Cotentin où la chute annuelle atteint une moyenne de 1^m,50 et dans les régions montagneuses, comme l'Auvergne, les Pyrénées atlantiques, le Jura, les Alpes, les Cévennes et le Morvan où la moyenne varie de 1^m,50 à 2 mètres. Beaucoup moins arrosées sont la région séquanienne (moyenne annuelle, 0^m,70), les plaines de la basse Vilaine et de la basse Loire (moyenne annuelle 0^m,40 à 0^m,50), enfin la partie du Languedoc et de la Provence touchant à la Méditerranée (sécheresse prolongée).

4. Résultats. — La **durée de la vie humaine** dépend de bien des causes, mais le climat est, sans conteste, une des plus déterminantes. Les populations qui vivent sous un climat maritime et tempéré sont naturellement moins exposées aux troubles organiques que celles qui subissent les excès du climat continental. C'est le cas des populations françaises. Aussi, la France est-elle *le pays du monde où la moyenne de la vie atteint le chiffre le plus élevé* (31 ans contre 27 en Hollande, 26 en Angleterre, 23 aux Etats-Unis) et où la mortalité s'arrête au chiffre le plus bas (23 pour 1000 contre 31 en Angleterre, 38 en Allemagne).

La France est, à cet égard, *la plus favorisée des nations.*

LECTURE

Le nombre des journées de pluie dans les différentes régions de la France. — « Saint-Brieuc a 185 journées pluvieuses et 71 journées sereines en moyenne par an. Saint-Malo a 189 jours de pluie ainsi que Valenciennes ; Lille, 176 ; Nancy et Bordeaux, 150 ; Chartres et Châlons accusent 139 et 135 jours pluvieux. On ne compte que 62 jours de pluie à Perpignan, 69 à Banyuls, 67 à Montpellier ainsi qu'à Nice, 55 à Marseille et 53 seulement à Nîmes. » (Vidal-Lablache, *la France*, **Armand Colin et C**^{ie}, éditeurs.)

TABLEAU SYNOPTIQUE

CLIMAT

I
Double caractère du climat français

1. Son unité: il est partout maritime, par suite tempéré.
2. Sa variété : il ne se distingue pas moins, suivant les régions, à des traits particuliers. Sept climats locaux : armoricain ou breton, girondin, séquanien, méditerranéen, du massif central, rhodanien, vosgien. Les quatre premiers correspondent aux régions tièdes ; les trois derniers aux régions rudes.

II
Régime des vents et des pluies

1. Vents
1° De l'Atlantique, chauds et humides (Seine, Bretagne, Garonne).
2° De l'Est, glacé ou brûlant (plateaux du nord-est, Saône et Rhône).
3° Du sud (littoral méditerranéen, Rhône jusqu'à Valence).
4° Mistral (Rhône, de Tournon à la mer).

2. Pluies
1° Abondantes dans les régions maritimes (Bretagne, Cotentin) et montagneuses (Auvergne, Pyrénées atlantiques, Jura, Alpes, Cévennes, Morvan).
2° Modérées dans les autres (Seine, basse Loire, Languedoc, Provence).

III
Conséquence du climat sur la vie humaine.

La France, pays du monde où la moyenne de la vie atteint le chiffre le plus élevé.

CHAPITRE V

HYDROGRAPHIE

NOTIONS GÉNÉRALES

Le système hydrographique de la France apparaît, à première vue, comme *inférieur* en importance à son orographie. Il faut l'examiner d'assez près pour l'apprécier à sa valeur.

La France n'a pas de grands fleuves comme l'Autriche, la Russie, les Etats-Unis d'Amérique, le Brésil ou la Chine. Le plus long de ses cours d'eau, la Loire, ne peut se comparer au Danube, à la Volga, au Mississipi, à l'Amazone, au Yang-tse-Kiang. Elle n'a que des fleuves moyens ou petits. Aucun ne compense par son volume d'eau les faibles dimensions de son cours. Avec des sources peu abondantes, des pluies moyennes, des neiges passagères, la masse liquide, sauf pour le Rhône qu'enrichit son glacier originel, n'est jamais bien considérable. Mais ces fleuves, de développement et de volume médiocres, sont si heureusement orientés en tous sens qu'il est peu de pays mieux arrosés que le nôtre ni dans lesquels l'économie générale du système hydrographique présente un équilibre plus parfait. La carte de nos eaux courantes fait songer à la classique image du système artériel et veineux du corps humain.

L'orientation générale de la France inclinée vers l'ouest et la double pente secondaire qui descend vers le sud et le nord donnent l'explication de cette disposition. Ce sont elles qui dirigent nos fleuves, les uns vers l'Atlantique, les autres vers la Méditerranée et la mer du Nord. Car il n'y a pas, à proprement parler, de ligne de démarcation entre leurs divers domaines. Il n'y a pas de *bassins* nettement délimités par des barrières montagneuses. Entre la Seine à Paris et la Loire à Orléans le relief du pays est insensible. La Loire moyenne, la haute Seine, la Meuse supérieure appartiennent à la *même région géographique*.

Il ne s'ensuit pas que l'uniformité ou la monotonie soit le caractère propre de notre réseau fluvial. On trouve, au contraire, beaucoup de variété dans la physionomie des cours d'eau, dans la nature des régions qu'ils mettent en rapport, dans les dons ou les défauts des populations qui vivent sur leurs bords.

Leçon I

Les fleuves. — Classification et particularités.

RÉSUMÉ. — **1. Remarques préliminaires.** — Le mode de répartition des fleuves par *bassins* est fécond en erreurs et doit être abandonné. Il favorise cette opinion fausse, que le partage des eaux coïncide toujours avec les montagnes et cette autre, encore plus fausse, que là où est un partage des eaux doivent être aussi des montagnes.

2. Classification. — Dans ces conditions, la présence ou l'absence de chaînes ne pouvant servir de base à une classification, le plus simple et le plus logique est encore de répartir nos fleuves en trois groupes d'après les mers dont ils sont les tributaires : **fleuves de la mer du Nord; fleuves de l'Atlantique; fleuves de la Méditerranée.**

3. Particularités des fleuves. — Mais les tributaires d'une même mer n'ont pas forcément les mêmes caractères. Leur physionomie se distingue par des particularités très variées. A ne prendre que les quatre plus grands, la Seine, la Loire, la Garonne et le Rhône, on constate dans le régime du cours d'eau, dans l'aspect du pays, dans le caractère des populations riveraines, une diversité qu'expliquent les influences du milieu.

a. La **Seine,** aux allures régulières, traverse une région aux pentes douces, d'une nature reposée presque partout sauf en Champagne, élégante et discrète.

b. Au contraire, par la faute d'une pente trop inégale, d'un régime trop irrégulier, la **Loire** offre tour à tour le spectacle de débordements dévastateurs ou de basses eaux excessives. Pays de montagnes jusqu'à Gien et pays de plaines de Gien à la mer.

c. La **Garonne** est, à ce double point de vue, sœur de la Loire plutôt que de la Seine.

d. Le **Rhône** enfin, type du fleuve de montagne, garde jusqu'à la mer un caractère torrentiel.

Les trois premiers fleuves finissent par un estuaire, le quatrième par un delta.

Récit. — **1. Remarques préliminaires.** — Pendant longtemps, on a répété que la France se divisait, au point de vue hydrographique, en quatre grands *bassins* auxquels nos quatre grands fleuves donnaient leur nom. On a dit qu'il y avait un *bassin de la Seine,* un *bassin de la Loire,* un *bassin de la Garonne,* un *bassin du Rhône.* Rien n'est plus contraire à la réalité. L'expression traditionnelle de *bassin* ne se pourrait justifier que si les prétendus bassins formaient effectivement des cuvettes séparées les unes des autres par cette chaîne ininterrompue de hauteurs qu'on désignait autrefois couramment sous le nom de *ceinture.* Or, où est cette chaîne ininterrompue, où est cette ceinture entre la Seine et la Loire, sinon dans l'imagination des cartographes qui ont dessiné, au nord d'Orléans, des montagnes là où n'existe qu'un seuil de 17 mètres ? Le voyageur qui se rend par la route ou par la voie ferrée d'Orléans à Paris passe, *sans s'en apercevoir*, du domaine de la Loire dans le domaine de la Seine. Il chercherait en vain les hauteurs que, pour la commodité des choses, on lui avait dit séparer les deux régions. Donc, pas de séparation entre le cours moyen de la Loire et le faisceau de rivières qui coulent vers Paris. Par suite, pas de *bassin de la Seine*, pas de *bassin de la Loire*. Il est vrai que le domaine hydrographique du Rhône est délimité de toutes parts par des hauteurs bien caractérisées ; mais, dans le cas de ce fleuve, l'expression de *bassin* n'est-elle pas encore en contradiction avec la forme étroite et allongée de sa vallée qui lui a fait donner plus justement le nom de *couloir* ? Seule, la Garonne pourrait à bon droit servir de dénominateur à la région qu'elle traverse ; mais il suffit qu'il n'en soit pas ainsi partout pour que le géographe rejette un mode de répartition factice, dont le seul titre est d'avoir été, pendant de longues années, vulgarisé dans l'enseignement.

2. Classification. — Grouper les fleuves selon les mers dans lesquelles ils se déversent est à la fois plus logique et plus simple. Trois mers baignent nos côtes : mer du Nord, Atlantique, Méditerranée. Nous étudierons successivement les tributaires principaux de chacune d'elles : **tributaires de la mer du Nord** (*Moselle, Meuse, Escaut*) ; **tributaires de l'Atlantique** (*Somme, Seine, fleuves normands, fleuves bretons, Loire, Charente, Garonne, Adour*) ; **tributaires de la Méditerranée** (*Aude, Hérault, Rhône, Var*).

3. Particularités des fleuves. — Il ne suit pas de là que les fleuves appartenant au même versant maritime aient un commun caractère. La Seine, la Loire, la Garonne, tributaires de l'Atlantique, se distinguent, au contraire, par des particularités très variées.

a. La **Seine** (776 kilomètres [1]) doit, pour la plus grande partie de

____

1. Voir plus loin *Croquis de la Seine*, p. 99.

son cours, à la nature poreuse du sol comme à la quantité modérée des pluies qui l'arrosent, son *débit régulier*. D'une part, en effet, les terrains calcaires et crétacés, laissant les eaux de pluie filtrer jusqu'à la cuirasse du sous-sol imperméable, les empêchent de s'amonceler à la surface. Sur une superficie de **77.000** kilomètres carrés que draine le réseau fluvial, 19.000 seulement sont imperméables, soit 25 0/0. C'est le domaine de l'Yonne descendant, avec son cortège d'affluents, des roches granitiques et porphyriques du Morvan. D'autre part, la chute annuelle des pluies n'atteint pas une moyenne de 1 mètre dans la zone maritime, de $0^m,60$ vers les sources, de $0^m,50$ dans les plaines champenoises, soit, pour l'ensemble de la région séquanienne, une moyenne de $0^m,70$. A ce point de vue encore, le Morvan doit être mis à part. Placé au point de convergence des courants aériens qui remontent les vallées de la Seine, de la Loire et de la Saône, il reçoit les eaux des nuages venus de trois points de l'horizon. Les précipitations y sont torrentielles et atteignent une moyenne annuelle de 2 mètres. L'économie générale ne s'en trouve pas sensiblement modifiée.

Aussi, la Seine est-elle une rivière modèle. Nulle part, de faux lits ou bras temporaires. Nulle part, de longues bandes de sable à travers lesquelles le fleuve appauvri semble chercher sa route. Pas davantage d'abondance excessive : pas de crues, si ce n'est exceptionnellement, comme en 1658, 1740, 1802, 1876, soit, en moyenne, une ou deux par siècle ; mais, en toute saison, une masse d'eau suffisante, alimentée par des rivières qui, été comme hiver, jaillissent avec une force presque égale ou gardent, à quelques centimètres près, le même niveau pendant plusieurs années consécutives. L'Essonne mérite, sous ce rapport, une mention particulière.

A l'inclinaison douce de sa pente la Seine doit *l'allure modérée* de son cours. Si l'on excepte les 51 premiers kilomètres, la pente est peu sensible. Né à la faible altitude de **470** mètres, le fleuve n'est déjà plus. après ce parcours, c'est-à-dire à Châtillon, qu'à 215 mètres. Il n'a donc plus que 255 mètres à descendre pour un trajet de 725 kilomètres. A Bar, il est à 162 mètres ; à Troyes, à 101 ; à Montereau, à 50 ; à Corbeil, à 35 ; à Paris, à 25 ; à Mantes, à 19 ; à Rouen, à 5.

De la régularité de son débit et de la modération de son cours résulte un troisième avantage, sa *navigabilité*. La Seine et ses affluents ont toujours assez d'eau pour porter les navires et jamais trop pour en rendre la direction impossible. Ainsi s'explique le mouvement actif qui existe tout le long de leur parcours. La Seine est comme une grande rue ouverte du Havre à Paris.

Suivez ces « chemins qui marchent » et vous serez frappés par la variété d'aspect des pays que vous traverserez. Ce sont, ici, les plaines blanches de la Champagne, terre ingrate et stérile, surtout dans la partie dite Pouilleuse ; là, le plateau de la Brie, parsemé de larges fermes carrées et recouvert d'un épais limon fertilisant ; plus loin, la plaine dorée de la Beauce, sans arbre, sans eau, véritable grenier à blé de Paris ; ailleurs, les forêts morvandelles ; et, aux environs de la capitale, les châteaux et les villas qu'entourent des jardins d'une beauté élégante et discrète, sorte de banlieue de la grande cité ; le tout habité par une population au caractère réfléchi, à l'esprit fin, mais un peu froide et quelque peu dédaigneuse des qualités qu'elle n'a pas.

b. A ces caractères s'opposent ceux de la **Loire** (**1.008** kilomètres)[1]. Le sol poreux du bassin parisien devient ici une terre imperméable (granits du Massif Central, couches argileuse de la Sologne et de la Brenne, granits du Poitou et de la Bretagne). Sur une superficie de **115.000** kilomètres carrés que draine le réseau fluvial, **45.000** sont imperméables, soit 45 0/0, ce qui donne une proportion sensiblement différente de celle qui a été signalée pour le réseau voisin. En même temps, si les pluies sont, dans les plaines basses, égales à celles que reçoit le domaine séquanien, elles sont, en revanche, beaucoup plus abondantes sur les

1. Voir plus loin *Croquis de la Loire*, p. 105

hauteurs où la chute annuelle atteint $0^m,85$ (pentes du Limousin et de la Marche), $1^m,50$ (Massif Central) et même 2 mètres (Cévennes). La conséquence est que le débit de la Loire est aussi *irrégulier* que celui de la Seine est égal. Rivière humble en été, presque impuissante à se frayer sa voie à travers les bancs de sable, la Loire devient, en automne et au printemps, un torrent dévastateur, redouté à bon droit des riverains dont maisons et cultures disparaissent fréquemment sous les eaux. Il n'est pas rare que les magnifiques ponts suspendus jetés d'une rive à l'autre soient mouillés par le flot[1].

L'élan que lui donne sa pente accentue encore son *allure turbulente*. Née à une altitude de 1.400 mètres, elle descend trois ou quatre fois plus vite que la Seine. A Roanne, elle n'est plus qu'à 277 mètres, et c'est à peine si de cette ville à Digoin elle devient moins rapide, puisqu'elle descend, en ce court trajet, autant de pente que la Seine entre Montereau et Le Havre. Ce n'est guère qu'à son entrée en Touraine qu'elle prend une allure modérée rappelant celle de la Seine.

Fleuve indisciplinable, la Loire n'a jamais pu avoir, comme voie commerciale, une importance proportionnée à la longueur de son cours. Alternativement trop pauvre ou trop abondante, elle *arrête la navigation* par ses bancs de sable ou la met en péril par ses courants d'inondations. Aussi, les charbons de Saint-Etienne, de Commentry et du Creusot ne peuvent-ils arriver à Nantes qui est obligée d'alimenter ses industries de charbons anglais. Tandis que les riverains de la Seine ont pu tirer parti d'un actif mouvement de batellerie, ceux de la Loire ont moins cherché à rendre leur fleuve navigable qu'à conjurer le danger de ses crues. Pour cela, ils ont construit, au commencement du XIXe siècle, des digues latérales généralement *insubmersibles*, hautes de 7 mètres et larges de 5 à 7 mètres au sommet, de 15 à 20 mètres au pied. Palliatif insuffisant! Remède quelquefois pire que le mal! Car il suffit d'une fissure ou d'une crue extra-

1. Voir gravure n° 7.

ordinaire comme en 1846, 1856 ou 1866, pour que le fleuve, triomphant de l'obstacle, s'abatte *en cataracte* sur les champs situés au pied. C'est à se demander s'il n'eût pas été plus sage de se borner à l'établissement de simples digues *submersibles*, propres à ne protéger les vals qu'en cas de crue moyenne. Quoi qu'il en soit, on ne viendra à bout du fléau qu'en multipliant le nombre des *réservoirs* ou *bassins de retenue* établis çà et là aux solutions de continuité qu'offrent les digues et dans lesquels s'emmagasine le trop-plein des eaux. On utilisera, à cet effet, le plus grand nombre possible de vallées larges et profondes en bouchant leur issue. Tel le *barrage du Pinay*, près de Feurs, qui peut retenir une masse de plus de cent millions de mètres cubes.

La vallée de la Loire est assez belle, quoi qu'en ait dit Stendhal, pour justifier la dépense qui résultera de ces travaux. Le *Jardin de la France* n'est pas limité aux frontières de la Touraine. D'Orléans jusqu'à la mer, c'est-à-dire pendant la moitié de son cours, le fleuve serpente entre des rives riantes, bordées d'aunes et de peupliers, véritable jardin duquel émergent, presque à chaque pas, les pointes des tourelles de quelque élégant manoir. Nature douce et reposée à l'image de laquelle sont façonnés les habitants. Comme l'a dit E. Reclus, c'est là que se trouvent fondus dans un harmonieux ensemble de bon sens et de gaieté, d'esprit et de sérieux, les contrastes si violents qu'offriraient le Breton à côté du Provençal, le Béarnais à côté du Lorrain.

c. La **Garonne** (650 kilomètres avec le prolongement de la Gironde) [1] a plus de traits de ressemblance avec la Loire qu'avec la Seine. Tous ses affluents de la rive droite, ceux dont l'apport est le plus considérable, qu'ils viennent des Pyrénées ou du Massif Central, roulent sur un sol granitique imperméable ; elle-même se grossit de la fonte des glaciers d'où bondissent ses sources ; et comme les Pyrénées sont, avec le Massif Central, parmi les régions les plus mouillées de France, le régime des

---

1. Voir plus loin *Croquis de la Garonne*, p. 109.

pluies ne sert point de correctif à la *surabondance* favorisée par la constitution géologique.

A l'instar de la Loire, la Garonne descend par une pente fortement marquée. Nouvel élément d'*irrégularité*. Tandis que les sources s'étagent entre 1.400 et 2.200 mètres, l'altitude est de 600 mètres au Pont-du-Roi, de 290 à Saint-Martory, de 123 à Toulouse, de 62 à Moissac, de 42 à Agen, de 4 à Bordeaux. Si l'évaporation n'enlevait beaucoup d'eau à la surface de la plaine, les crües de la Garonne seraient, en général, aussi désastreuses que les crues de la Loire. Parmi celles qui ne le furent pas moins, il faut citer la crue de juin 1875, où le niveau d'eau s'éleva de 8^m,70 à Toulouse, de 11^m,70 à Agen et où 209 personnes furent noyées à Toulouse et 1.141 maisons renversées. Il est regrettable que les lacs qui, à une époque antérieure de l'histoire de la terre, s'espaçaient de distance en distance et réglaient les allures du fleuve, aient été insensiblement comblés ou vidés. Ces lacs étaient le modérateur de la Garonne, comme le lac de Constance l'est encore aujourd'hui pour le Rhin, ou le lac de Genève pour le Rhône.

Aussi, sauf dans son cours inférieur, large, profond, accessible aux gros navires, la Garonne, malgré sa situation privilégiée entre l'Océan et la Méditerranée, n'a *pas de valeur comme voie navigable*. Pour permettre aux bateaux de remonter jusqu'au canal du Midi, il a fallu creuser un canal latéral sur la rive gauche du fleuve de Castets à Agen, et, sur la rive droite, d'Agen à Toulouse. Ce dernier sert surtout au transport des produits de la plaine, une des plus belles, des plus riches, des plus ensoleillées de France.

Là est, en effet, pour les habitants de la région garonnaise, la principale source de richesse. On chercherait en vain ailleurs un plus luxuriant mélange de blé, de vignes, de maïs, de pâturages, d'arbres fruitiers. C'est bien le vaste océan d'agriculture dont parle Michelet. Mais, au point où viennent mourir ses derniers flots, les causses et les ségalas ne présentent plus, dans les replis des Cévennes et de l'Auvergne, qu'une longue série de plateaux dénudés. Sur ces tables de pierre calcaire, peu ou point d'arbres, quelques tapis d'herbes odorantes et des trous à chaque pas. Sur les causses comme dans la plaine, les populations se distinguent par l'expression vive de la physionomie, une expansion quelquefois excessive, un tempérament en dehors mais cachant des trésors de volonté et d'énergie.

d. Les trois fleuves dont on vient de définir les caractères essentiels se jettent à la mer par un estuaire. Le **Rhône,** au contraire (812 kilomètres dont 531 en France[1]), finit dans la Méditerranée par un delta. C'est la Camargue. Formé de terres alluvionnaires, ce delta semblable en cela à ceux des autres grands fleuves méditerranéens, Ebre, Pô, Danube, Nil, ne cesse de gagner en longueur. On dit alors que le fleuve est *travailleur.*

Il n'est pas, à cet égard, de type plus intéressant à étudier que la branche orientale du delta rhodanien ou Grand Rhône. Emportant à elle seule les quatre cinquièmes des eaux, elle dépose à droite et à gauche des « teys » ou îlots de boue qui se rattachent les uns après les autres au continent. Des tours de signaux, élevées aux issues successives du fleuve, sont séparées de distance en distance et mesurent ainsi ses progrès. La dernière, la tour Saint-Louis, bâtie en 1737 sur le littoral même, en est éloignée aujourd'hui de 8 kilomètres. Arles qui n'était, au temps de la domination romaine, qu'à 26 kilomètres de la Méditerranée, en est aujourd'hui à plus de 48. Il s'en faut donc de peu que le Grand Rhône ait doublé, depuis cette époque, l'étendue du terrain qui séparait la ville de la mer.

Et avec quelle vigueur ces alluvions sont-elles projetées dans la masse liquide! D'un bout à l'autre, le Rhône conserve une allure torrentielle. Au vrai, il court à la mer. Né à une altitude de 1.753 mètres, il suit jusqu'au delta une pente moyenne de plus d'un demi-mètre par kilomètre. A son entrée en France, il est à 375 mètres ; à Lyon, à 174 ; à Valence, à 126 ; à Pont-St-

___

1. Voir plus loin *Croquis du Rhône,* p. 111.

Esprit, à 50; à Avignon, à 19. Le volume d'eau entraîné par cette pente est toujours considérable. Le Rhône doit aux fortes pluies qui s'abattent sur ses hautes terres ou celles de ses affluents et à la fonte des glaciers alpestres d'être *le plus abondant* des cours d'eau de France. De là il ne faut pas conclure qu'il se répande sur ses rives, comme la Loire ou la Garonne. Du moins ne s'y répand-il que rarement. Le défaut de coïncidence entre les crues des rivières alpestres de la rive gauche et celles des torrents cévenols de la rive opposée compense heureusement les causes d'irrégularité. D'ailleurs, le Rhône a un *modérateur*, comme ceux que possédait jadis la Garonne et dont la disparition fut si funeste au régime de ce fleuve. C'est le **lac de Genève**, ou **Léman**, grâce auquel le tribut alpestre du cours supérieur est diminué de moitié.

Néanmoins *l'irrégularité du débit*, jointe à la *force du courant* est assez sensible pour *nuire à la navigation*. Le Rhône est, selon le mot de E. Reclus, un chemin qui marche trop vite, et qui, par l'effet de sa pente, est trop long et trop difficile à remonter. Avant que le chemin de fer de Lyon à la Méditerranée fût construit, la batellerie avait une grande importance. Aujourd'hui la concurrence de la voie ferrée l'a tuée. Le plus puissant des cours d'eau français se trouve être ainsi à peu près délaissé par le grand mouvement des marchandises. Les intérêts de la région qu'il dessert exigeraient, cependant, qu'il pût être mieux utilisé. Aucune n'a été plus éprouvée depuis une quarantaine d'années : le phylloxera et les maladies des vers à soie ont ravagé les vignes et vidé les magnaneries. Ne fera-t-on rien en faveur de ces populations vigoureuses, admirablement douées pour le commerce et qu'en Provence un effet de l'atavisme rend moins fermées que d'autres à l'esprit d'aventure et de colonisation?

LECTURE

1. *La Beauce avant la moisson.* — « La Beauce n'offre à l'œil qu'une surface unie, s'étendant de tous côtés sans changement perceptible de niveau. Les champs, uniformément couverts de céréales et de fourrages artificiels, ne sont divisés ni par des haies ni par des fossés. On remarque la rareté des arbres, ainsi que l'absence presque complète d'habitations isolées. Cette concentration des maisons est la conséquence de la perméabilité du sol, qui empêche l'établissement des mares et oblige à chercher par des puits profonds et bien outillés, l'eau nécessaire aux hommes et aux animaux. » (De Lapparent, *Description géologique du bassin parisien*, **Masson et C**ie, éditeurs.)

2. *La Beauce après la moisson.* — « C'était l'époque abominable, la Beauce dépouillée, désolée, étalant ses champs nus, sans un bouquet de verdure. Les chaleurs de l'été, le manque absolu d'eau, avaient séché la terre qui se fendait ; et toute végétation disparaissait ; il n'y avait plus que la salissure des herbes mortes, que le hérissement dur des chaumes, dont les carrés à l'infini élargissaient le vide ravagé et morne de la plaine, comme si un incendie eût passé d'un bout à l'autre de l'horizon. Un reflet jaunâtre semblait en être resté au ras du sol, une lumière louche, un éclairage livide d'orage : tout paraissait jaune, d'un jaune affreusement triste, la terre rôtie, les moignons des tiges coupés, les chemins de campagne bossués, écorchés par les roues. Au moindre coup de vent, de grandes poussières s'envolaient, couvrant les talus et les haies de leur cendre. Et le ciel bleu, le soleil éclatant n'étaient qu'une tristesse de plus au-dessus de cette désolation ! » (E. Zola, *la Terre*, **Fasquelle**, éditeur.)

3. *Le paysan tourangeau.* — « Le paysan tourangeau a toujours aimé son chez soi, et ce goût n'a fait que s'accroître et se répandre. Le petit cultivateur soigne sa maison avec une sorte de passion. Presque partout des rideaux blancs aux fenêtres bien fermées, un jardinet avec des fleurs, des meubles de noyer entretenus soigneusement, un lit, une grande armoire, une huche à pain, quelques chaises, une table et un berceau. On reçoit là l'impression d'une propreté domestique, qui, est en effet, une des qualités et l'un des principaux traits des campagnes de la Touraine. On regrette seulement, dans quelques localités, que les deux ou trois pièces du rez-de-chaussée ne soient pas assez élevées pour être garanties de l'humidité. L'influence de la femme se fait aussi sentir sur la tenue des intérieurs. Il est rare que les fermières ou *maîtresses* (ainsi qu'on les appelle pour les distinguer des servantes) n'unissent pas à leurs qualités d'ordre et d'activité celles que prouvent le bon état du logement, comme le soin de la personne. » (H. Baudrillart, *Compte rendu de l'Académie des Sciences morales et politiques*, 1886.)

Leçon II

Les fleuves (*Suite*). — Description.

RÉSUMÉ. — 1. Tributaires de la mer du Nord. — La Moselle, la **Meuse** et l'**Escaut**, grandes artères si on les suit en pays étranger, sont, pour nous qui n'en possédons que le cours supérieur, des rivières secondaires. La Moselle et la Meuse sont, chez nous, des fleuves de plateaux ; l'Escaut, au contraire, est, au delà comme en deçà de nos frontières, un fleuve de plaines basses.

2. Tributaires de l'Atlantique. — La **Somme**, semblable à l'Escaut par son débit régulier et son cours tranquille, est utilisée comme voie navigable.

La **Seine**, née au *mont Tasselot* (plateau de Langres), n'est, jusqu'à Châtillon, qu'un maigre filet d'eau ; mais, bientôt doublée par l'apport de l'*Aube*, elle s'étale, à son entrée dans la cuvette parisienne dont Paris occupe le fond, en larges et puissants méandres. Situation privilégiée de Paris au point de convergence des chemins venus des quatre points de l'horizon. En aval de Paris, la Seine forme, à mesure qu'elle s'éloigne du fond de cuvette, une série de boucles particulièrement prononcées à sa sortie de la capitale et dans sa partie maritime. Affluents : droite : *Aube, Marne, Oise ;* gauche : *Yonne, Loing, Essonne, Eure.*

Par l'appellation de **fleuves normands** et **bretons**, on désigne les nombreuses artères dont sont sillonnées les deux presqu'îles qui séparent l'estuaire de la Seine de l'estuaire de la Loire. L'*Orne* peut être considéré comme le type des premières ; la *Vilaine*, comme le type des secondes.

La **Loire**, née au *Gerbier des Joncs* (monts du Vivarais) a, de préférence à l'Allier, donné son nom aux eaux réunies des deux fleuves, parce qu'elle a été suivie par les peuples dans leurs anciennes migrations vers le nord. Sa direction reste, en effet, celle du nord jusqu'à Orléans, où elle arrive à une allure à peine ralentie par la longueur de sa marche. Mais, soustraite alors à l'attraction du point central, elle s'infléchit à l'ouest et s'apaise à son entrée en Touraine. Affluents : droite : *Furens, Arroux, Maine* ; gauche : *Allier, Loiret, Beuvron, Cher, Indre, Vienne, Sèvre-Nantaise, Acheneau.*

La **Charente** est à la fois une des rivières les plus sinueuses d'Europe et les plus égales de France.

La **Garonne**, descendue des glaciers de *la Maladetta* (Pyrénées), suit la direction générale du nord-ouest. Le plateau de Lannemezan l'oblige toutefois à dessiner vers l'est une courbe dont Toulouse occupe le sommet. Confondue avec la Dordogne, au bec d'Ambez, elle perd son nom en même temps qu'elle s'élargit du double et bientôt du quadruple. C'est la partie maritime du cours, ou *Gironde*. Affluents : droite : *Salat, Ariège, Tarn, Lot, Dordogne* ; gauche : *Neste, Save, Gimone, Gers, Baïse.*

L'**Adour** est mal séparé du faisceau des rivières garonnaises. Barre imposante à l'estuaire.

3. Tributaires de la Méditerranée. — Ce sont, à l'exception du Rhône, des torrents médiocres par leur longueur, mais terribles par leurs variations. L'**Aude**, l'**Hérault**, le **Var**, en sont des exemples.

Le **Rhône**, issu d'un glacier du *Saint-Gothard* (Alpes), ne réussit à déboucher dans sa vallée que par une série d'étranglements. Arrivé à Lyon, il se détourne pour couler droit au sud jusqu'à la Méditerranée, en passant devant les villes avec la rapidité d'une flèche. Affluents : droite : *Ain*, *Saône*, *Gier*, *Cance*, *Ardèche*, *Cèze*, *Gard ;* gauche : *Isère*, *Drôme*, *Durance*.

Récit. — **1. Tributaires de la mer du Nord. — La Moselle.** — Seule, la partie supérieure du cours, soit un peu moins du quart de la longueur totale, appartient à la France. Née au *ballon d'Alsace* (Vosges), elle descend dans sa plaine par une vallée pittoresque, très peuplée, où se pressent, entre le flanc occidental des Vosges et le flanc septentrional des Faucilles, les usines et les manufactures. Remiremont, Epinal et Toul sont ses principales étapes. Après s'être grossie sur la rive droite de la *Meurthe*, qui baigne Nancy, elle pénètre, un peu en aval de Pagny, en terre allemande, pour aller rejoindre le Rhin à Coblentz.

La Meuse. — C'est, comme la Moselle, un affluent du Rhin, bien que la tradition lui ait maintenu son nom jusqu'à la mer. De son cours nous ne possédons également que la partie supérieure, environ la moitié de la longueur totale. Formée dans le *plateau de Langres*, non loin du *mont Mercur*, elle coule d'abord dans un étroit couloir fermé, à l'ouest par le rempart de l'Argonne, à l'est par celui des Côtes de Meuse. Elle y arrose Neufchâteau, Commercy, Saint-Mihiel et Verdun. Au-dessous de Verdun, la vallée s'élargit et offre le spectacle d'un chapelet de villes dont Sedan, Mézières et Charleville sont les principales. Mais, passé Charleville, elle redevient encaissée et étroite, en même temps qu'elle tourne brusquement vers le nord.

Il est à remarquer que la vallée de la Meuse avait formé jusqu'à ce point une rainure semblable et parallèle à celles de l'Aire, de l'Aisne, de la Marne, de l'Aube. Elle avait contribué, pour sa part, au même titre que ces dernières, à donner, selon le mot de Krantz, l'aspect d'une coquille striée à la partie orientale du bassin parisien. Il eût semblé naturel qu'après avoir coulé depuis son origine dans le sens de la circonférence

de ce bassin, la Meuse continuât jusqu'au bout sa course vers la
Seine. L'accident d'une faille, rencontrée le long du roc des
Ardennes, suffit pour en décider autrement. Sans cette faille,
la Meuse n'échappait pas à la Seine et était perdue pour la mer

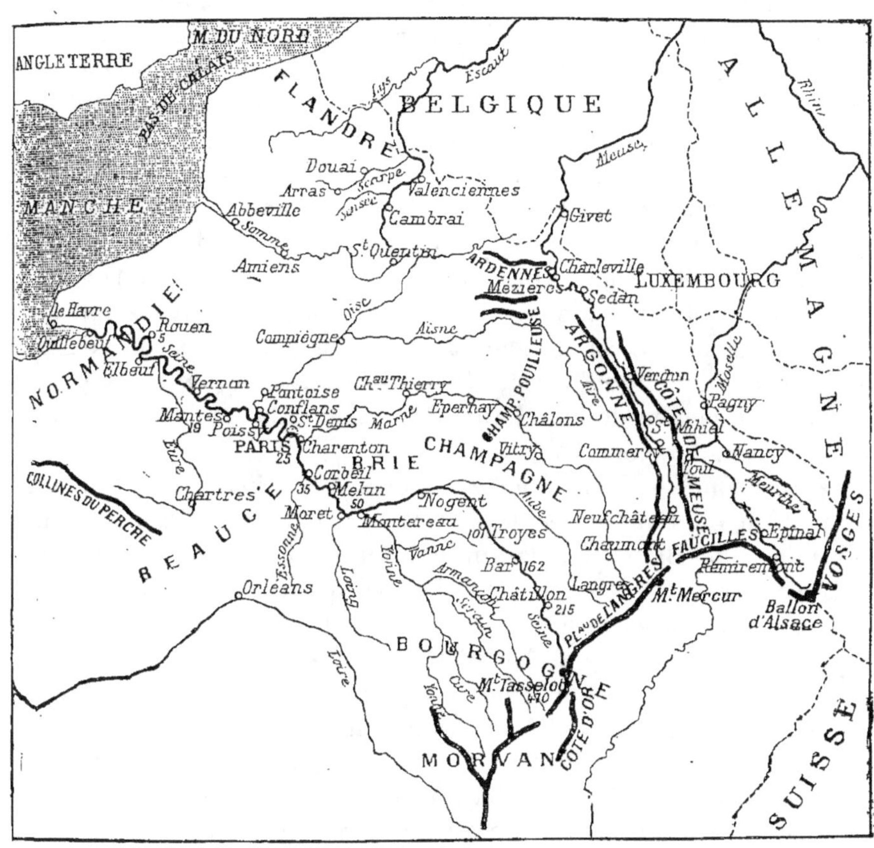

Croquis 13. — Moselle. — Meuse. — Escaut. — Seine.

du Nord. On aperçoit là une nouvelle preuve de la fausseté de
la théorie des *bassins fluviaux*.

Givet est la dernière ville française au delà de laquelle le
fleuve pénètre en Belgique.

L'Escaut. — C'est encore le cours supérieur, soit un peu plus
du quart de la longueur totale, qui appartient à la France. Mais

ce cours diffère en tous points des deux précédents. Une zone de plaines succède à une zone de plateaux ; des berges plates à des rives encaissées. L'Escaut, né à une altitude de 90 mètres à peine, a une pente insensible. Par son cours lent et paisible, il ressemble moins à une rivière qu'à un canal. Avec ses affluents, la *Sensée*, la *Scarpe*, la *Lys*, il rend d'inappréciables services comme artère fluviale de la région industrielle du Nord. C'est comme un faisceau de rues mettant en communication facile Cambrai, Valenciennes, Arras, Douai.

2. Tributaires de l'Atlantique. — La Somme. — Voisine de l'Escaut par ses sources, la Somme, avec son débit régulier, lui ressemble comme voie navigable utile. Elle est même canalisée à partir d'Amiens ; et, si son estuaire n'était ensablé, le mouvement de va-et-vient des bateaux serait sensiblement plus actif. Tel qu'il est, il suffit à favoriser la richesse et l'accroissement de population des villes industrielles de Saint-Quentin, Amiens, Abbeville.

La Seine. — Formée au *mont Tasselot*, point de jonction du plateau de Langres et de la Côte d'Or, à peu de distance du tunnel de Blaisy qu'emprunte la ligne ferrée de Paris à la Méditerranée, la Seine n'est d'abord qu'un maigre filet d'eau. Les nombreuses fissures de son lit l'assèchent même presque complètement en été. A Châtillon, son trésor d'eau se reforme heureusement par le tribut de plusieurs fontaines ou *douix*, si bien que, lorsque l'Aube la rejoint en aval de Troyes, elle est déjà une rivière véritable. Doublée par l'apport des eaux blanchâtres de l'*Aube*, elle rencontre devant elle la falaise de Brie, qu'elle longe de Nogent à Montereau, et ne réussit à percer qu'avec le concours de l'*Yonne*. En aval de Troyes, la plaine s'élargit et le fleuve s'étale en larges boucles qui arrosent Moret où arrive le *Loing*, Melun, Corbeil où tombe l'*Essonne*, Charenton qui marque le confluent de la *Marne*, enfin **Paris** (2.714.068 habitants).

Plus que les circonstances historiques, la situation privilégiée de cette ville explique son admirable développement et le rôle de si haute importance qu'elle a pris dans l'histoire du monde. Les événements qui firent des comtes de Paris les ducs de France, puis les rois de France, et, de Paris la capitale du pays entier, ne furent certes pas, parmi les gages d'avenir, un facteur négligeable. Ils furent peu de chose cependant en comparaison des avantages topographiques.

Paris [1] s'élève au point de convergence de la Seine, de la Marne, de l'Oise, c'est-à-dire des chemins naturels qui viennent de la France méditerranéenne, de l'Allemagne, de la Belgique. Rien de plus aisé que ses relations non seulement avec les autres parties du bassin parisien, mais aussi avec le reste de la France. Ajoutez qu'autour de ce centre se groupent des régions dont la fertilité et la variété de produits paraissent avoir été tout exprès combinées : la Normandie lui envoie ses bestiaux, son beurre, ses volailles, ses œufs ; la Bretagne, ses fruits et ses légumes ; la Flandre, ses étoffes et ses charbons ; la Champagne et la Bourgogne, leurs vins ; la Beauce, son blé. Paris « port de mer » est un rêve qui n'est pas à la veille de devenir une réalité ; mais, par les grands réseaux ferrés qui ont leurs têtes de lignes dans ses gares, il est en communication rapide avec Le Havre, Bordeaux, Marseille. C'est une fenêtre sur les mers de France. Il y a là un ensemble de conditions favorables au développement d'une grande capitale qui a eu ses détracteurs, mais dont les fervents sont légion. « Elle a mon cœur dès mon enfance, disait Montaigne, et m'en est advenu comme des choses excellentes ; plus j'ai vu depuis d'autres villes belles, plus la beauté de celle-ci peut et gagne sur mon affection ; je l'aime par elle-même et plus en son être seul que rechargée de pompe étrangère ; je l'aime tendrement jusqu'à ses travers et ses taches. Je ne suis Français que par cette grande cité, grande en peuple, grande en félicité de son assiette, mais surtout grande et incomparable en variété et diversité de commodités, la gloire de la France et l'un des plus nobles ornements du monde. »

1. Voir gravure n° 9.

De Paris à la mer, la Seine décrit les méandres sinueux qui l'ont fait comparer à « un serpent déroulant ses anneaux ». Ils sont particulièrement prononcés à sa sortie de la capitale et dans sa partie maritime. Sur les premiers s'élèvent Saint-Denis, Conflans où la vallée de l'*Oise* se rencontre à angle droit avec celle de la Seine, Poissy ; sur les seconds, Elbeuf en amont de laquelle l'*Eure* apporte son tribut, Rouen où commence le régime maritime[1], Quillebœuf où s'ouvre l'estuaire, Le Havre. Entre ces points extrêmes, une succession presque ininterrompue de jardins ou de vergers forme comme une ceinture à Mantes et à Vernon. Des trains de plaisir de Paris au Havre amènent les voyageurs avides de contempler le phénomène de la *barre* ou *mascaret*.

Affluents. — Les principaux sont :

Sur la rive droite : l'*Aube*, originaire, comme la Seine, du plateau de Langres, tranquille et constante comme elle ; — la *Marne*, descendue du même plateau, trait d'union entre des villes importantes comme Langres, Chaumont, Vitry, Châlons, Epernay, Château-Thierry ; — l'*Oise*, celle de toutes les rivières françaises qui a été le plus complètement transformée en « escalier hydraulique » par des barrages éclusés et qui, avec son grand tributaire, l'*Aisne*, a été artificiellement prolongée par des canaux ; née en Belgique, elle entre en France après 17 kilomètres de cours et ne baigne, sur un trajet de près de 300 kilomètres, aucun chef-lieu de département, mais, en revanche, des sous-préfectures importantes, comme Compiègne et Pontoise.

Sur la rive gauche : l'*Yonne* qui, avec son cortège d'affluents, *Cure*, *Serain*, *Armançon* et *Vanne*, est, pour les raisons que l'on sait[2], l'élément perturbateur du régime de la Seine ; — le *Loing* et l'*Essonne*, rivières gracieuses, dans les eaux desquelles se reflètent les vallons boisés qu'elles traversent ; — l'*Eure*, qui naît dans les collines du Perche et arrose Chartres.

1. Voir gravure n° 10.
2. Voir plus haut pp. 49 et 88.

Fleuves normands. — On comprend sous ce nom les cours d'eau de médiocre importance qui ont leurs embouchures sur la Manche entre l'estuaire de la Seine et la baie Saint-Michel. Les collines normandes, serrant de près la côte, ne permettent pas aux rivières auxquelles elles donnent naissance de se

Croquis 14. — Fleuves normands et bretons.

développer en un vaste domaine. Parmi ces dernières, l'*Orne* est encore la plus notable (158 kilomètres) ; ses eaux baignent la capitale de la province, Caen ; mais, obligée de se frayer une route à travers les obstacles d'un sol accidenté, elle ne rend aucun service à la navigation.

Fleuves bretons. — Espaçant leurs embouchures de la baie Saint-Michel à l'estuaire de la Loire, les fleuves bretons ne sont ni plus longs ni moins tourmentés que les précédents. Ici comme là, l'espace manque entre les hautes terres et la côte ; et

cette circonstance explique pourquoi une des régions les plus
arrosées de pluies qui soient en France est, en même temps,
une des plus pauvres en artères fluviales importantes. L'Orne
a son pendant en Bretagne : c'est la *Vilaine* (225 kilomètres),
la rivière de la capitale, Rennes.

La Loire. — On peut se demander pourquoi de la Loire et de
l'Allier, c'est la première qui a donné son nom au cours inférieur
du fleuve. En effet l'Allier vient d'aussi loin que la Loire ; la
plaine de la Limagne n'est ni moins féconde, ni moins peuplée
que celle du Forez ; et si, en temps ordinaire, la Loire est la
rivière prépondérante par son volume moyen, c'est l'Allier
qui impose sa direction aux eaux réunies. La raison est d'ordre
historique. La haute vallée de la Loire ayant offert aux anciennes
migrations des peuples un chemin plus facile et plus direct que
la vallée encaissée et tourmentée de l'Allier, nos ancêtres ont
pris l'habitude de maintenir au cours inférieur le nom de l'artère
qu'ils avaient suivie depuis son origine.

Cette origine est au *Gerbier des Joncs*, dans les monts du
Vivarais. Faible ruisseau au sortir des flancs de la montagne,
la Loire coule d'abord vers le sud, comme si elle appartenait au
Rhône ; mais elle se recourbe presque aussitôt dans la direction du nord. Grossie du *Furens*, elle se développe à travers
les deux anciens bassins lacustres du Forez et de Roanne.
A Digoin, où conflue l'*Arroux*, la rencontre du massif du Morvan l'oblige à s'incliner vers le nord-ouest en la rapprochant de
l'*Allier* qui se mêle à elle, en aval de Nevers, à la petite station
du Guétin. De ce point jusqu'à Briare elle ne se sépare pas du
faisceau de rivières qui coulent parallèlement vers Paris. Ce
n'est qu'au-dessous d'Orléans, au confluent du *Loiret*, qu'elle
se soustrait à l'attraction du point central, comme la Meuse s'y
soustrait, au-dessous de Charleville, au pied du roc ardennais.
Elle forme alors, jusqu'à l'estuaire, deux coudes : l'un, d'Orléans
à Saumur, avec concavité tournée vers le nord ; l'autre, de Saumur à la mer, orienté en sens contraire. Sur le premier, où convergent le *Loiret*, le *Beuvron*, le *Cher*, l'*Indre* et la *Vienne*, une

foule de cités, dont Blois et Tours sont les reines, se succèdent à intervalles rapprochés. Sur le second, où aboutissent la *Maine*, la *Sèvre-Nantaise* et l'*Acheneau*, Ancenis annonce l'approche de Nantes, la grande cité, entrepôt de tout le domaine du fleuve.

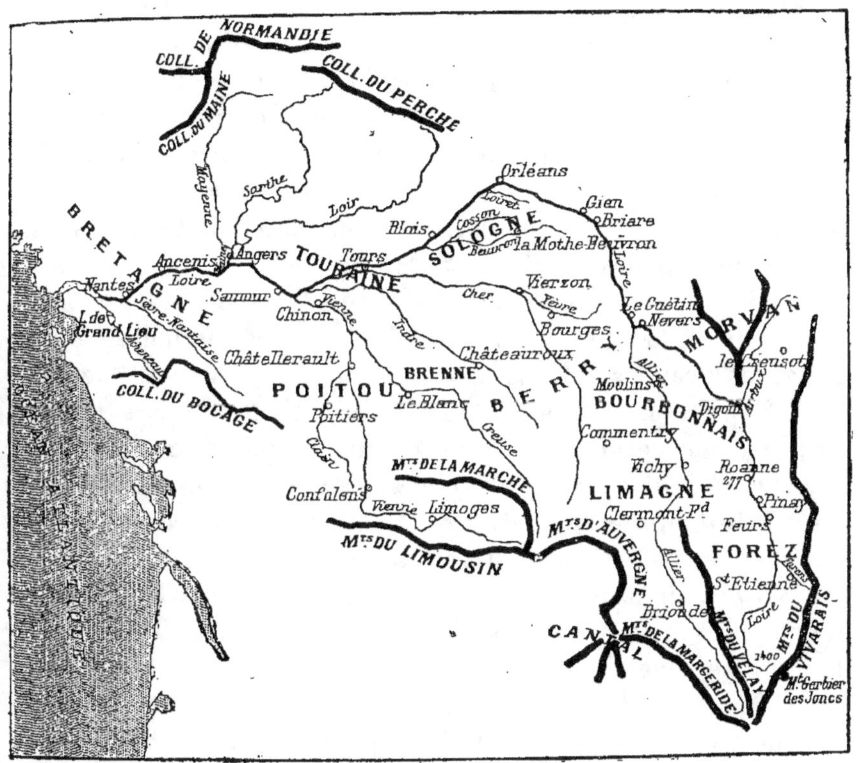

CROQUIS 15. — La Loire.

Affluents. — Une chose frappe tout d'abord : c'est le défaut de proportion entre l'étendue des domaines fluviaux des affluents de la rive droite et de ceux de la rive gauche. Les premiers, empêchés de se développer par la proximité des monts, sont, sauf au nord d'Angers, moins considérables que les seconds. C'est à peine si quelques-uns méritent d'être cités, moins par leur valeur hydrographique que par l'importance des centres qu'ils desservent. Tels, le *Furens*, dont les eaux, dotées de propriétés particulières pour la trempe de l'acier, desservent l'industrie de Saint-Étienne ; l'*Arroux*, qui traverse le bassin houiller et métallurgique du Creusot. Seule, la *Maine*, drainant une surface de plus de 20.000 kilomètres carrés, apporte à la Loire, par la *Mayenne*, la *Sarthe* et le *Loir*, les eaux descendues du vaste hémicycle du Maine, de la Normandie et du Perche. Ainsi s'explique l'importance d'Angers, situé au point de convergence de ces trois chemins naturels.

A gauche, au contraire, à l'exception du *Loiret*, qui est moins un affluent véritable qu'un bras de la Loire coulant d'abord souterrainement ; du *Beuvron* qui, avec son affluent le *Cosson*, arrose une région appauvrie dont La Mothe-Beuvron est le principal centre ; de la *Sèvre-Nantaise*, rivière du Bocage ; de l'*Acheneau*, déversoir du lac de Grand-Lieu, les rivières affluentes sont de **belles et grandes artères**, avec une longueur variant de 250 à 400 kilomètres. Issues du Massif Central, toutes ont, par leur origine, une certaine parenté, de même que, dans leur partie inférieure, toutes, avant de se mêler au fleuve, prolongent pendant longtemps leur cours parallèlement au sien, comme si elles voulaient résister à son attraction.

L'*Allier*, dont le cours supérieur, serré entre les escarpements du Velay et de la Margeride, a toute l'impétuosité d'un torrent, se développe, en s'apaisant, de Brioude à Vichy, dans la plaine de la Limagne. Le grand marché de cette plaine où les champs de blé alternent avec les vignes des coteaux, Clermont-Ferrand, n'est pas sur le fleuve, mais à quelques kilomètres à l'ouest. A la Limagne succède la plaine du Bourbonnais avec Moulins à son centre. L'Allier a ainsi successivement le caractère d'une rivière de montagne et d'une rivière de plaine.

Le *Cher*, après avoir été un torrent comme l'Allier, se ralentit à son tour, dans la plaine du Berry, dont la capitale, Bourges, est baignée par l'*Yèvre*. Vierzon est voisine du confluent de cette rivière et du Cher.

C'est à travers la même plaine que l'*Indre*, en passant par Châteauroux, se rend à la Loire.

Plus importante que ces deux cours d'eau réunis, la *Vienne* plonge par ses sources au cœur des monts du Limousin. Elle coule d'abord vers l'ouest par Limoges, puis vers le nord par Confolens, Châtellerault et Chinon. En face de l'angle droit formé par ce brusque changement de direction, se dessine la ligne de la *Creuse*, son grand tributaire de droite. A gauche, le *Clain* est peu de chose en comparaison de la Creuse. Il n'en a pas moins joué un rôle important dans l'histoire, la trouée du Poitou qu'il sillonne ayant été le lieu de rencontre des armées du Midi et des armées du Nord [1].

La **Charente** a un cours plus long (**360** kilomètres) que ne le ferait supposer la superficie de son domaine. Il n'est pas en Europe, exception faite de la Theiss, affluent du Danube, de *fleuve plus sinueux*. On compte, si l'on suit ses boucles et ses détours, un nombre de kilomètres double de celui qui sépare sa source de l'Océan. Elle est, d'autre part, après la Somme et la Seine, *le fleuve le plus régulier de France* ; car, bien que formée sur les granits imperméables du Limousin, elle développe la majeure partie de son cours en pays calcaire. Enfin l'apport des rivières affluentes ne rompt pas cet équilibre. L'une d'elles, la *Tardoire*, perd même une partie de ses eaux dans les entonnoirs et les fissures des collines charentaises. Angoulême, Cognac, Saintes, Rochefort n'ont rien à craindre des crues soudaines dont souffrent les villes des bords de la Loire.

La **Garonne** n'a pas ses sources en France. Elle descend, par la vallée espagnole d'Aran, des *glaciers de la Maladetta* et pénètre sur notre territoire par l'étroit défilé du *Pont-du-Roi*. Déjà sa direction est celle du nord-ouest, qui doit la conduire à la mer. Mais, au confluent de la *Neste*, l'obstacle offert par le plateau de Lannemezan l'oblige à dessiner une grande courbe jusqu'au confluent du *Tarn* à Moissac. C'est cette courbe dont le sommet oriental est marqué par Toulouse et les étapes principales par le confluent de quelques rivières

1. Voir plus haut, p. 56.

pyrénéennes, telles que le *Salat* et l'*Ariège*. L'obstacle contourné, le fleuve reprend sa direction première, qu'il ne quitte plus, cette fois, jusqu'à l'Océan. Il s'y rend par Agen, Aiguillon où aboutit le *Lot*, Tonneins, Marmande, La Réole, Castets et Bordeaux.

L'estuaire commence en aval de Bordeaux [1], au *bec d'Ambes*, point de réunion des eaux de la Garonne et de la *Dordogne*. C'est la *Gironde*. La masse d'eau roule dès lors dans un lit de 3 kilomètres de largeur, qui s'accroît peu à peu du double et même du quadruple. A la hauteur de Mortagne et de Meschers, la largeur devient telle que, si l'on contemple la masse liquide non du sommet d'un promontoire mais simplement du bord de la plage, on ne distingue pas, en son entier, la plage opposée. C'est à l'embouchure seulement, entre la pointe de Grave et Royan, que les rives se rapprochent de nouveau. Au reste, ces dernières portent les traces de plusieurs changements accomplis pendant la période géologique actuelle. La Gironde ronge constamment le littoral du nord-est et délaisse celui du sud-ouest. Gériost, qui occupait le sommet d'une colline à l'est de Royan s'est effondrée avec la roche crétacée qui la portait. Talmont aurait eu depuis longtemps le même sort sans les précautions prises par ses habitants contre le travail d'érosion de l'estuaire.

Affluents. — Les affluents de la rive gauche prennent naissance dans un espace étroit des chaînes montagneuses, puis divergent d'une façon régulière, comme les branches d'un éventail. Ceux de la rive droite, au contraire, naissent à des distances considérables les uns des autres, depuis les frontières de l'Aragon jusqu'aux plateaux du Limousin. Les premiers courent à peu près dans le sens du méridien ; les seconds, dans un sens plutôt parallèle à l'équateur.

Les principaux sont, d'une part : la *Neste*, qui arrose la belle vallée d'Aure, la *Save*, la *Gimone*, le *Gers* et la *Baïse*, qui apportent à la Garonne les eaux du plateau de Lannemezan ; d'autre part : le *Salat* et l'*Ariège*, artères pyrénéennes, limpides

1. Voir gravure n° 12.

et abondantes ; le *Tarn* et le *Lot*, rivières assez semblables par
leur origine, leur régime et la nature des régions qu'elles traversent. Pour source, un massif de la Lozère ; pour lit, un
ravin ; pour patrie, les causses. Ce n'est guère que dans leur

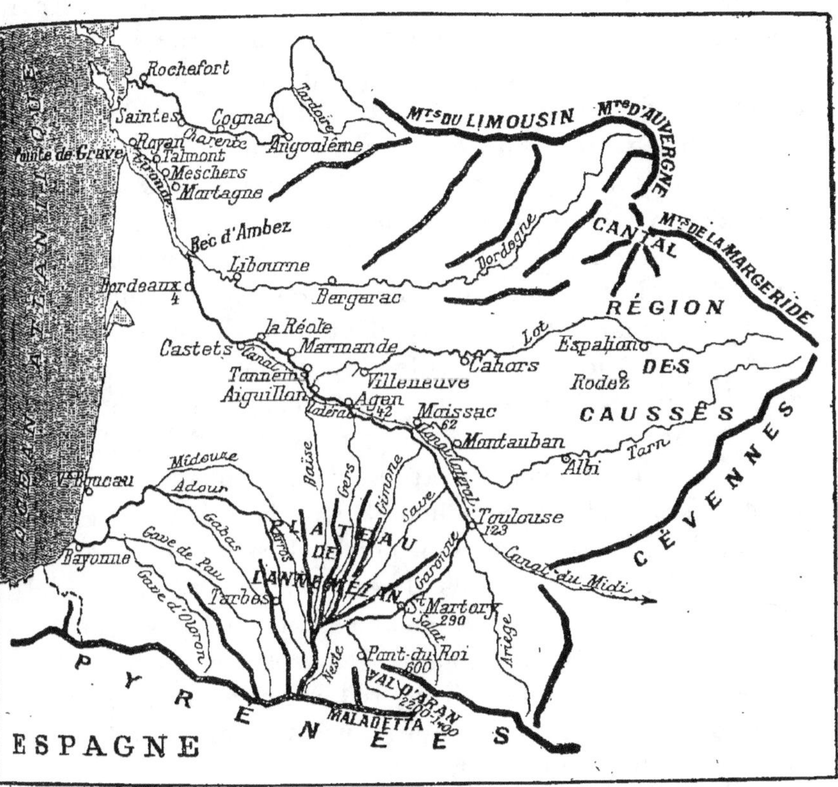

CROQUIS 16. — Charente. — Garonne. — Adour.

cours inférieur que le Tarn et le Lot s'attardent en replis
sinueux. Albi, Rodez et Montauban appartiennent à la même
région qu'Espalion, Cahors et Villeneuve. La *Dordogne*, jusqu'à
l'endroit où le flot de la mer vient au-devant d'elle, garde, dans
son régime, quelque chose de la rivière de montagne. Elle se
distingue nettement, à ce signe, des autres fleuves issus du
Massif Central. Tandis que la Loire et l'Allier, même dans leur

cours supérieur, traversent des bassins lacustres aujourd'hui desséchés, comme le Forez et la Limagne, la Dordogne reste encaissée entre des escarpements de montagnes jusqu'aux environs de Bergerac. La place a manqué aux villes pour pouvoir se construire sur ses rives. On n'en rencontre aucune de quelque importance avant Bergerac et Libourne.

Adour. — Le réseau hydrographique de l'Adour se sépare mal du réseau garonnais. Le fleuve (**335** kilomètres) naît dans le même espace étroit qui donne naissance au Gers et à la Baïse. La ramure de ses affluents, *Arros, Midouze, Gabas, Gave de Pau, Gave d'Oloron*, étoile, à l'ouest, le plateau de Lannemezan, comme celle des affluents de la Garonne l'étoile à l'autre bout. La Baïse est comme la branche médiane de tout ce système de cours d'eau rayonnants, qu'ils se rendent à la Garonne ou qu'ils se rendent à l'Adour. Deux villes à signaler au passage : Tarbes dans la haute vallée, Bayonne dans la partie maritime. En aval de cette dernière, à l'endroit où le fleuve prend déjà l'aspect d'un estuaire, l'Adour, paraît s'être déplacé fréquemment. Avant la fin du xive siècle, il débouchait dans la mer à 35 kilomètres au nord de l'estuaire actuel, par le *Vieux-Boucau* ou Vieille-Bouche. De fortes digues, bordant le fleuve au nord, l'empêchent de se rejeter dans son ancien lit, qui se reconnaît encore jusqu'au Vieux-Boucau par une succession de lacs allongés. La *barre* qui est, à bon droit, redoutée des marins, offre aux touristes un des spectacles les plus imposants qu'il soit donné de contempler sur nos côtes.

3. Tributaires de la Méditerranée. — **Aude, Hérault, Var.** — Le Rhône mis à part, la Méditerranée française reçoit une infinité de cours d'eau, dont l'*Aude*, l'*Hérault* et le *Var* peuvent servir de types.

Issus respectivement des Pyrénées, des Cévennes, des Alpes, ces trois fleuves présentent des caractères communs : sauvagerie de l'allure, effrayante irrégularité du débit, inutilité au point de vue commercial. Rien de plus significatif que les variations accusées par les eaux. L'Aude monte

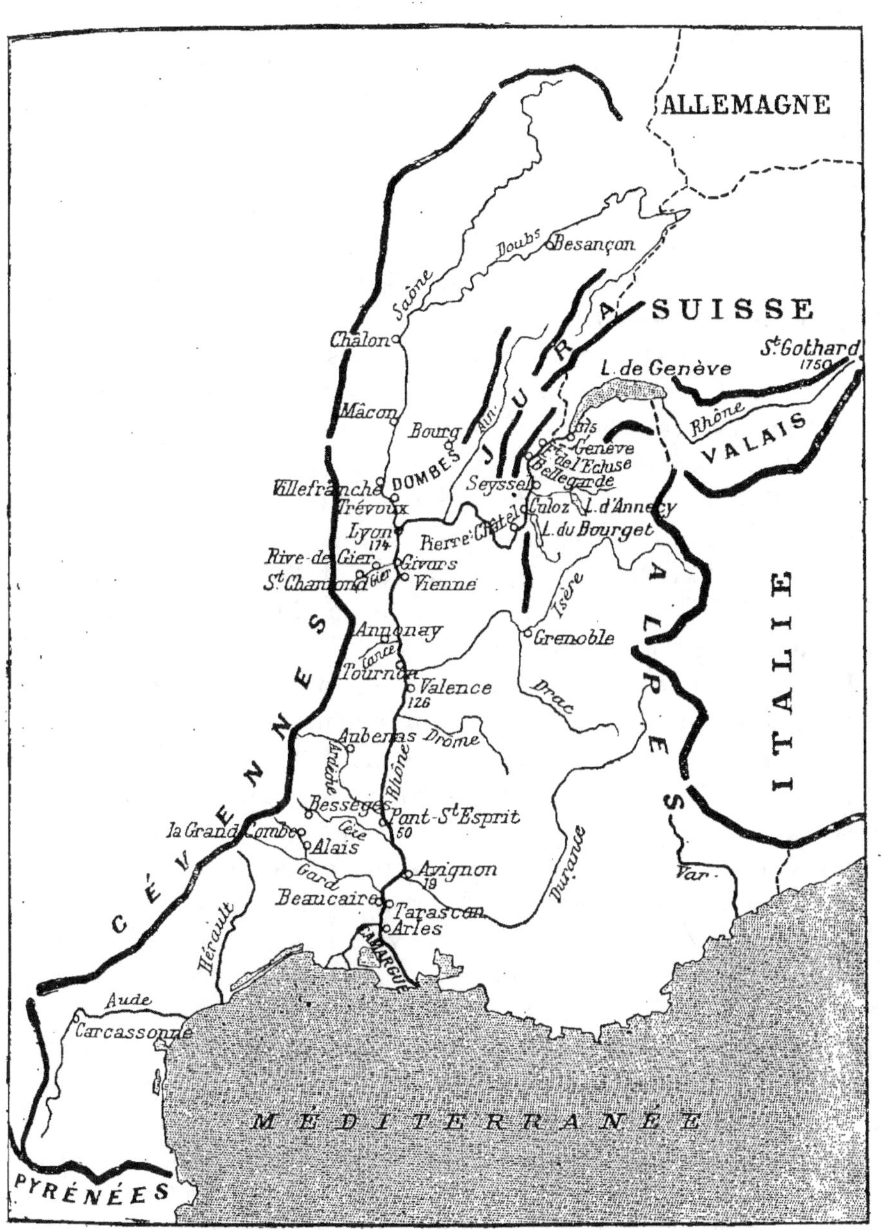

CROQUIS 17. — Aude. — Hérault. — Rhône. — Var.

de 5 mètres cubes aux époques de sécheresse à 3.000 en temps de crue ; l'Hérault, de 6 à 3.700 ; le Var, de 25 à 4.000. Faut-il donc s'étonner que les villes et les villages évitent le plus souvent le bord de ces torrents pour se placer à quelque distance sur des monticules ? La « Cité de Carcassonne », dominant superbement la rivière d'Aude, se joue de ses crues, alors que certains quartiers de la « ville basse » n'en sont que trop souvent la proie.

Cette circonstance n'enlève, d'ailleurs, aucune beauté au pays. Rien de plus pittoresque que les gorges creusées par les cours d'eau dans le roc. Celles de *Saint-Georges*, dans la haute vallée de l'Aude, jouissent auprès des voyageurs d'une réputation méritée[1].

Le **Rhône**, issu d'un *glacier du Saint-Gothard*, a, comme la Garonne, ses sources en dehors de nos frontières. Il entre en France en aval de Genève, après avoir arrosé le Valais et déversé une partie de son trop-plein dans le lac Léman ou de Genève. La nature ne lui ayant pas ménagé de plaine entre le Jura et les Alpes, il se fraye péniblement un passage sur notre territoire. C'est par une série d'étranglements, ceux de Bellegarde, Seyssel, Culoz, Pierre-Chatel, dans l'intervalle desquels lui arrivent l'*Ain* et les rivières savoisiennes, qu'il débouche dans sa vallée. Près du fort de l'Ecluse, il se perd même, aux époques de sécheresse, dans une crevasse profonde du sol crétacé qu'il recouvre en temps de crue. A Lyon, sa direction change brusquement. Arrêté dans sa marche vers l'ouest par les Cévennes, il prend la direction du sud, que suivait déjà la *Saône*, pour ne plus l'abandonner. C'est la course rapide à la mer sous les nombreux ponts suspendus d'une rive à l'autre. C'est le passage à toutes voiles devant Vienne, Tournon, Valence, Pont-Saint-Esprit, Avignon, Tarascon et Beaucaire dont les silhouettes disparaissent presqu'aussitôt qu'aperçues. C'est enfin la partie du cours dans laquelle viennent se déverser les eaux des trois groupes montagneux qui limitent la vallée, Jura, Cévennes et Alpes.

1. Voir gravure n° 11.

Affluents. — C'est, en effet, de ces trois points que rayonnent les affluents du Rhône. Les eaux du Jura lui sont apportées par l'*Ain* et par la *Saône*, celle-ci beaucoup plus importante que celui-là. Quoique appartenant au Rhône, la Saône ressemble plutôt à la Seine par son allure modérée, la nature calcaire de ses terrains, l'aspect reposé de sa vallée. Chalon, Mâcon, Villefranche rappellent davantage Châtillon, Bar ou Troyes que Valence ou Avignon, avec lesquelles, d'ailleurs, elles ont moins de rapports qu'avec leurs voisines du bassin parisien. Avec son vaste réseau hydrographique, dont le *Doubs*, la rivière de Besançon, est la principale artère, la Saône forme donc, dans le domaine rhodanien, une région à part, sorte de transition entre la haute vallée de la Seine et la vallée moyenne du Rhône.

Les eaux des Cévennes arrivent au fleuve par des cours d'eau ayant entre eux une remarquable similitude : *Gier*, *Cance*, *Ardèche*, *Cèze*, *Gard*. Simples ruisseaux que la moindre averse transforme en torrents, ils n'offrent aucune ressource pour la navigation mais sont la force motrice des régions industrielles qu'ils traversent. Saint-Chamond, Rive-de-Gier et Givors doivent au Gier la prospérité de leurs manufactures. Sans la Cance, sans l'Ardèche et sans la Cèze, Annonay n'aurait jamais eu ses fabriques de papier, Aubenas ses usines et filatures, Bességes ses forges. De même, le Gard est, à juste titre, considéré, dans la région minière de La Grand'Combe et d'Alais, comme un facteur essentiel de prospérité.

Les eaux des Alpes parviennent au Rhône, sans parler des rivières savoisiennes, simples émissaires des lacs d'Annecy et du Bourget, par trois tributaires principaux : l'*Isère* qui, après avoir sillonné les vallées de la Tarentaise et du Graisivaudan avec Grenoble au confluent du *Drac*, augmente sensiblement le volume du Rhône ; la *Drôme ;* enfin la *Durance*, le plus dangereux des torrents alpestres, puisqu'il lui arrive, aux époques d'abondance, d'être aussi puissante que le Rhône lui-même.

LECTURE

Nos quatre grands fleuves d'après Michelet. — « La Seine,
doucement épanchée des coteaux de la Bourgogne est, en tous
sens, le premier de nos fleuves, le plus civilisable, le plus per-
fectible. Elle n'a ni la capricieuse et perfide mollesse de la
Loire, ni la brusquerie de la Garonne, ni la terrible impétuosité
du Rhône, qui tombe, comme un taureau échappé des Alpes,
perce un lac de dix-huit lieues et vole à la mer en mordant ses
rivages. La Seine reçoit de bonne heure l'empreinte de la civilisation. Dès Troyes, elle se laisse couper, diviser à plaisir, allant
chercher les manufactures et leur prêtant ses eaux. Lors
même que la Champagne lui a versé la Marne, et la Picardie
l'Oise, elle n'a pas besoin de fortes digues, elle se laisse ser-
rer dans nos quais sans s'en irriter davantage. Entre les manufactures de Troyes et celles de Rouen, elle abreuve Paris.
De Paris au Havre ce n'est plus qu'une ville. Il faut la voir
entre Pont-de-l'Arche et Rouen, la belle rivière, comme elle
s'égare dans ses îles innombrables encadrées au soleil cou-
chant dans des flots d'or, tandis que, tout du long, les pom-
miers mirent leurs fruits jaunes et rouges sous des masses
blanchâtres. Je ne puis comparer à ce spectacle que celui du
lac de Genève. Le lac a, de plus, il est vrai, les vignes de
Vaud, Meillerie et les Alpes. Mais le lac ne marche point ; c'est
l'immobilité ou, du moins, l'agitation sans progrès visible. La
Seine marche et porte la pensée de la France, de Paris vers la
Normandie, vers l'Océan, l'Angleterre, la lointaine Amérique.

. . . .

« La Loire n'est pas le fleuve de la civilisation : entre Angers
et Nantes, les villages s'éloignent du rivage mobile, les
bateaux attendent le vent de mer pour remonter, et plus on
monte, plus on est ensablé aux basses eaux ; entre Angers et
Saumur, le fleuve est solitaire. Partout vous rencontrez la
richesse du sol et du luxe, mais non celle de l'industrie. Ce

ne sont pas des fermes, mais des maisons de plaisance. Rien n'indique le peuple. La Loire ne pourra jamais prévaloir sur la Seine. Chambord fut bâti pour les plaisirs de la conversation. Blois, perché sur son pic, rappelle de tout autres souvenirs. L'abîme s'ouvre des terrasses du haut jusqu'au bas. On songe à la prodigieuse chute que dut faire le corps de Guise. Plus bas, la salle tragique où, par les ordres du roi, fut brûlé le cadavre. Plus bas encore, la belle et nonchalante Loire, qui reçut indifféremment les cendres, comme plus tard, les noyades de Carrier. Cela gâte le plaisir qu'on prendrait à s'oublier dans ce beau pays. Pour trouver sur cette Loire quelque chose de plus sévère, il faut remonter au coude par lequel elle s'approche de la Seine jusqu'à la sérieuse Orléans, ville de légistes au moyen âge, puis calviniste, puis janséniste, aujourd'hui industrielle. . . . .

. . . .

« La Garonne, fille joyeuse de la plus sombre des mères, la noire Maladetta, sur sa route reçoit tout. Les rivières sinueuses et tremblotantes du Limousin et de l'Auvergne y coulent, au nord, par Périgueux et Bergerac ; de l'est et des Cévennes, le Lot, l'Aveyron et le Tarn s'y rendent, avec quelques coudes plus ou moins brusques, par Rodez et Albi. Le Nord donne les rivières ; le Midi, les torrents. Des Pyrénées descend l'Ariège ; et la Garonne, déjà grosse du Gers et de la Baïse, décrit au nord une courbe élégante qu'au midi répète l'Adour dans ses petites proportions... Et cette richesse du sol reproduite à l'infini ! Un paysage de trente ou quarante lieues s'ouvre devant vous, vaste océan d'agriculture, masse animée, confuse, qui se perd au loin dans l'obscur ; mais, par dessus, s'élève la forme fantastique des Pyrénées aux têtes d'argent. Le bœuf attelé par les cornes laboure la fertile vallée, la vigne puissante monte à l'orme. A midi un grand orage, et l'immense plaine qui nourrit un million d'hommes fume de vie, la terre est un lac. En une heure, le soleil a tout bu d'un trait . . . . .

. . . .

« Le Rhône est le symbole de la contrée, son fétiche, comme le Nil est celui de l'Egypte. Le peuple n'a pu se persuader que ce fleuve ne fût qu'un fleuve, mais une chose fantastique ; il a bien vu que la violence du Rhône était de la colère et reconnu les convulsions d'un monstre dans ses gouffres tourbillonnants. Le monstre c'est le *Drac*, la *Tarasque*, espèce de tortue-dragon que l'on promenait naguère à grand bruit, le jour de la Sainte-Marthe. Elle allait jusqu'à l'église, heurtant tout sur son passage. La fête n'était pas belle s'il n'y avait pas au moins un bras cassé. Ce Rhône, emporté comme un taureau qui a vu du rouge, vient donner contre son delta de la Camargue, l'île des noirs taureaux et des étalons indomptés. » (Michelet, *Notre France*.)

Leçon III

Passages entre la Seine et le Rhône, entre la Garonne et la Méditerranée. Avantages qui en résultent.

RÉSUMÉ. — La facilité des communications est assurée :

1° entre la Seine et le Rhône par les *cols de la Bourgogne* grâce au prolongement de la Saône ;

2° entre la Garonne et la Méditerranée par le *passage du Languedoc*, improprement appelé *col de Naurouze*.

A cette facilité des communications il faut attribuer, en partie, l'importance commerciale et la valeur du rôle historique de la France.

RÉCIT. — Le réseau hydrographique dont on vient de tracer les lignes essentielles facilite les communications d'un point à l'autre du territoire. *Autant de vallées fluviales, autant de chemins naturels.* Mais le passage peut être difficile ou même impraticable d'une vallée à l'autre. La hauteur des monts, leur épaisseur, l'absence de dépression peuvent empê-

cher toute relation entre elles. Il n'en va pas ainsi chez nous.
Les eaux de nos fleuves s'écoulent vers des destinations très
différentes. Les régions où elles ont pris naissance n'en sont
pas moins étroitement apparentées. C'est que la France est le
pays d'Europe où les communications ouvertes par la nature

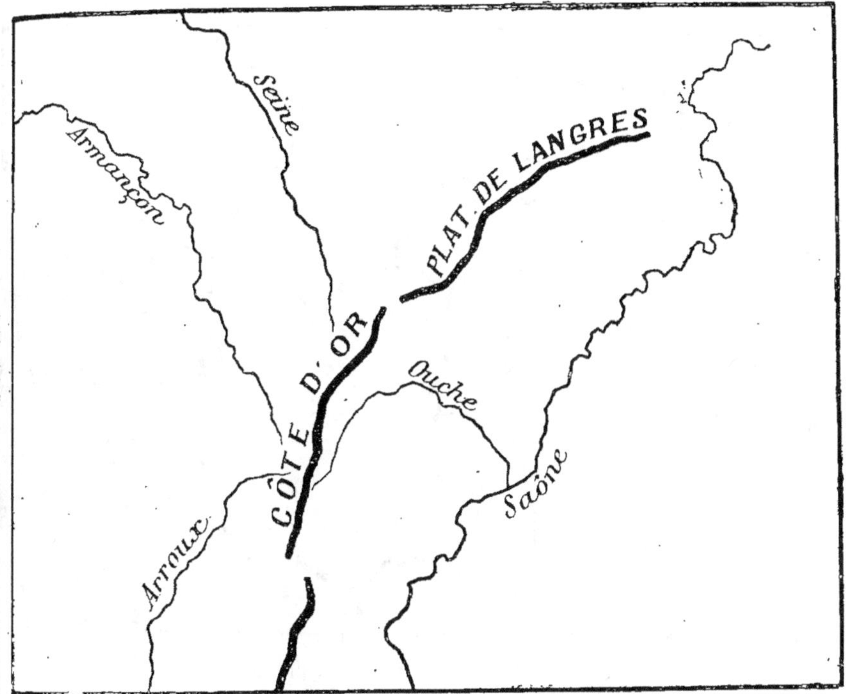

CROQUIS 18. — Les cols de la Bourgogne.

sont le plus faciles entre les rives océaniques et les plages de
la Méditerranée. On a souvent répété que le grand avantage
de la France était d'appartenir à la fois au monde méditerranéen et au monde atlantique. Cet avantage se double de la
commodité avec laquelle ses habitants se rendent de l'un à
l'autre sans sortir de chez eux. Il leur suffit, pour cela, d'em-
prunter les passages qui conduisent de la Seine au Rhône, de
la Garonne à la Méditerranée.

Le premier est constitué par les *cols de là Bourgogne* auxquels le Rhône accède par le prolongement de la Saône. Grâce aux pentes douces des hauteurs qui séparent la haute Seine de la Saône moyenne, grâce aux brèches formées par les vallons de l'Ouche, de l'Armançon et de l'Arroux, on se

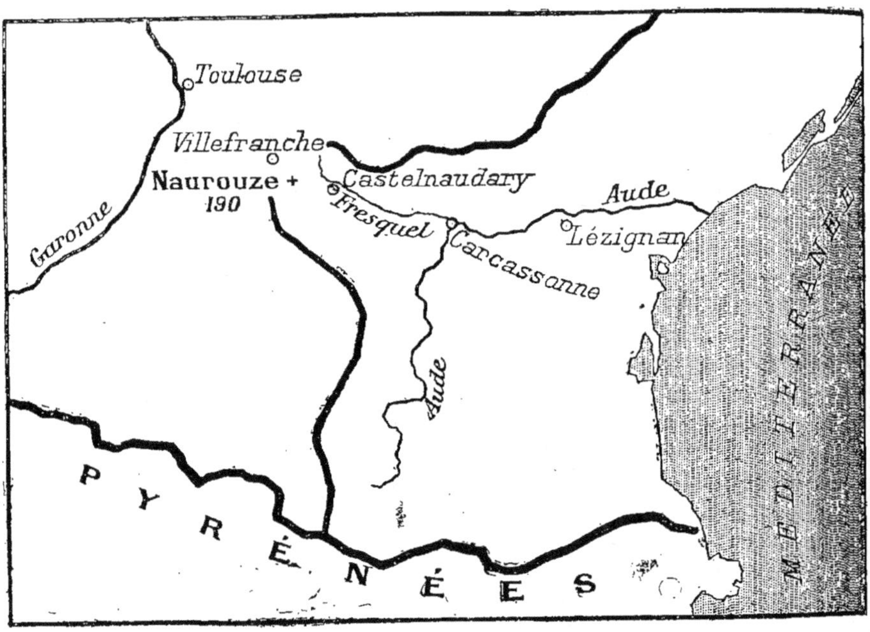

CROQUIS 19. — Le passage du Languedoc

rend d'un versant à l'autre, sans presque avoir conscience qu'on traverse des hautes terres.

Le second doit être désigné sous le nom de *passage du Languedoc*, l'expression trop longtemps usitée de *col de Naurouze* répondant mal à l'objet. Là où la plupart des géographes ont placé une échancrure de la chaîne de partage, il n'y a, en réalité, qu'une vallée élargie en forme de couloir. Elle s'élève insensiblement à l'altitude de **190** mètres, en suivant le cours de l'Aude, puis de son affluent le Fresquel, de Lézignan à

Naurouze par Carcassonne et Castelnaudary, pour s'incliner ensuite de Naurouze à Toulouse par Villefranche de Lauraguais. Une colonne marque à Naurouze le point culminant.

Larges et d'accès faciles, les deux passages ont été, de tout temps, de grandes routes de commerce et de migration. Ils ont favorisé à la fois les échanges et l'union sur notre territoire des races du Nord à celles du Midi.

LECTURE

Passage du Languedoc. — « Tout le monde a interrompu la chaîne de partage par une échancrure que l'on appelait le *col de Naurouze.* Il se trouve, en réalité, de Lézignan à Villefranche de Lauraguais, sur une longueur de vingt-cinq lieues, une vallée en forme de couloir qui, après s'être élevée insensiblement jusqu'au niveau de 190 mètres, s'incline plus lentement encore vers les plaines de Toulouse. Naurouze est le nom du point de partage entre les eaux que la rigole de la montagne Noire verse dans le canal du Midi ; à tout autre égard, position parfaitement insignifiante dans la longue vallée dont elle fait partie. Mais, si l'on fait attention à l'ensemble, cette vallée, alternativement balayée par le vent de sers et par l'autan, s'ouvrant à l'est sur le domaine de l'olivier et à l'ouest sur celui du maïs, bordée d'anciennes villes fortifiées, telles que Carcassonne, Montréal, Saissac, Avignonet est une des contrées de transition les mieux caractérisées qui existent. C'est le passage entre le bas et le haut Languedoc, autrement dit, ou, simplement, le *passage du Languedoc.* » (Vidal-Lablache, *Revue de Géographie*, Septembre 1885.)

TABLEAU SYNOPTIQUE

HYDROGRAPHIE

I Divisions

1. Fleuves de la mer du Nord ;
2. Fleuves de l'Atlantique ;
3. Fleuves de la Méditerranée.

II Particularités des quatre plus grands fleuves français.

1. Seine : longueur, 776 kilomètres ; débit régulier dû à la nature poreuse du sol et à la modération des pluies ; allure modérée résultant de la douceur de la pente ; navigabilité ; estuaire.

2. Loire : longueur, 1.008 kilomètres ; débit irrégulier dû à l'imperméabilité du sol et à l'abondance des pluies sur les hauteurs ; allure turbulente résultant de la rapidité de la pente ; d'aucune utilité pour la navigation ; estuaire.

3. Garonne : longueur, 650 kilomètres ; plus de ressemblance avec la Loire qu'avec la Seine, sous le double rapport de l'irrégularité du débit (sol imperméable, mouillé de pluies abondantes) et de la turbulence du cours (pente fortement marquée) ; peu de valeur comme voie navigable, sauf dans le cours inférieur ; estuaire.

4. Rhône : longueur, 812 kilomètres, dont 531 en France ; le plus abondant de nos cours d'eau (fortes pluies sur les hauteurs et fonte des glaciers) ; le plus torrentueux aussi (rapidité de la pente) ; à peu près délaissé comme voie de navigation ; delta.

III Description

1 FLEUVES DE LA MER DU NORD

1° Moselle (Remiremont, Epinal, Toul). — Affluent : Meurthe (Nancy).
2° Meuse (Neufchâteau, Commercy, Saint-Mihiel, Verdun, Sedan, Mézières, Charleville, Givet).
3° Escaut (Cambrai, Valenciennes). — Affluents : Sensée ; Scarpe (Arras, Douai) ; Lys.

2. FLEUVES DE L'ATLANTIQUE

1° Somme (Saint-Quentin ; Amiens, Abbeville).
2° Seine (Châtillon, Bar, Troyes, Nogent, Montereau, Moret, Melun, Corbeil, Paris, Conflans, Mantes, Vernon, Elbeuf, Rouen, Le Havre).

Affluents
- a. *Droite :* Aube ; Marne (Langres, Chaumont, Vitry, Châlons, Epernay, Château-Thierry) ; Oise (Compiègne, Pontoise) ;
- b. *Gauche :* Yonne ; Loing ; Essonne ; Eure.

3° Fleuves normands : Orne (Caen).
4° Fleuves bretons : Vilaine (Rennes).
5° Loire (Roanne, Digoin, Nevers, Briare, Gien, Orléans, Blois, Tours, Saumur, Ancenis, Nantes).

Affluents
- a. *Droite :* Furens (Saint-Etienne) ; Arroux ; Maine (Angers) formée de Loir, de Sarthe et de Mayenne.
- b. *Gauche :* Allier (Brioude, Vichy, Moulins) ; Loiret ; Beuvron (La Mothe-Beuvron) ; Cher (Vierzon) ; Indre (Châteauroux) ; Vienne (Limoges, Confolens, Châtellerault, Chinon) ; Sèvre-Nantaise ; Acheneau.

6° Charente (Angoulême, Cognac, Saintes, Rochefort).
7° Garonne (Pont-du-Roi, Toulouse, Moissac, Agen, Tonneins, Marmande, La Réole, Castets, Bordeaux) ; Gironde.

Affluents
- a. *Droite :* Salat ; Ariège ; Tarn (Albi, Montauban) ; Lot (Cahors, Villeneuve) ; Dordogne (Bergerac, Libourne).
- b. *Gauche :* Neste ; Save ; Gimone ; Gers ; Baïse.

8° Adour (Tarbes, Bayonne). — Affluents : Arros ; Midouze ; Gabas ; Gaves.

3. FLEUVES DE LA MÉDITERRANÉE

1° Aude (Carcassonne).
2° Hérault.
3° Rhône (Bellegarde, Seyssel, Culoz, Pierre-Châtel, Lyon, Vienne, Tournon, Valence, Pont-Saint-Esprit, Avignon, Tarascon, Beaucaire).

Affluents
- a. *Droite :* Ain ; Saône (Chalon, Mâcon, Villefranche) ; Gier ; Cance ; Ardèche ; Cèze ; Gard.
- b. *Gauche :* Isère (Grenoble) Drôme ; Durance.

4° Var.

IV Passages naturels

1. Entre Seine et Rhône : passage de la Bourgogne.
2. Entre Garonne et Méditerranée : passage du Languedoc.

CHAPITRE VI

RICHESSES NATURELLES

NOTIONS GÉNÉRALES

On distingue en deux catégories les richesses naturelles d'un pays : celles du *sol* et celles du *sous-sol*. Les premières comprennent, avec les cultures diverses dont l'ensemble forme la flore, les races animales qui constituent la faune. Les secondes proviennent des gisements miniers. Or l'abondance des unes ne va pas obligatoirement de pair avec l'abondance des autres. C'est ainsi que la France, très riche à la surface du sol grâce à la variété de ses plantes et de ses animaux, l'est relativement très peu par les trésors souterrains. Ce contraste explique que les conditions premières soient, en France, comme on le verra plus loin, aussi favorables pour l'agriculture que médiocres pour l'industrie.

Leçon I

Produits du sol. — La flore : Zones de végétation, la forêt des Gaules, productions variées. — La faune.

RÉSUMÉ. — **1. Flore.** — Cinq grandes zones : de l'*olivier*; du *mûrier*; du *maïs*; de la *vigne*; du *froment*.

2. La culture il y a vingt siècles. — A l'époque de l'indépendance gauloise, la végétation offrait une moindre variété. Les *forêts* recouvraient les trois quarts du pays.

3. La culture à notre époque. — Depuis, des clairières ont été pratiquées avec même un tel défaut de mesure qu'aujourd'hui s'est posée la question du reboisement, et les cultures les plus diverses ont été acclimatées (*vigne, céréales, pommes de terre, betterave, lin, chanvre, colza, tabac, prairies*).

4. Faune. — *Petit bétail* dans les pays de céréales; *gros bétail* dans les pays de prairies; *animaux sauvages* dans les forêts; *poissons* dans les rivières et sur les côtes.

RÉCIT. — **1. Flore.** — Comme source de richesses, la flore française mérite d'être citée en première ligne.

A l'extrême variété de son climat et de son relief la France doit d'être partagée en un certain nombre de zones de végétation qui ne se trouvent pas d'ordinaire réunies dans le même pays[1]. Ce sont :

La *zone de l'olivier*, s'étendant de la Méditerranée jusqu'à Valence, entre les Corbières et les Cévennes à l'ouest, les Alpes à l'est ;

La *zone du mûrier*, avec les mêmes limites méridionales et orientales, mais poussant deux pointes vers l'ouest jusqu'à Castelsarrasin et Moissac, vers le nord jusqu'à Lyon ;

La *zone du maïs*, comprise entre la précédente et une ligne tirée extérieurement au Massif Central, de l'embouchure de la Gironde à Belfort ;

La *zone de la vigne*, allant de la Méditerranée et des Pyrénées à une ligne qui passe par Saint-Nazaire, Château-Gontier, Saint-Denis, Soissons et Givet ;

La *zone du froment*, se prolongeant au nord jusqu'aux plages de la Manche et de la mer du Nord.

Cette superposition s'explique aisément. A l'olivier comme au mûrier il faut la chaleur des pays méridionaux, et, comme

1. Voir plus loin *Croquis des régions agricoles*, p. 167.

celui-ci en èst un peu moins avide que celui-là, son domaine remonte un peu plus haut vers le nord. Le maïs éprouve, quoique à un degré moindre, même besoin ; aussi, fuit-il les terres froides du Massif Central, tout en s'élevant à une latitude à laquelle n'atteint pas le mûrier. Tant que la vigne trouve une chaleur suffisante à la maturation de ses produits, elle gagne en étendue ; mais elle ne franchit pas la zone du froment, où la bière et le cidre remplacent le vin comme boisson.

2. La culture il y a vingt siècles. — Beaucoup plus uniforme était, il y a vingt siècles, l'aspect de la végétation française. A part quelques éclaircies réservées à la culture, les *forêts* ombrageaient alors presque toute la surface du pays. Les principales étaient la *Viennoise* ; l'*Armorique* ; celle du *Centre*, allant de Génabum (Orléans) à Lutèce (Paris) ; la *Charbonnière*, des bords de la Somme et de l'Aisne aux bords de l'Escaut ; l'*Ardenne*, la plus ténébreuse et la plus redoutée de toutes. Les pentes des Pyrénées, des Cévennes, des Vosges, du Jura, des monts de l'Arvernie (Auvergne), disparaissaient sous l'épaisseur des bois. Le nom celtique de *Morvan* ou *Montagne Noire* indique qu'il en était de même de cette contrée élevée. C'est dans ces bois, qu'après une défaite, les Gaulois se cachaient pour échapper au fer des Romains ; et c'est de ces bois qu'ils sortaient à l'improviste pour tomber sur l'envahisseur.

3. La culture à notre époque. — Aujourd'hui, l'uniformité a fait place à la variété. L'avidité du gain et la volonté d'étendre le domaine arable ont semé la forêt des Gaules de bien des clairières : les *forêts d'Orléans*, de *Montargis*, de *Fontainebleau*, de *Rambouillet*, sont les derniers vestiges de l'ancienne forêt du Centre ; celle de la *grande Chartreuse* est la Viennoise réduite à d'insignifiantes proportions ; la *forêt de Chaux*, une des plus vastes, puisqu'elle s'étend sur près de 20.000 hectares, et les *sapinières de la Haute-Joux* sont à peu près tout ce qui reste des anciennes forêts du Jura ; les *bois de la Margeride*, entourés d'espaces dénudés, rappellent mal les anciens bois de l'Arvernie; et les Pyrénées, les Alpes, les Vosges, le Morvan n'ont conservé les leurs que dans la zone élevée. Bref, il ne reste plus guère que la septième partie du territoire comme espace couvert de forêts et de taillis.

La civilisation a bien fait d'éclaircir, mais elle a dépassé la mesure. Après avoir détruit à outrance, il va falloir restaurer. Les forêts ont leur utilité. Outre qu'elles constituent d'importants revenus pour le Trésor, elles assainissent l'air des plaines et retiennent par leurs racines le sol végétal des montagnes que, sans elles, les pluies précipiteraient dans les bas-fonds. Si le Massif Central n'avait pas été déboisé, les inondations de la Loire et de l'Allier, déjà favorisées par la nature du sol[1], seraient un peu moins soudaines et désastreuses. Si les Alpes, les Pyrénées, les Cévennes, avaient gardé leurs bois, des régions entières ne s'y dépeupleraient pas, à cause de la disparition du sol végétal. A un autre point de vue, les forêts, en augmentant la quantité des pluies, influent sur la fertilité d'une région : le Midi notamment est appelé à tirer profit du reboisement. Sans compter qu'il nous faut aujourd'hui acheter à l'étranger pour plus de **100 millions** de bois de construction par an. On évalue à *onze cent mille hectares* la surface des terrains qu'il serait utile de reboiser. Brémontier a planté une forêt là où il n'en existait pas; on devra, sur l'emplacement des anciennes, refaire en partie ce qui a été défait.

On ne négligera, pour cela, car le dommage serait pire, aucune des cultures acclimatées en telle ou telle partie du territoire[2] : la *vigne* (départements méditerranéens, rives du Rhône depuis Tournon jusqu'à Tarascon, Bourgogne, Lorraine, Champagne, Anjou et Touraine, Bordelais, Toulousain, Armagnac); les *céréales* (maïs dans les vallées de la Saône et de la Garonne; blé en Artois, Picardie, Flandre, Brie, Beauce, Berry, Limagne; avoine des causses et ségalas; orge et blé noir de Bretagne et du Limousin) ; les *pommes de terre* s'accommodant aisément des plateaux froids de l'est ; la *bet-*

1. Voir plus haut, p. 89.
2. Voir croquis plus loin, p. 167.

terave, le *lin*, le *chanvre*, le *colza* (nord et ouest) ; le *tabac*
(bassin garonnais) ; les *prairies* (côtes, montagnes, nord-ouest
et centre).

4. Faune. — La nature de la **faune** dépend ordinairement de
celle de la flore. Les espèces animales se répartissent suivant
les régions dotées des aliments nécessaires à leur subsistance.
On trouvera donc le *petit bétail* dans les pays de céréales (moutons du Berry, de l'Artois, de la Picardie ; porcs de la Bretagne,
du Limousin et de la Limagne) ; le *gros bétail* dans les pays de
prairies (bœufs et vaches de Bretagne, de Normandie, d'Auvergne ; chevaux de Bretagne, de Normandie, de Picardie, d'Artois,
de Flandre, de Lorraine, des Landes, de la Camargue ; mulets et
ânes du Berry, du Poitou, du Limousin, des Pyrénées) ; les *animaux sauvages* dans les forêts (loups, renards, loutres, sangliers,
cerfs, chevreuils, etc.) ; enfin les *poissons* dans les rivières et sur
les côtes (sardines, harengs, maquereaux de la mer du Nord,
de la Manche et de l'Océan ; thons de la Méditerranée).

LECTURE

Les essences forestières de l'ancienne Gaule. — « C'étaient, en
général, les mêmes qui croissent aujourd'hui sur le même sol.
On y rencontrait le *chêne*. L'arbre des druides était l'espèce de
chêne appelé rouvre, sur lequel se développait de loin en loin
la plante parasite du gui. Les rouvres composaient seuls les
bois sacrés, et les Gaulois ne célébraient aucune cérémonie
religieuse sans s'être munis du feuillage de cet arbre. Le gui
recueilli sur le rouvre était regardé comme un présent du
ciel : c'était un signe d'élection par lequel la divinité faisait
connaître l'arbre qu'elle favorisait, c'était le remède universel,
le contre-poison souverain et l'agent de la fécondité... Pline
cite le « staphylodendron » dont le bois est semblable à celui
de l'*érable* blanc... Le même écrivain vante « la blancheur et
la finesse » de notre *bouleau* qui, « converti en faisceaux, devient
l'insigne redouté des magistrats » ; on en faisait des cercles

flexibles, des côtes de corbeille, et l'on en tirait de la résine en le soumettant à l'action du feu... L'*orme* formait une espèce à part, que les anciens distinguaient de l'orme italien ; il était si souple qu'on l'employait pour la confection des chars. Parmi les différentes espèces de saules, « la gallique » se distinguait par son extrême finesse. Le *pin* des Cévennes et le *sapin* des Alpes étaient justement vantés ainsi que celui du Jura et des Vosges ; la poix qu'il distillait était employée chez les Allobroges comme condiment du vin... L'*if* avait, au dire de Pline, des propriétes toxiques, puisque du vin transporté dans des barils faits avec ce bois pouvait causer la mort ; et César nous raconte que le vieux Cativolcus, roi d'une tribu des Eburons, s'empoisonna avec de l'if. Le *buis* gaulois formait un genre à part, qui affectait la forme pyramidale et atteignait une grande hauteur ; il abondait surtout dans les Pyrénées... Quant au *platane*, c'était un produit de l'importation italienne qui paraît s'être acclimaté en Gaule avec facilité. César mentionne indirectement le *hêtre* de la Gaule en disant qu'on trouve en Bretagne (Angleterre) les mêmes essences que dans notre pays, « sauf le hêtre et le pin qui ne se rencontraient pas en Bretagne ». Il se le figurait du moins. Le *chêne-liège*, qui prospère aujourd'hui en Provence, n'était pas acclimaté en Gaule au temps de Pline. » (Ernest Desjardins, *la Gaule romaine*, t. I, **Hachette et C**[ie], éditeurs.)

Leçon II

Produits du sous-sol

RÉSUMÉ. — 1. Produits du sous-sol qui font complètement défaut ou n'existent qu'en insuffisante quantité. — Pas d'*or*, de *mercure*, de *pétrole*. Presque pas d'*argent*. Peu de *cuivre*, de *zinc*, de *nickel*, de *plomb*, d'*étain*.

2. Produits qui se rencontrent en France avec plus ou moins d'abondance. — *Fer, houille, carrières, salines, eaux médicinales.*

Récit. — **1. Les produits qu'on ne trouve pas ou qu'on trouve en quantité insuffisante.** — Le décompte des trésors du sous-sol est relativement vite fait [1].

Les gisements de *platine*, d'*or*, d'*argent*, de *mercure* n'existent pas ou sont, du moins, si peu productifs qu'il est tout aussi bien de les passer sous silence. C'est à peine si les mines d'argent d'Huelgoat dans le Finistère, d'Allemont dans l'Isère et de Sainte-Marie-aux-Mines, ces dernières perdues depuis 1871, méritent l'honneur d'être citées. L'exploitation du *minerai de cuivre*, si active dans l'ancienne Gaule, est réduite à peu de chose aujourd'hui : le gisement principal est encore celui de Chessy et Saint-Bel, près de Lyon. Le *zinc*, le *nickel*, le *plomb*, l'*étain* sont également d'un rapport insuffisant : de là le chiffre élevé pour lequel figure l'importation de ces métaux. Quant au *pétrole*, il vient tout de l'étranger.

2. Les produits qu'on trouve. — Au contraire, le *minerai de fer* se trouve partout, notamment dans les départements de Meurthe-et-Moselle, du Cher, de la Haute-Marne, de l'Ardèche. Les *houillères*, quoique inférieures en étendue à celles d'Angleterre, d'Allemagne ou des États-Unis, sont assez productives à Valenciennes et Anzin (Nord et Pas-de-Calais), à Autun et au Creusot (Saône-et-Loire), à Saint-Etienne (Loire), à Commentry (Allier), à Alais (Gard), à Aubin (Aveyron), à Decazeville (Aveyron), à Carmaux (Tarn) et à Graissessac (Hérault). Les *carrières* surtout sont abondantes et variées. On trouve le granit dans la Bretagne, le Cotentin, le Massif Central et les Alpes; le marbre dans les Pyrénées, les Ardennes, les Vosges, les Alpes ; la pierre à construction dans les pays séquaniens, le Bordelais et le Jura ; le grès dans les

---

1. Voir croquis plus loin, p. 181.

Vosges et les environs de Fontainebleau; le basalte dans le Massif Central; les ardoises dans les Ardennes, la Corrèze et l'Anjou (Trélazé); çà et là les plâtres, les marnes et les argiles diverses servant à la fabrication des porcelaines, faïences et poteries.

A cela ajoutez les *salines* des plages, les *eaux médicinales* de toute sorte, thermales ou froides, qui abondent dans les Pyrénées, l'Auvergne, les Alpes et les Vosges.

Richesses appréciables à coup sûr, mais combien inférieures, en ce pays, à celle de la flore et de la faune!

LECTURE

Visite d'une mine dans le Pas-de-Calais. — «Près de l'orifice supérieur du puits sont des machines puissantes et variées, destinées à faire circuler dans la mine et à ramener au jour les hommes, le charbon, le bois, l'eau et l'air.

« On entre dans la cage, recouverte par un parachute destiné à arrêter la cage, si le câble venait à casser. Le mécanicien descend le câble avec précaution. C'est une sensation étrange, la première fois qu'on l'éprouve, que celle du sol se dérobant sous les pieds. La lampe de mine qu'on porte avec soi éclaire mal, et, tant que l'œil n'est pas exercé, on ne distingue absolument rien.

« On arrive au fond; on sort de la cage et on fait une promenade de deux ou trois heures dans des galeries boisées, horizontales ou inclinées et plus ou moins hautes. Elles dépassent parfois à 2 mètres de hauteur, et c'est alors un plaisir d'y marcher; mais elles descendent parfois à 0^m,35 et il faut littéralement ramper. La promenade n'est alors guère agréable, bien qu'elle ne manque pas de pittoresque.

« On rencontre des trains de wagonnets, remorqués par des chevaux vigoureux, qui restent constamment dans la mine. Il est de règle d'aller visiter quelques chantiers d'abattage de charbon ou de perforation mécanique de galerie. Les mineurs qui sont dans les galeries les plus basses travaillent à *col tordu*, c'est-à-dire piochent la houille de côté ou étant couchés sur le dos ou sur le ventre.

« C'est un véritable plaisir pour les visiteurs de retrouver le pied du puits et de remonter au jour. On distingue alors nettement tout ce qu'on n'avait pas vu à l'entrée, les boisages ou le muraillement du puits, la colonne des pompes, le compartiment des échelles, et quand on est remonté à la moitié du puits, le câble qui supporte l'autre cage faisant contrepoids à celle dans laquelle on monte.

« En arrivant au jour, on est d'abord ébloui par la clarté; chacun constate avec stupeur à quel point ses compagnons sont sales, et il faut consacrer une heure à se laver à l'eau chaude. » (Badoureau, *Revue scientifique*, Mai 1885.)

TABLEAU SYNOPTIQUE

RICHESSES NATURELLES

I — Produits du sol

1. FLORE
- 1° Cinq zones : olivier, mûrier, maïs, vigne, froment.
- 2° Uniformité des cultures il y a vingt siècles : la forêt des Gaules (Viennoise, Armorique, Charbonnière, Ardenne, etc.).
- 3° Variété introduite à la suite du déboisement : vignes, céréales, pommes de terre, betteraves, lin, chanvre, colza, tabac, prairies. Mais abus du déboisement et nécessité d'une restauration partielle. Les forêts ont leur utilité.

2. FAUNE
- 1° Petit bétail : moutons (Berry, Artois, Picardie) ; porcs (Bretagne, Limousin, Limagne).
- 2° Gros bétail : bœufs et vaches (Bretagne, Normandie, Auvergne) ; chevaux (Bretagne, Normandie, Picardie, Artois, Flandre, Lorraine, Landes, Camargue) ; mulets et ânes (Berry-Poitou, Limousin, Pyrénées).
- 3° Animaux sauvages : loups, renards, loutres, sangliers, cerfs, chevreuils (forêts).
- 4° Poissons { d'eau douce (rivières). de mer (sardines, harengs, maquereaux dans mer du Nord, Manche, Océan thons dans Méditerranée).

Produits du sous-sol

1. CEUX QUI FONT DÉFAUT
- Or.
- Mercure.
- Pétrole.

2. CEUX QUI SONT PEU ABONDANTS
- Argent (Huelgoat, Allemont).
- Cuivre (Chessy et Saint-Bel).
- Zinc.
- Nickel.
- Plomb.
- Etain.

CE QU SE RENCONTREN AVEC PLUS OU MOINS D'ABONDANCE
- Fer (Meurthe-et-Moselle, Cher, Haute-Marne, Ardèche).
- Houille (Valenciennes-Anzin, Autun, Creusot, Saint-Étienne, Commentry, Alais, Aubin, Decazeville, Carmaux, Graissessac).
- Carrières : granit (Cotentin, Bretagne, Massif Central, Alpes) ; marbre (Pyrénées, Vosges, Alpes) ; pierre à construction : grès ; basalte (Massif Central) ; ardoises (Ardennes, Corrèze, Anjou) ; plâtres ; marnes ; argiles.
- Salines (plages).
- Eaux médicinales (Pyrénées, Auvergne, Alpes, Vosges).

Sujets de devoirs. — *Définir les raisons qui, au double point de vue de la situation et de la structure, font de la France un pays privilégié.*

Importance comparée des montagnes et des plaines françaises.

Appréciation d'ensemble sur les côtes de France.

Les rives duquel des quatre grands fleuves français aimeriez-vous mieux habiter ? Indiquer les raisons de votre préférence.

Faire connaître, dans leurs traits essentiels, l'orographie et l'hydrographie de la France centrale.

Etude comparée des embouchures de la Seine, de la Loire, de la Gironde et du Rhône.

Même étude pour les sources des mêmes fleuves.

Tableau, par ordre décroissant d'importance, des principales richesses naturelles de la France.

Croquis de la Bretagne physique.

Croquis de la vallée du Rhône avec ses limites (montagnes et littoral).

Récit d'un petit voyage que vous aurez fait le long d'une côte, sur les bords d'un fleuve, dans une région montagneuse.

Croquis général où figurent toutes les notions qui font l'objet de la première partie de ce livre.

DEUXIÈME PARTIE

GÉOGRAPHIE POLITIQUE

CHAPITRE I

POPULATIONS

NOTIONS GÉNÉRALES

S'il est un pays dont la géographie physique ait exercé une influence directe sur la formation historique, c'est assurément le nôtre.

Placé à l'extrémité occidentale de l'ancien monde, il a été le point d'aboutissement des migrations asiatiques en marche vers l'Occident. Sorte d'isthme entre l'Océan et la Méditerranée, il a servi de passage aux peuples du Nord et à ceux du Midi. C'est dire que plusieurs races venues des divers points de l'horizon s'y sont rencontrées, et, comme elles y ont trouvé tout ce qui rend l'existence facile, notamment un climat enchanteur et une infinie variété de produits, elles ont cédé à la tentation de s'y fixer.

La modération du relief et la facilité des communications ont favorisé leur mélange. De la diversité naquit ainsi l'unité la plus parfaite qui se puisse imaginer.

Le peuple français offre donc ce double caractère: *de se rattacher par ses ancêtres à des populations d'origines très variées ; de former*, malgré cette circonstance, *la plus homogène des nations.*

Leçon I

Formation historique. — Unité nationale. — Rôle de la France dans le monde moderne. — Chiffre et répartition de la population.

RÉSUMÉ. — 1. Formation de la population de la France. — Nombreux sont les éléments qui ont contribué à former la race française : *hommes préhistoriques ; Ligures* et *Ibères; Celtes* et *Kymris* appelés communément *Gaulois ; Phéniciens* et *Grecs ; Romains ; Francs ; Arabes ; Normands.*

2. Unité de la population française. — La géographie du pays a permis la fusion de ces éléments en un seul peuple.

3. Rôle historique. — Ce peuple a joué un grand rôle dans l'histoire du monde.

4. Densité de la population. — Mais il lui faut maintenant songer à l'avenir ; car, si la population de la France s'est accrue depuis le commencement du siècle, elle est encore proportionnellement inférieure à celle des pays voisins et nullement en rapport avec l'étendue du sol cultivable. Cette double infériorité jointe à l'exode général des campagnes vers les villes n'est pas sans projeter quelque ombre au tableau.

RÉCIT. — 1. Formation de la population de la France. — Aux *Français préhistoriques*, constructeurs des monuments mégalithiques ou « grandes pierres » succèdent les *Ligures* et les *Ibères*. Ce sont les premiers peuples dont l'histoire fasse mention. Puis les *Celtes* et les *Kymris*, confondus sous la dénomination générale de *Gaulois*, après avoir refoulé les Ligures sur les côtes de Provence et les Ibères au sud de la Garonne, s'installent sur tout le territoire situé au nord de ce fleuve. Entre temps, les *Phéniciens* et les *Grecs*, marins et commerçants, colonisent le littoral méditerranéen, mais ne pénètrent point dans l'intérieur ; ils n'apportent, par suite, aucune perturbation dans l'ethnographie du pays.

Il n'en va plus de même au Ier siècle avant Jésus-Christ. La conquête romaine, en infusant à la Gaule un sang nouveau et une civilisation nouvelle, substitue au peuple gaulois le peuple *gallo-romain*. Ce dernier reste maître du sol pendant six siècles.

Au ve siècle de notre ère, l'invasion germanique l'oblige à le partager avec les hordes guerrières qui, débordant de toutes parts, transforment la Gaule en un immense camp : *Burgondes* dans l'est, *Visigoths* dans le sud, *Francs* dans le nord. Vainqueurs des Visigoths et des Burgondes, les Francs restent bientôt seuls en présence des Gallo-Romains ; et, comme ils ont conquis la Gaule non sur ces derniers, mais sur les autres barbares semblables à eux-mêmes, ils n'éprouvent aucune répugnance à se fondre dans la masse gallo-romaine de la nation. L'élément ethnique résulte dès lors d'un mélange de Gallo-Romains et de Francs.

Toutefois, il n'est pas encore définitivement fixé. Au viiie et au ixe siècle, deux nouvelles invasions l'altèrent : celle des *Arabes* venus d'Asie ; celle des *Normands*, descendus de la Scandinavie. Si les premiers perdent la vallée de la Loire aussi vite qu'ils la conquièrent, ils se maintiennent longtemps sur le littoral du sud-est. Les seconds, après s'être montrés sur les rivages de l'Atlantique, avoir remonté la Seine jusqu'à Saint-Denis, la Loire jusqu'à Orléans, se fixent dans la partie de la Neustrie qui garda depuis leur nom.

A l'époque moderne, la guerre de Cent Ans, puis la Ligue, livrent des portions entières de notre sol aux *Anglais* et aux *Espagnols*. Les victoires de Jeanne d'Arc et de Henri IV rendent la France aux Français, mais ne peuvent empêcher qu'un sang étranger ait été, pendant l'occupation, mêlé au sang national.

Aujourd'hui, la France est encore un centre d'immigration vers lequel convergent les peuples. L'Italien, franchissant les

Alpes, afflue dans les villes de la Savoie, du Dauphiné, de la Provence. Le mur pyrénéen n'empêche pas l'Espagnol de venir chercher en Roussillon et en Languedoc un bien-être inconnu sur ses plateaux. Ils font même, tous les deux, sur les chantiers qu'ils envahissent, une redoutable concurrence aux maçons et terrassiers français. Le Belge, qu'aucune frontière n'arrête, pénètre à son aise chez nous et se coudoie avec nos ouvriers dans les usines de Flandre, d'Artois et de Picardie. Mais l'œuvre d'élaboration et d'assimilation est achevée. Les populations diverses qui ont apporté leur tribut à la constitution de la nationalité française sont à jamais fondues en un seul peuple que rien n'entamera désormais.

2. Unité de la population française. — Rien de plus solide, en effet, que l'unité de ce peuple. D'un bout du territoire à l'autre bout, il souffre des mêmes douleurs, s'enivre des mêmes joies, s'exalte aux mêmes espérances. C'est vraiment l'image agrandie de la famille dont la cohésion fait la force. Merveilleux effet de la constitution physique de notre France! Autour du Massif Central, de larges voies naturelles portent les hommes au-devant les uns des autres. Pas d'isolement possible pour eux. D'un versant à l'autre, ils ont toute facilité pour aller se trouver et pour se mieux connaître. Libre à eux de choisir entre la voie de l'Ouest et celle de l'Est. La première, par Narbonne, Carcassonne, Toulouse, Agen, Bordeaux, Angoulême, Poitiers et par les passages du Languedoc et du Poitou, les conduit des rives méditerranéennes aux plages océaniques. La seconde, par la vallée du Rhône et le passage de Bourgogne, leur permet de se rendre sans encombre du pays où croît l'olivier aux terres plus froides du Nord. Et l'immense obstacle dressé au cœur du pays se trouve ainsi tourné sans le secours d'aucun travail artificiel. C'est la nature vaincue par la nature! C'est le bastion montagneux livré par le chemin de ronde!

3. Rôle historique de la France. — Qu'un peuple aussi solidement unifié ait été capable de grandes choses, il n'est à cela rien de surprenant. Son histoire en dit assez sur l'importance du rôle qu'il a su prendre dans le monde moderne. Aucun grand événement ne s'est accompli qui l'ait laissé indifférent ; aucun progrès n'a été réalisé auquel il n'ait pris part ; aucune évolution importante, dans l'ordre moral ou politique, ne s'est effectuée sans lui. Sa Croisade a été celle de la chrétienté et sa Révolution celle du monde. Il a souvent donné l'exemple ; il ne l'a jamais reçu. S'il a quelquefois courbé son front endolori, ce ne fut jamais que pour un temps. Sachant que l'étoile de France ne pâlit que pour briller ensuite d'un plus bel éclat, il n'a jamais eu d'autre pensée dans la défaite que celle de la réparation. Il s'est quelquefois résigné, jamais incliné.

4. Densité de la population. — Mais l'histoire d'un peuple est son passé. Pour que l'avenir réponde à ce passé, il faut d'abord prendre garde que la sève de la vie ne s'épuise. Une nation meurt du manque d'hommes comme elle meurt de ses fautes ou de ses malheurs. Lorsqu'il s'agit de continuer le grand combat de l'existence, la qualité est quelque chose, mais le nombre aussi a son prix.

On crie volontiers en France à la dépopulation. En quoi on a tort. La population n'a cessé de s'accroître depuis le commencement du siècle : 25.000.000 en 1789 ; 32.000.000 en 1830 ; 35.000.000 en 1848 ; 38.400.000 en 1891 ; 38.500.000 en 1896 ; 38.900.000 en 1901. Le léger fléchissement constaté à la suite de notre guerre avec la Prusse (38.000.000 en 1870 et 36.000.000 en 1872) ne s'est donc pas maintenu. Nous avons, depuis cette date, regagné ce que nous avions perdu.

La vérité est que le *taux d'accroissement* a été moindre en France que dans la plupart des autres États européens, et que la densité de la population française est restée inférieure à celle de ces derniers. Ainsi, tandis que la France n'a, en moyenne, que 72 habitants par kilomètre carré, l'Allemagne en compte 98 ; l'Italie, 110 ; l'Angleterre, 124 ; la Hollande, 152 ; la Belgique, 224.

Les 38.900.000 Français sont *inégalement répartis* à la surface du pays. On constate, sous ce rapport, un double phénomène :

désertion des campagnes au profit des villes et désertion des petites villes au profit des grandes. Le nombre des citadins, qui n'était que le tiers de celui des campagnards en 1830, dépasse aujourd'hui les deux tiers. Il vivait, à la même époque, plus des trois quarts de la population totale dans les villes inférieures à 2.000 habitants ; il en reste moins des deux tiers aujourd'hui. De là l'accroissement ininterrompu de Paris (2.714.068), Marseille (491.161), Lyon (459.099), Bordeaux (256.638), Lille (210.696), Toulouse (149.841), Saint-Étienne (146.559), Roubaix (142.365) et de quelques autres centres supérieurs à 100.000 habitants[1]. S'il est naturel que ces villes s'enorgueillissent de leurs progrès, il n'est pas démontré que le pays ait beaucoup à y gagner. Tel ne paraît pas, du moins, avoir été l'avis de nos rois qui, par plusieurs édits en bonne et due forme, essayèrent d'enrayer le développement de la capitale. Encore se bornèrent-ils à des considérations d'intérêt local, laissant à d'autres le soin de plaider la cause des campagnes.

LECTURE

Le développement de Paris. — Un édit royal et un arrêt du Conseil d'Etat au XVIIe siècle (Règne de Louis XIII).

Édit royal de 1628. — « Les rois, nos prédécesseurs, reconnaissant que l'augmentation de notre bonne ville de Paris était grandement préjudiciable, ont souvent fait défense de bâtir dans les faubourgs. Néanmoins, un grand nombre de personnes ne laissent pas d'y entreprendre plusieurs bâtiments ; ce qui nous a fait résoudre d'y pourvoir par nouvelles défenses afin de retenir chacun dans l'obéissance[2] ».

1. Voir à l'*Appendice* un tableau des villes françaises (chefs-lieux, sous-préfectures, gros centres, groupés par ordre d'importance décroissante du chiffre de la population : 1° Grandes villes (au-dessus de 100.000 habitants) ; 2° villes moyennes (de 20 à 100.000) ; 3° petites villes (au-dessous de 20.000).
2. L'édit frappait les délinquants d'une amende de 1.500 livres.

Arrêt du Conseil d'État de 1638. — « Plusieurs personnes, par un désordre extraordinaire, se sont jetées dans la dépense des bâtiments aux faubourgs de Paris, ce qui a rendu la ville plus susceptible de mauvais air et l'accroît insensiblement, de telle sorte qu'il sera dorénavant difficile d'en vider les immondices. En outre, la quantité des logements attire une infinité de personnes de la campagne, lesquelles font enchérir les vivres, donnent lieu aux meurtres et larcins, qui se font impunément de jour et de nuit... L'intention de Sa Majesté a été que sa ville de Paris fût d'une étendue certaine et limitée, dans laquelle les bourgeois eussent à se contenir. » En conséquence le roi, voulant « réprimer la malice que les habitants prennent de construire des maisons aux lieux où jusqu'à présent il n'avait été fait aucun édifice, sur les terres qui servaient précédemment à l'agriculture, ce qui rendrait à la longue les bourgades désertes », défendait de bâtir sous peine de démolition et de 3.000 livres d'amende (*Recueil des Ordonnances*).

TABLEAU SYNOPTIQUE

POPULATIONS

I
Population française

1. Ses éléments

Français préhistoriques.
Ligures et Ibères.
Gaulois (Celtes et Kymris). — Phéniciens. — Grecs.
Gallo-Romains (Gaulois et Romains) (Ier à ve siècle).
Francs (ve siècle). — Arabes (viiie siècle). — Normands (ixe siècle). — Anglais (xive siècle). — Espagnols (xvie siècle).

2. Son unité

Fusion de ces divers éléments favorisée par la géographie du pays : larges voies naturelles conduisant d'un versant à l'autre.

1° Voie de l'ouest (Narbonne, Carcassonne, passage du Languedoc Toulouse, Agen, Bordeaux, Angoulême, passage du Poitou, Poitiers) ;
2° Voie de l'est (vallée du Rhône, passage de Bourgogne).

3. Son passé

Grand rôle dans l'histoire : contre-coups des Croisades et de la Révolution française dans le monde.

4. Son avenir

Nécessité de l'assurer par un accroissement régulier de la population. 38.500.000 habitants (deux tiers dans les villes, un tiers dans les campagnes). Taux d'accroissement et densité moindres que dans les autres Etats européens.

CHAPITRE II

ORGANISATION POLITIQUE

NOTIONS GÉNÉRALES

Un État, de quelque étiquette qu'il ait fait choix, ne peut être gouverné que sous l'une de ces trois formes : *monarchique*, si le pouvoir appartient à un seul ; *aristocratique*, s'il appartient à plusieurs ; *démocratique*, s'il appartient à tous. La République française, fondée sur le suffrage universel, est une démocratie. Mais c'est une démocratie où le principe de la centralisation règne en despote. Une rigoureuse uniformité préside au fonctionnement de son système administratif. Effet des aspirations séculaires de nos gouvernants, cette uniformité ne résulte pas moins de la structure même d'un pays où les communications sont faciles, les distances médiocres, les occasions propices aux rapprochements et aux mélanges.

LEÇON I

L'État et l'Administration

RÉSUMÉ. — 1. Le principe du **gouvernement démocra**tique consistant dans la séparation des pouvoirs, la France est gouvernée par un *Président*, chef de l'Exécutif, et par deux *Chambres*, maîtresses du Législatif.

2. Au moyen d'une **administration** appropriée à son principe, le Gouvernement français assure partout l'exécution de sa volonté.

3. Administration civile : *départements, arrondissements, cantons, communes.*

4. Administration judiciaire : *Haute Cour, Cour de cassation, Cours d'appel, Tribunaux criminels, Tribunaux civils, Tribunaux de paix.*

5. Administration universitaire : *Académies, Inspections d'académie, Inspections primaires.*

6. Administration ecclésiastique : *Culte catholique* (diocèses, paroisses); *Culte protestant* (paroisses); *Culte israélite* (synagogues).

7. Administration militaire : *Régions de corps d'armée.*

RÉCIT. — **1. Gouvernement.** — L'État est régi par la *Constitution de 1875.* Aux termes de cette constitution, le pouvoir législatif appartient à un *Sénat* de 300 membres et à une *Chambre des députés* de 576 membres; le pouvoir exécutif est confié à un *Président de la République*, qu'assiste un *Conseil des Ministres* composé de 11 membres.

Les sénateurs, âgés de quarante ans au moins, et issus d'une élection à deux degrés, sont renouvelables par tiers tous les trois ans; les députés, âgés de vingt-cinq ans au moins, et issus du suffrage universel, sont renouvelables en totalité tous les quatre ans; le Président de la République, élu par le Congrès, c'est-à-dire par la réunion des deux Chambres, est renouvelable tous les sept ans.

Députés et sénateurs votent les lois et l'impôt qu'il appartient au Président de la République de promulguer et de décréter. Si ce dernier est irresponsable, les Ministres qu'il choisit sont responsables devant les Chambres et peuvent être mis par elles en accusation.

2. L'administration. — Mais, dans aucun organisme, le sang ne doit affluer au cœur. Sa circulation par tout le corps est la condition même de la vie. Si donc l'État veut vivre, il faut qu'il puisse porter sa pensée aux quatre coins du pays. Il a besoin, pour cela, d'une **administration** appropriée à son principe.

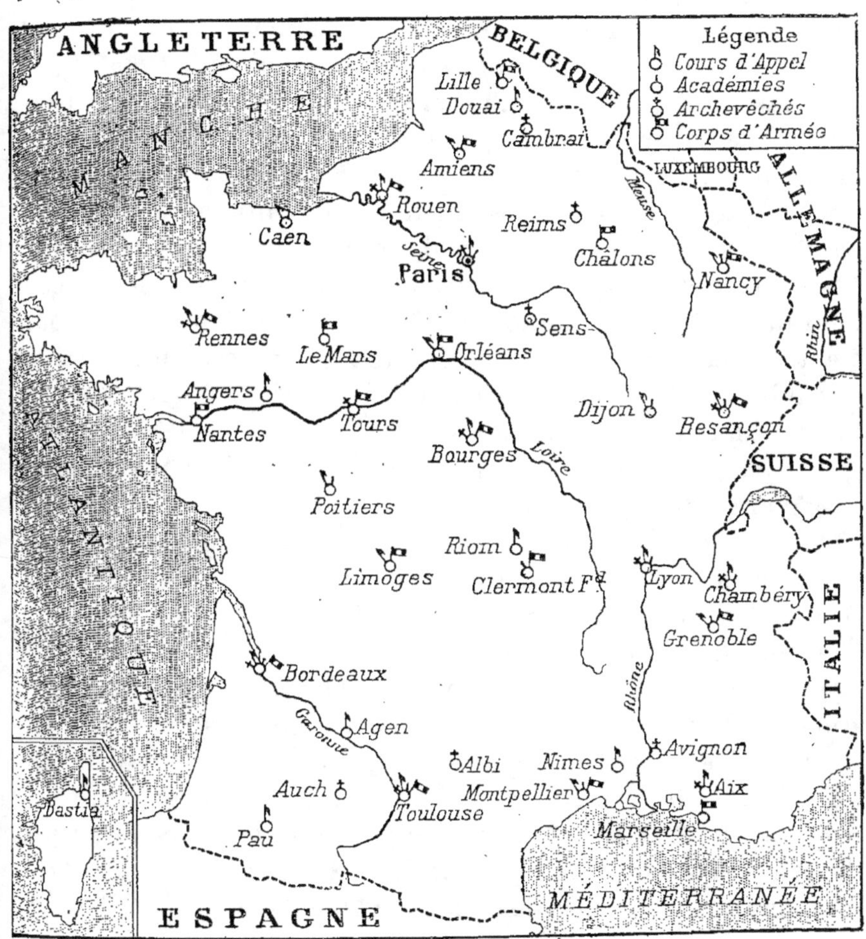

CROQUIS 20. — La France administrative.

3. Administration civile. La base de cette administration est la division en *départements, arrondissements, cantons* et *communes*. À la tête de chaque département est un préfet assisté d'un

Conseil départemental ou général ; à la tête de chaque arrondissement un sous-préfet assisté d'un Conseil d'arrondissement;
le canton n'a pas de Conseil cantonal, mais il a un défenseur
naturel dans son représentant au Conseil général ; la commune,
enfin, est administrée par un Conseil communal ou municipal,
dont le maire est le chef. Cette organisation, remarquable par
son unité, n'a guère plus d'un siècle d'existence. En la substi-
tuant à l'ancienne division par provinces, l'Assemblée Constituante n'obéit à aucune considération d'ordre géographique ou
scientifique. Son objet, essentiellement politique, fut de préparer la chute de coutumes locales dont l'infinie variété rendait
nos provinces presque aussi étrangères les unes aux autres que
pouvaient l'être l'Espagne ou l'Angleterre à l'une quelconque
d'entre elles. La division par départements rendit, au contraire,
possible l'unification, d'après une rigoureuse hiérarchie, de
toute l'administration française. Il y avait, sous l'Ancien Régime, 32 provinces. On compte aujourd'hui 86 départements
et 362 arrondissements [1].

4. Au **point de vue judiciaire**, la France est divisée en
26 ressorts dans chacun desquels est une *Cour d'appel* (Paris,
Agen, Aix, Amiens, Angers, Bastia, Besançon, Bordeaux,
Bourges, Caen, Chambéry, Dijon, Douai, Grenoble, Limoges,
Lyon, Montpellier, Nancy, Nîmes, Orléans, Pau, Poitiers,
Rennes, Riom, Rouen, Toulouse). Chaque ressort comprend
un certain nombre de départements avec un *Tribunal criminel* ou *Cour d'assises* par département, un *Tribunal civil* par
arrondissement, un *Tribunal de paix* ou *de conciliation* par
canton. Au sommet de la hiérarchie sont : la *Cour de cassation*,
qui confirme ou casse les jugements émanés des tribunaux

---

1. Nous avons relégué à la fin de ce livre (*Appendice*) la liste des départements avec chefs-lieux et sous-préfectures, parce qu'elle nous semble
loin d'être indispensable. Mieux vaut, en effet, pour les enfants, se rendre
compte de l'importance de Poitiers (Voir p. 56) comme passage ou de
Briançon comme obstacle militaire (Voir p. 150) que de savoir placer ces
deux villes dans leurs *casiers* respectifs. Ils seraient excusables de mal faire
l'un, impardonnables d'ignorer l'autre.

inférieurs ; la *Haute Cour* (Sénat), qui prononce sur les attentats commis contre la sûreté de l'État.

5. Au **point de vue universitaire,** la France est divisée en 16 *académies* dont chacune a pour chef un recteur (Paris, Aix, Besançon, Bordeaux, Caen, Chambéry, Clermont, Dijon, Grenoble, Lille, Lyon, Montpellier, Nancy, Poitiers, Rennes, Toulouse). Chaque académie se subdivise, à son tour, en *inspections d'académie* (1 par département), dont le chef est l'inspecteur d'académie, assisté d'autant d'inspecteurs primaires qu'il y a de *circonscriptions universitaires* dans le département. Les établissements placés sous l'autorité de ces divers fonctionnaires sont : les Facultés, dont les chaires sont réservées aux docteurs (enseignement supérieur) ; les lycées et les collèges, ouverts aux agrégés et licenciés (enseignement secondaire) ; les écoles normales, écoles primaires supérieures et écoles primaires élémentaires, auxquelles le certificat d'aptitude et les brevets de capacité donnent accès (enseignement primaire). Les maîtres appartenant aux trois ordres d'enseignement, après avoir longtemps vécu sans se mêler, presque sans se connaître, ont, depuis 1895, jeté les bases d'une entente nécessaire au bien public. L'éducation populaire a été l'occasion de ce rapprochement.

6. Au **point de vue ecclésiastique,** la *France catholique* est divisée en diocèses dont le nombre est à peu près égal à celui des départements. Chaque diocèse, à la tête duquel est placé un archevêque ou un évêque, se subdivise, à son tour, en paroisses dirigées par un curé, à raison d'une au moins par commune. Il y a 17 archevêques ayant sous leur direction un groupe d'évêques (Paris, Aix, Albi, Auch, Avignon, Besançon, Bordeaux, Bourges, Cambrai, Chambéry, Lyon, Reims, Rennes, Rouen, Sens, Toulouse, Tours).

La *France protestante* est divisée en paroisses dont chacune a son pasteur et son conseil presbytéral.

La *France israélite* est divisée en consistoires régionaux avec un grand rabbin, président du consistoire central.

En dehors des trois cultes, catholique, protestant, israélite, l'État n'en reconnaît aucun.

7. Au point de vue militaire, la France est divisée en 19 *régions* ayant pour chefs-lieux : Amiens, Besançon, Bordeaux, Bourges, Châlons-sur-Marne, Clermont, Grenoble, Lille, Limoges, Le Mans, Marseille, Montpellier, Nancy, Nantes, Orléans, Rennes, Rouen, Toulouse, Tours.

A la tête de chaque région est un général commandant de corps d'armée.

LECTURE

L'union des enseignements secondaire et primaire. — « Nous allons toujours répétant en France qu'il n'est pas de pays plus amoureux d'égalité que le nôtre, et il semble que cette déclaration suffise à la satisfaction de nos besoins égalitaires. La réalité est, presque à chaque pas, en contradiction avec la doctrine. Il nous plaît de former une nation homogène à la condition de ne point sortir de ce que nous appelons *notre monde*. Notre résolution de réaliser le bien commun par l'effort libre de toutes les bonnes volontés résiste rarement aux susceptibilités de l'esprit de caste ; notre culte de la tolérance s'accommode d'enquêtes sur les opinions ou les croyances des autres ; et, si nous avons abaissé les barrières qui jadis séparaient les classes, nous avons eu soin de les relever sous d'autres formes en renfermant chacun dans le cercle limité de sa fonction, en le rendant indifférent à toute tâche qu'il ne croit pas sienne, en lui permettant de ne rien voir au delà de la sphère dans laquelle il se meut. Nos paroles sont des paroles d'union. Trop souvent, nos actes, produit de l'égoisme, n'aboutissent qu'à l'isolement.

« Or l'Université a sa part de responsabilité dans ce malaise général. Avec ses trois ordres d'enseignement, ses trois directions au Ministère, ses trois catégories de maîtres aussi étrangers les uns aux autres que l'évêque au préfet ou l'officier au magistrat, elle a réalisé le type d'une organisation savante, mais paralysée par l'épaisseur des cloisons. En spécialisant ses maîtres au point qu'un docteur en Sorbonne se verrait refuser le stagiat d'une école rurale, elle a séparé des forces qu'il ne fallait certes pas confondre, mais qu'il ne fallait peut-être pas non plus si radicalement diviser. . . . .

« Chacun fut ainsi conduit à se cantonner chez soi et en vint à se complaire dans l'ignorance de tout ce qui ne fut pas soi-même. La conséquence fut que chacun forma, à sa propre image, des citoyens incapables de se comprendre, parce qu'ils n'eurent entre eux aucune des idées communes qu'une même éducation fait naître entre membres d'une même famille. C'était la banqueroute de cette *paternité publique* qui avait symbolisé, aux yeux de Rœderer, la mission glorieuse de l'Uni-versité.

« Les choses étaient dans cet état lorsqu'une voix s'éleva en dénonçant l'impuissance. C'était celle d'un professeur qui, avec l'ardeur jamais lasse d'un apôtre, allait parcourir le pays en tous sens[1]. Pour la première fois en 1895, licenciés, agrégés et docteurs étaient poussés à descendre, à certaines heures, de leurs chaires pour aller s'asseoir dans celles des brevetés de l'enseignement primaire. Le principe « d'une entente néces-saire au bien public » était officiellement proclamé. L'éducation populaire offerte comme terrain de cette entente, c'était plus qu'il n'en fallait pour séduire tous ceux qui, sans distinction d'origine, dans le collège ou dans l'école, s'intéressaient à la solution d'une question vitale pour le pays.

« L'éducation populaire devint le pont entre les deux ordres d'enseignement. . . . .

« Aussi le sort du lycée va-t-il aujourd'hui se liant de plus en plus au sort de l'école primaire. En même temps que les maîtres coordonnent leurs efforts, les enfants des classes aisées affirment leur solidarité avec leurs camarades des

[1]. Edouard Petit.

classes pauvres. En intéressant à la cause de l'instruction et de l'éducation populaires les maîtres par les élèves, les élèves par les maîtres, l'Université a restauré la *paternité publique* qui, un siècle durant, n'avait été qu'un mot. . . . . . .

« Du haut en bas, même désir d'union, même coordination d'efforts. C'est partout la guerre à l'esprit de séparatisme, partout la voie ouverte à l'esprit de confraternité. Au « salut fraternel » des congressistes de l'enseignement secondaire les instituteurs répondent par l'expression de « leurs félicitations enthousiastes et de leurs ardentes sympathies ». Que l'idée fasse son chemin, et l'Université aura bientôt sa fête de la Fédération ! Qu'elle laisse aux rares maîtres qui s'y complaisent le scepticisme des esprits chagrins ou mécontents, mais qu'elle sache s'honorer, au même titre, de tous ceux qui, sans distinction d'origine comme sans distinction de grades, sont prêts à la servir. Alors, s'il est vrai que la foi soulève les montagnes, elle saura bien jeter bas les cloisons branlantes dans lesquelles étouffait son libre génie ! » (Gaston Dodu, *Revue Pédagogique*, Décembre 1899.)

Leçon II

Organation de la défense : frontières terrestres et maritimes

RÉSUMÉ. — **1.** Il est de toute nécessité de couvrir les régions de corps d'armée par des lignes de forteresses aux frontières.

2. Les **frontières continentales** sont, ou largement ouvertes, comme au nord-est, ou protégées par des défenses naturelles, comme au sud-ouest et à l'est. Dans le premier cas, les obstacles artificiels ont été multipliés, regardant l'Allemagne et regardant la Belgique. Dans le second, il a suffi de renforcer les points faibles du rempart montagneux en construisant des forts au débouché des cols des Pyrénées, dans les hautes vallées des Alpes, dans les cluses du Jura.

3. Les **frontières maritimes** sont protégées par des batteries et des forts, notamment aux estuaires des fleuves et sur les points où la richesse des articulations semble, comme en Provence, solliciter l'ennemi à une descente. Cinq ports (*Cherbourg*, *Brest*, *Lorient*, *Rochefort*, *Toulon*) offrent un abri à la flotte de guerre.

RÉCIT. — **1.** Pour couvrir les corps d'armée stationnés dans les 19 régions militaires, la France s'appuie sur plusieurs lignes de forteresses ou de batteries, disposées le long de ses frontières ou de ses côtes. **Terrestres** ou **maritimes,** les frontières sont ainsi protégées contre toute tentative d'invasion ou de débarquement.

2. Frontières continentales. — L'invasion est d'autant plus aisée que les obstacles naturels sont plus insignifiants. C'est, par conséquent, au nord-est, entre Belfort et Dunkerque, au point où la ligne de démarcation ne correspond à aucun accident du sol, que le Génie militaire a dû porter le maximum d'efforts de la défense. Au contraire, là où les montagnes se dressent en mur de séparation entre la France et l'Europe, la tâche a été singulièrement simplifiée. Aux Pyrénées, aux Alpes, au Jura, il a suffi de suppléer, au moyen de quelques ouvrages, à l'insuffisance de la défense naturelle.

Au nord-est, la frontière franco-allemande est protégée, en première ligne, par le front de la Moselle avec *Belfort*, *Épinal*, *Toul*, et par le front de la Meuse avec *Verdun*, *Montmédy*, *Mézières*, *Rocroi*, *Hirson;* en seconde ligne, par *La Fère*, *Laon*, *Soissons* et *Reims;* en retrait, par le grand camp retranché de *Paris* mis aujourd'hui à l'abri d'un bombardement et dont l'investissement exigerait près d'un million d'hommes. La frontière franco-belge est couverte par *Maubeuge*, *Lille*, *Calais* et *Dunkerque*. Douai et Valenciennes sont actuellement déclassées et démantelées.

A peu près inaccessibles en dehors de leurs deux seuils de l'Orient et de l'Occident, les Pyrénées n'ont été renforcées qu'en ces deux points. *Portalet*, *Saint-Jean-Pied-de-Port* et surtout *Bayonne*, dont les ouvrages sont complétés, sur la rive droite de l'Adour, par le fort *Saint-Esprit*, couvrent le seuil de l'Occident. *Bellegarde* et *Pratz de Mollo* en première ligne, *Montlouis*, *Villefranche* et *Perpignan* en seconde ligne, couvrent celui de l'Orient.

Si les Alpes sont d'accès plus facile, elles se défendent avec avantage par la divergence de leurs vallées. On sait ce qu'il en coûta à Charles-Quint et au prince Eugène d'avoir osé s'y aventurer. Quelques forts construits dans les plus hautes d'entre elles ont suffi à parfaire l'œuvre de la nature : *Tournoux* et *Saint-Vincent*, dans la vallée de l'Ubaye ; *Queyras* et *Mont-Dauphin*, dans celle du Guil ; *Briançon*, dans celle de la Durance ; *L'Esseillon* dans celle de l'Arc ; *Albertville*, dans celle de l'Isère ; le tout consolidé par trois camps retranchés, *Toulon*, *Grenoble* et *Lyon*.

Au Jura, enfin, des forts, tels que ceux de *Lomont*, de *Joux*, des *Rousses* et de *L'Ecluse*, assurent la sécurité d'une frontière que les rangées parallèles de la montagne, avec ses cluses étroites et ses combes mal éclairées, rendent à peu près infranchissable. Fût-elle d'ailleurs franchie que *Besançon* est là, barrant la route avec ses formidables citadelles, et laissant ainsi à *Lyon* le temps de se préparer à la défense.

3. Frontières maritimes. — Si les chances de succès d'une invasion par terre dépendent de l'importance des obstacles dressés à la frontière, celles d'une descente par mer dépendent du degré d'accessibilité du littoral. On a vu que le nôtre n'est pas généralement des plus accessibles, ni des plus riches en articulations, ni des plus favorisés sous le rapport du nombre ou de la valeur des ports [1]. En l'espèce, c'est un bien pour un mal. Pour protéger nos frontières maritimes, il n'a pas été besoin de travaux gigantesques. On s'est contenté de garnir de forteresses et de batteries les points les plus ouverts, notamment les estuaires des fleuves. Tel l'estuaire de la Liane, garanti par les forts de *Boulogne ;* l'estuaire de la Seine, par les forts

---

1. Voir plus haut, pp. 58-72.

du *Havre ;* l'estuaire de la Loire, par *Saint-Nazaire* et le *fort Mindin ;* l'estuaire de la Gironde, par les ouvrages de *Grave,* les *batteries de Royan,* les *forts de Castillon, Pâté, de Blaye* et

CARTE 21. — Frontières terrestres et maritimes.

de *Médoc ;* l'estuaire de l'Adour, par les *forts de Bayonne.* L'abondance des batteries disposées le long du littoral provençal, à *Marseille, Saint-Tropez, Antibes, Nice* et *Villefranche,* est la conséquence de l'abondance des articulations qui semblent inviter l'ennemi à un débarquement.

En dehors de ces points, l'effort de la défense maritime est concentré dans cinq ports militaires : *Cherbourg* sur la Manche, *Brest, Lorient, Rochefort* sur l'Océan ; *Toulon* sur la Méditerranée[1]. Par ordre d'importance, Toulon et Brest viennent en première ligne ; Cherbourg et Rochefort en seconde ; Lorient en troisième. Ces ports offrent un abri aux 191 bâtiments de guerre qui forment l'effectif de la flotte française.

LECTURE

Spécialisation et amélioration de nos ports de guerre. — « Actuellement nos cinq ports sont organisés de façon à former chacun une grande usine complète qui arme, désarme et ravitaille les navires de guerre. Ce système est très dispendieux ; il est contraire à la loi naturelle de la division du travail ; il est suranné ; il nuit (ce qui est plus grave) à la rapidité de la construction des navires, l'un des éléments les plus importants de la puissance maritime d'un pays. La méthode la plus simple, la plus économique, la plus expéditive, serait peut-être de commander nos vaisseaux à l'industrie privée, comme nous lui demandons des locomotives, ou, dans certains cas, des canons. A défaut de cette réforme hardie, il en est une autre qui paraît mûre et acceptée de tous, c'est la spécialisation de nos ports de guerre. Deux d'entre eux seraient affectés aux armements et désarmements, aux ravitaillements et aux réparations, deux autres aux constructions en bois, le cinquième aux constructions en fer. On obtiendrait ainsi de grandes réductions dans les dépenses comme dans le personnel. Les frais généraux notamment pourraient être diminués de 40 0/0.

« Quant aux ports eux-mêmes, ils n'exigeraient pas d'efforts excessifs pour devenir excellents chacun en son genre. *Toulon*

1. Voir gravure n° 13

serait irréprochable à tous égards s'il était assaini et soustrait ainsi au retour d'épidémies périodiques. A *Rochefort*, il faudrait creuser un canal de 9 à 10 mètres de profondeur et de 20 kilomètres de longueur, afin de rendre le port accessible même à marée basse, car Rochefort est indispensable ; s'il n'existait pas, il faudrait le créer ; il est le seul abri qui puisse s'offrir à une flotte sur le littoral de l'Atlantique, au sud de Brest. *Lorient*, comme port de constructions, est à peu près suffisant. A *Brest*, la construction d'un pont neuf sur la rade devient de jour en jour plus urgente. *Cherbourg*, enfin, devrait être complété, muni de quelques défenses nouvelles, pourvu d'améliorations d'ailleurs projetées, notamment la possibilité de communiquer en tout temps du pont à la rade. Ces travaux secondaires le rendraient satisfaisant de tous points et digne de son rôle, qui est capital. De même que sur le continent, c'est au nord-est qu'il faut regarder et veiller, de même sur mer, c'est au nord-ouest que nous devons orienter nos moyens les plus puissants de défense. » (P. Foncin, *Géographie générale*, Armand Colin, éditeur.)

TABLEAU SYNOPTIQUE

ORGANISATION POLITIQUE

I Organisation administrative
- Département (préfet, conseil général). 86 départements.
- Arrondissement (sous-préfet, conseil d'arrondissement). 362 arrondissements.
- Canton.
- Commune (maire, conseil municipal).

II Organisation judiciaire
- Haute-Cour (attentats commis contre la sûreté de l'Etat). Paris.
- Cour de cassation (examen des jugements émanés des tribunaux inférieurs). Paris.
- Cours d'appel, 26 (Paris, Agen, Aix, Amiens, Angers, Bastia, Besançon, Bordeaux, Bourges, Caen, Chambéry, Dijon, Douai, Grenoble, Limoges, Lyon, Montpellier, Nancy, Nîmes, Orléans, Pau, Poitiers, Rennes, Riom, Rouen, Toulouse).
- Tribunal criminel (un par département).
- Tribunal civil (un par arrondissement).
- Tribunal de paix (un par canton).

III Organisation universitaire
- Académies (recteur). 16 (Paris, Aix, Besançon, Bordeaux, Caen, Chambéry, Clermont, Dijon, Grenoble, Lille, Lyon Montpellier, Nancy, Poitiers, Rennes, Toulouse).
- Inspections d'Académie (inspecteur d'Académie). Une par département.
- Inspections primaires (inspecteurs primaires). En nombre à peu près égal à celui des arrondissements.

IV Organisation ecclésiastique

1. CULTE CATHOLIQUE
   - Diocèses (archevêque ou évêque). En nombre à peu près égal à celui des départements. 17 archevêques (Paris, Aix, Albi, Auch, Avignon, Besançon, Bordeaux, Bourges, Cambrai, Chambéry Lyon, Reims, Rennes, Rouen, Sens, Toulouse, Tours).
   - Paroisses (curé). Une au moins par commune.

2. CULTE PROTESTANT. Paroisses (pasteur et conseil presbytéral).

3. CULTE ISRAÉLITE. Consistoires régionaux ; grand-rabbin, président du consistoire central.

V Organisation militaire

1. DIVISIONS MILITAIRES
   - Régions de corps d'armée (général commandant de corps). 19 (Amiens, Besançon, Bordeaux, Bourges, Châlons-sur-Marne, Clermont, Grenoble, Lille, Limoges, Le Mans, Marseille, Montpellier, Nancy, Nantes, Orléans, Rennes, Rouen, Toulouse, Tours).

2. FRONTIÈRES

   1° Terrestres
   - *a.* Franco-belge : Maubeuge, Lille, Calais, Dunkerque.
   - *b.* Franco-allemande : 1re ligne (Belfort, Epinal, Toul, Verdun, Montmédy, Mézières, Rocroi, Hirson) ; 2e ligne (La Fère, Laon, Soissons, Reims) ; en retrait (Paris).
   - *c.* Du Jura : Lomont, Joux, Rousses, L'Ecluse, Besançon, Lyon.
   - *d.* Des Alpes : Tournoux et Saint-Vincent (vallée de l'Ubaye) ; Queyras et Mont-Dauphin (vallée du Guil) ; Briançon (vallée de la Durance) ; L'Esseillon (vallée de l'Arc) ; Albertville (vallée de l'Isère) ; Toulon, Grenoble, Lyon (en retrait).
   - *e.* Des Pyrénées : Portalet, Saint-Jean-Pied-de-Port et Bayonne (seuil de l'Occident) ; Bellegarde, Pratz de Mollo, Montlouis, Villefranche et Perpignan (seuil de l'orient).

   2° Maritimes
   - *a.* Batteries aux estuaires et sur les points du littoral les plus ouverts.
   - *b.* Ports de guerre, 5 (Cherbourg, Brest, Lorient, Rochefort, Toulon). 191 bâtiments de guerre.

Sujets de devoirs. — *Expliquer de quels éléments ethniques se compose la population française en remontant de l'époque moderne aux premiers âges.*

Dites pourquoi vous êtes fiers d'appartenir à la race française.

Montrer comment l'organisation politique du pays se prête au fonctionnement normal et régulier de ses institutions.

Valeur relative des frontières terrestres de la France aux Alpes et aux Pyrénées.

Comparer, au point de vue de la défense militaire, l'importance de la région que vous habitez à celle des autres régions.

Croquis général où figureront toutes les notions qui font l'objet de la deuxième partie de ce livre.

TROISIÈME PARTIE

GÉOGRAPHIE ÉCONOMIQUE

CHAPITRE I

AGRICULTURE

NOTIONS GÉNÉRALES

Après avoir montré ce qu'était la terre (*première partie*) et ce qu'était le peuple (*deuxième partie*), le moment est venu de se demander comment ce peuple a su, par la mise en œuvre des matières premières, utiliser cette terre.

Un rapide examen de l'état actuel de l'agriculture, de l'industrie et du commerce, permettra de répondre à la question.

Si on se rappelle ce qui a été dit de la richesse relative du sol et du sous-sol[1], on admettra, de prime abord, que la France soit, par excellence, un pays agricole. Tout concourt à lui donner ce caractère : les variétés multiples de son climat tempéré, la fécondité de son sol, l'esprit d'ordre et d'économie de sa race. C'est plus qu'il n'en faut pour développer le goût instinctif de la propriété. Avoir à soi une parcelle de la terre qu'il travaillait devint de bonne heure le rêve de l'agriculteur français. Un grand nombre de travailleurs l'ayant réalisé, la petite propriété s'étendit dans des proportions supérieures à celles qui furent atteintes dans les autres pays européens.

Pour lui venir en aide, pour faciliter l'accomplissement de sa tâche au petit propriétaire, en général peu fortuné

---

1. Voir plus haut, pp. 122-129.

ou peu instruit, le ministère de l'Agriculture organisa un enseignement professionnel qui eut, comme l'autre, ses trois degrés. Les statistiques sont là pour attester la rapidité avec laquelle le progrès s'accomplit en tous sens. En moins d'un demi-siècle, le tableau de la France agricole a subi bien des retouches. Que de régions ne se reconnaissent plus aujourd'hui aux sombres peintures qui en ont été faites! Quelle révolution sur le chantier où le matériel mécanique, encore inconnu ou peu répandu il y a cinquante ans, fonctionne aujourd'hui partout! C'est la richesse qui coule à pleins bords, mais qui risquerait de se tarir au moindre arrêt dans le progrès.

Leçon I

Conditions premières favorables. — L'agriculture source presque unique de richesse territoriale. — Morcellement de la propriété. — Situation du cultivateur français.

RÉSUMÉ. — 1. L'agriculture mérite d'être placée au **premier rang** des industries ouvertes à l'activité humaine. Les richesses qu'elle procure sont supérieures à celles de l'*industrie extractive*, de l'*industrie manufacturière*, du *commerce*.

2. Cela est vrai surtout lorsque les agriculteurs visent au maximum de rendement. C'est le cas de la France, où un très grand nombre d'agriculteurs **sont en même temps propriétaires**, et où l'esprit des institutions agricoles favorise l'exploitation de la petite propriété.

RÉCIT. — 1. On connaît le mot de Sully : « Labourage et pâturage sont les deux mamelles dont la France est alimentée

et les vraies mines et trésors du Pérou. » Par là, le ministre
de Henri IV voulait dire que l'*agriculture*, c'est-à-dire l'application du travail et du capital à l'exploitation de la couche végétale du globe, était la **source presque unique de richesse
territoriale**. Rien n'est plus exact. Les produits de l'agriculture
sont, tant par leur valeur que par leur variété, antérieurs et
supérieurs à ceux des autres industries ouvertes à l'activité
humaine. Les substances minérales que l'*industrie extractive*
retire des couches profondes de la terre sont moins indispensables à l'homme que les animaux et les plantes qui vivent à la
surface. L'*industrie manufacturière* se borne à transformer en
produits dits industriels les produits de l'agriculture. Et le
commerce, qui met les uns et les autres à portée des producteurs
et des consommateurs, n'en modifie en rien la forme ; il leur
donne une qualité économique très importante, mais il n'a pas
de rôle créateur.

2. Près de la moitié de la population composant, en France,
la classe agricole, on devine quelle abondante source de richesse
l'agriculture doit être pour ce pays. Ces agriculteurs ne sont
certes pas tous propriétaires des terres qu'ils mettent en valeur.
Le nombre des propriétaires n'en est pas moins proportionnellement **plus élevé** qu'il ne l'est, en général, dans les contrées
voisines. La France se distingue, en effet, comme le pays d'Europe où la propriété est **le plus morcelée**. Déjà, sous l'Ancien
Régime, les étrangers en avaient fait la remarque. L Anglais
Arthur Young, qui visitait la France en 1787, 1788, 1789,
paraissait même offusqué d'un système si peu conforme à celui
de sa patrie. « Les petites propriétés des paysans, écrivait-il,
se trouvent partout à un point que nous nous refuserions de
croire en Angleterre, et cela dans toutes les provinces, même
celles où prédominent les autres régimes (fermes et métairies).
Dans le Quercy, le Languedoc, les Pyrénées, le Béarn, la Gascogne, une partie de la Guyenne, l'Alsace, les Flandres et la
Lorraine, ce sont les petits propriétaires qui l'emportent. » Et
plus loin : « Il y a dans toutes les provinces de France de petites

terres exploitées par leurs propriétaires, ce que nous ne connais-
sons pas chez nous. Le nombre en est si grand que j'incline à
croire qu'elles forment le tiers du royaume. » En faisant la part
des exagérations de l'agronome anglais, on peut évaluer, avec
M. de Foville, à **4 millions** environ le nombre des propriétaires
français à la veille de la Révolution. Loin qu'elle ait enrayé le
mouvement dans le sens du morcellement, celle-ci l'a favorisé
par l'abolition des privilèges, par la vente des biens nationaux,
par l'inauguration d'un régime successoral plus égalitaire. De
là cette progression ascendante du nombre des propriétaires
qui passe de 4 millions avant 1789 à 6 millions et demi en
1825, à 7 millions en 1850, et, de nos jours, à **8 millions.**

Un tel état de choses a ses avantages et ses inconvénients. Cela
explique l'enthousiasme lyrique de ses partisans et l'acerbe ré-
quisitoire de ses adversaires. L'un de ces derniers, A. Young,
prophétisait, en 1789, que, par la division du sol, « la France se
préparait la plus horrible détresse que l'on pût imaginer ». Il
ne lui semblait pas douteux qu'elle dût, dans un avenir peu
éloigné, « dépasser la Chine où une populace affamée se dispu-
tait les charognes décomposées des chiens, des chats, des
rats, la plus dégoûtante vermine ». Après lui, Léon Faucher
jetait, en 1836, ce cri d'alarme tant de fois répété depuis : « La
propriété tombe en poussière ! » Et, cependant, les bienfaits d'un
régime qu'ils condamnent n'ont pas échappé à ces mêmes détracteurs. Témoin ces aveux d'A. Young « La possession du sol
est le stimulant le plus énergique du travail », ou bien « Telle
est la force de ce principe qu'il n'y a pas de moyen si sûr
pour mettre en valeur le sommet des montagnes que de le
partager entre les paysans ; on le vit en Languedoc où ils appor-
tèrent dans des hottes la terre que la nature ne leur accordait
pas », et encore « Le magique pouvoir de la propriété change le
sable en or... Donnez à un homme la sûre possession d'un aride
rocher, et il le transformera en jardin ! » Pourquoi ? — Parce
que le possesseur qui cultive lui-même sa terre, stimulé par
l'appât du gain, vise au maximum de rendement, alors que la

terre demeure indifférente au journalier dont la solde est invariablement assurée. D'après la doctrine féodale, l'homme valait ce que valait la terre et l'état des terres déterminait l'état des personnes. Au point de vue agricole, il est plus vrai de dire que la terre vaut ce que vaut l'homme et que l'état de la terre se mesure à l'amour de l'homme pour elle. Il ne faut pas chercher ailleurs les raisons pour lesquelles la petite propriété rapporte en moyenne 1 ou 2 0/0 de plus que la grande. Cette constatation suffirait, semble-t-il, à trancher le différend entre les deux systèmes, si le petit propriétaire n'avait, en général, contre lui la double insuffisance de son instruction technique et de ses capitaux.

Il est vrai que les institutions agricoles fondées en ce siècle ont eu pour objet d'en atténuer les effets. Ce sont : 1° le *Ministère de l'Agriculture*, créé, en 1836, par Louis-Philippe conjointement avec celui du Commerce et des Travaux Publics, mais dont la République fit, en 1881, un Ministère spécial; 2° l'*Institut national agronomique*, fondé à Versailles en 1848, supprimé en 1851 et rétabli à Paris en 1876, donnant l'enseignement supérieur de l'agriculture; les *écoles nationales d'agriculture* créées à Grignon (Seine-et-Oise) en 1848, à Montpellier (Hérault) en 1870, à Rennes (Ille-et-Vilaine) en 1895, donnant l'enseignement secondaire [1]; les *écoles pratiques d'agriculture* instituées en 1875 et les *fermes-écoles* en 1848, donnant, les premières l'enseignement primaire supérieur, les secondes l'enseignement primaire élémentaire de l'agriculture; 3° les *chaires départementales d'agriculture*, instituées en 1879 à l'effet de vulgariser dans les villages, au moyen de conférences, les méthodes rationnelles et de former dans les écoles normales d'instituteurs, au moyen d'un cours méthodique, l'éducation agricole des élèves-maîtres; 4° les *chaires spéciales d'agriculture* fonctionnant déjà dans plus de 200 arrondissements.

Jamais le petit cultivateur français n'avait encore été, de la

---

1. Montpellier a remplacé La Saulsay (Rhône), de même que Rennes a remplacé Grand-Jouan (Loire-Inférieure).

part des pouvoirs publics, l'objet d'une sollicitude aussi atten-
tive. Jamais l'Administration de l'Instruction publique n'avait
encore secondé, de façon aussi heureuse, l'Administration de
l'Agriculture dans son désir d'associer les instituteurs des campagnes à l'œuvre d'assistance de la petite propriété.

LECTURE

La division de la propriété dans l'ancienne France. — « On
rencontrait la petite propriété principalement à l'entour des
villes et bourgs ; mais elle n'avait pas tardé à pousser plus loin
ses conquêtes. Partout où le paysan sentait la victoire possible,
il commençait le siège de la terre et, tôt ou tard, s'en emparait.
Chacun arrivait à avoir son lopin à lui. Plus les parts étaient
petites, plus il y avait de chance d'en devenir maître. Le seigneur
se désintéressait assez facilement de ces miettes tombées de sa
table, et là même où il n'y avait pas affranchissement proprement dit, la franchise de fait venait vite. Dans bien des provinces, le soi-disant joug féodal se trouvait réduit à sa plus
simple expression. L'antique censive s'était peu à peu transformée entre les mains de ses possesseurs. La rente fixe en
argent ou en nature dont elle avait été anciennement grevée
perdait chaque jour un peu de sa valeur par la dépréciation
des métaux monétaires ; on vendait, on achetait, on revendait à
volonté ces terres censales devenues vraiment indépendantes,
et l'ambition suprême du moindre manant était d'y prendre
racine. Si étroit que fût le champ dont il rêvait la possession, il
y trouvait une triple promesse d'émancipation personnelle, de
profits probables, de jouissances quotidiennes.

« De là, l'avènement dans nos campagnes de ce que Balzac
appelle «le démon de la propriété». On payait cher, trop cher
souvent. On se privait longtemps ; on s'endettait, au besoin, pour
pouvoir payer. Mais, une fois qu'on se sentait chez soi, on était
heureux, et on faisait des prodiges. « Voyez, dit Michelet, voyez
ces rocs brûlés, ces arides sommets du Midi ; là, je vous prie,
où serait la terre sans l'homme ? La propriété y est toute dans

le propriétaire. Elle est dans le bras infatigable qui brise le caillou tout le jour, et mêle cette poussière d'un peu d'humus. Elle est dans la forte échine du vigneron qui, du bas de la côte, remonte toujours son champ qui s'écroule toujours... L'homme fait la terre. On peut le dire même des pays moins pauvres... Des siècles durant, les générations ont mis là la sueur des vivants, les os des morts, leur épargne, leur nourriture... »

« Pour cette terre presque humaine, l'homme se prend d'un amour qu'elle semble parfois lui rendre, et dont rien n'égale, aujourd'hui encore, dont rien surtout ne pouvait égaler jadis, l'infatigable fécondité. Nous avons vu des enclos qu'on rebêchait la nuit au clair de lune, après les avoir bêchés tout le jour. L'intensité de l'exploitation, ainsi menée, en compense à ce point l'exiguité qu'un arpent fait vivre une famille. Il l'aide à vivre tout au moins. Sous ces toits qui paraissent pauvres, la faim, le froid ne pénètrent guère. » (De Foville, *le Morcellement,* Guillaumin et Cie, éditeurs.)

Leçon II

Progrès et importance relative des cultures principales. — Répartition par régions. — Rang de la France pour la richesse agricole. — Nécessité de progresser davantage pour n'être pas distancés.

RÉSUMÉ. — 1. Triple sens du progrès. — Le progrès s'est accompli en un triple sens. **Le domaine cultivable s'est étendu:** Landes, côtes du Languedoc, Crau, Dombes, Sologne, Brenne, ont été conquises à l'agriculture. **La force de production a été accrue** par l'emploi des engrais et des amendements. **L'outillage agricole a été amélioré :** la qualité du matériel n'a pas moins progressé que la quantité.

2. Progrès des cultures. — Il en est résulté une augmentation sensible des produits : **cultures arborescentes** (*vignes* reconsti-

tuées) ; **cultures alimentaires** (*céréales* et *pommes de terre*) ;
cultures industrielles (*betteraves, tabac*) ; **cultures fourragères**
(*prairies, prés* ayant favorisé l'accroissement et l'amélioration
de *l'élevage* des bestiaux).

3. Répartition des cultures. — Ces diverses cultures se
répartissent en grandes régions naturelles : *prairies* (Normandie, Bretagne, Massif Central) ; *céréales* (Centre, Nord,
Nord-Est, Sud-Est) ; *maïs* (Sud-Ouest) ; *vigne* (Midi, Sud-Ouest,
Ouest, Est) ; *forêts* (Landes, Pyrén ées, Savoie, Lorraine,
Centre). Elles sont respectivement placées dans les conditions
atmosphériques et géologiques favorables à leur croissance.

4. Rang de la France et progrès restant à réaliser. —
Aussi, la situation générale de l'agriculture française est-
elle des plus satisfaisantes. La France progressera davantage.
Elle a trop fait déjà pour s'arrêter en si bonne voie.

Récit. — **1. Triple sens du progrès.** — Les mesures indi-
quées plus haut eurent le résultat qu'on en attendait. Un
progrès considérable a été accompli sous le triple rapport de
l'extension du domaine cultivable, de l'accroissement de la force
de production, de l'amélioration de l'outillage agricole.

Extension du domaine cultivable. — Elle est sensible surtout
dans les régions du littoral. Dans les **Landes**, les plantations de
Brémontier ont arrêté l'invasion des montagnes mouvantes
de sable. Des bourgades, comme Lillan, Lelos, Sart, Contis,
Auchise, dont on ignore même jusqu'à l'ancien emplacement,
avaient été la proie du fléau. Menacé du même sort, le village
de Lège avait fui à deux reprises devant les sables, de 4 kilomètres en 1480, de 3 en 1660. Aujourd'hui, les forêts de pins
ont recouvert les espaces improductifs et assuré, par surcroît,
la sécurité des villages.

Sur les côtes **du Languedoc**, la surface des étangs est de plus
en plus réduite au profit des vignobles : c'est à qui purifiera le
sol ; à qui dessalera le sable ; à qui rendra la vie aux « villes
mortes du golfe du Lion » !

A l'orient du grand Rhône, des oasis de verdure recouvrent la plus grande partie de la plaine de la **Crau**, auparavant stérile :

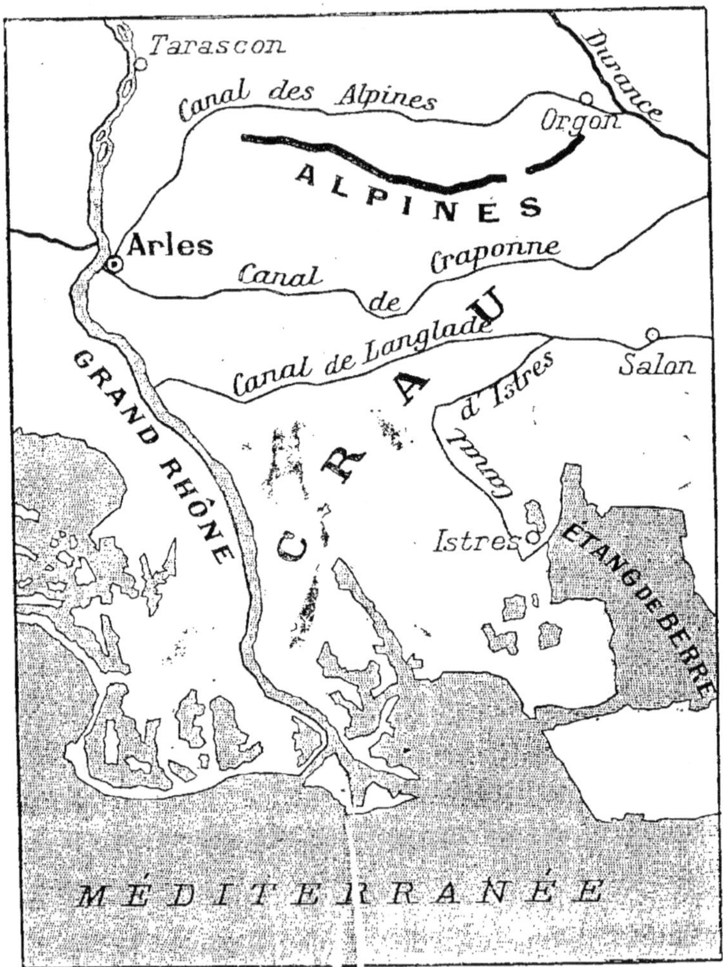

CROQUIS 22. — La Crau.

les canaux de Craponne et de Langlade ont fait, des campagnes d'Istres, une des régions agricoles les plus fécondes de France ; la limite du désert recule sans cesse devant les campagnes de Salon ; et, après avoir transformé Orgon en centre d'agriculture, le canal des Alpines porte ses eaux fertilisantes dans les terres ingrates que bordent les montagnes du même nom.

Dans l'intérieur des terres, quelques régions déshéritées ne réclamaient pas de moindres soins. Telles, la **Dombes**, entre Mâcon, Bourg et Trévoux, qui, après avoir été couverte de cultures au moyen âge, était devenue un aride plateau parsemé de vasques argileuses aux eaux dormantes ; la **Sologne**, entre Orléans et Vierzon, autre Dombes par l'insalubrité de l'air et la mortalité des habitants, formant tache sur une étendue de 4.500 kilomètres carrés, en plein cœur de la France ; la **Brenne,** prolongeant les dépôts argileux de la Sologne entre Le Blanc et Châteauroux. Aujourd'hui les engrais, amendements, labours profonds et drainages sont venus à bout de la Dombes, comme les plantations et les canaux d'assèchement ont triomphé de la Sologne et de la Brenne. Si tout n'est pas fait encore, il reste beaucoup moins à faire qu'il n'a été fait déjà [1].

Accroissement de la force de production. — Les leçons faites aux paysans par les professeurs départementaux y ont contribué pour une large part. Par leur caractère pratique et local, elles ont éclairé chacun sur l'espèce d'engrais ou la nature d'amendement qui convenait à sa terre. L'important était de donner artificiellement à telle ou telle partie du sol l'élément que la nature lui avait refusé ou trop parcimonieusement compté, quoique nécessaire à la végétation. C'est le rôle des engrais de restituer à la terre ce qui lui manque : la potasse aux terrains crayeux comme en Champagne, le calcaire aux terrains granitiques ou argileux comme en Bretagne ou en Sologne. La Champagne, la Bretagne et la Sologne peuvent être citées, parmi tant d'autres, comme exemples de régions améliorées au moyen d'amendements fécondants.

Ce n'est pas à dire que le mode de culture artificielle ait été ignoré de nos ancêtres. Pline, au Ier siècle de l'ère chrétienne, cite la marne comme engrais utilisé dans certaines régions

---

1. Voir *Croquis du Rhône, de la Loire*, pp. 111 et 105.

de la Gaule transalpine, la chaux dans les campagnes de la Bourgogne, du Nivernais et du Poitou. Mais c'étaient là des exceptions, ne reposant encore sur aucune idée scientifique, ne procédant d'aucun plan général raisonné.

Amélioration de l'outillage agricole. — Qualité et quantité, voilà ici les deux signes du progrès. A la place du fléau ou du rouleau de pierre, la machine à battre ; à la place de la main de l'ouvrier, le semoir mécanique ; à la place de l'antique charrue, une charrue nouvelle, plus légère et plus puissante. En 1842, il n'y avait ni houes à cheval, ni semoirs mécaniques, ni faucheuses mécaniques, ni moissonneuses mécaniques, ni faneuses à cheval. En 1882, le nombre de ces divers appareils s'était respectivement élevé à 195.000, 29.000, 19.000, 16.000, 27.000 ; et en 1892, à 261.000, 47.000, 38.000, 23.000, 51.000. En 1842, l'agriculture n'utilisait que 1.537 machines à vapeur ; il lui en fallait 2.849 en 1862, 9.288 en 1882 et 12.037 en 1892. Il n'y avait, à la même date, que 59.981 machines à battre ; et ce chiffre passait de 100.733 en 1862 à 211.045 en 1882 et 234.380 en 1892. Quant aux charrues, nous en employons aujourd'hui un million de plus qu'en 1842. Tels sont les résultats des dernières enquêtes décennales [1].

2. **Progrès des cultures.** — A ce progrès en triple sens répondit celui des cultures, **arborescentes, alimentaires, industrielles, fourragères.**

Parmi les premières, la *vigne*, dont le phylloxera avait réduit la production annuelle à moins de moitié de 1875 à 1885, a été reconstituée. Bon an, mal an, elle donne actuellement entre 45 et 50 millions d'hectolitres de vin, ce qui reste inférieur au rapport de 1875, mais double celui de 1885. La production totale de l'année 1901 a été évaluée à 58.393.800 hectolitres, ce qui donne, pour 1.720.422 hectares, étendue totale du vignoble français à cette date, un rendement moyen de 33 hectolitres par

---

1. *Statistique agricole de la France, Ministère de l'Agriculture, Direction de l'Agriculture.*

hectare. Celle de l'année 1900, la plus abondante qu'on ait connue depuis un quart de siècle, s'est élevée à 67.352.661 hec-

Croquis 23. — Régions agricoles.

tolitres, soit une augmentation de 8.954.780 hectolitres par rapport à la récolte de 1901 et de 31.388.153 hectolitres, comparativement à la moyenne des dix années antérieures[1].

1. *Bulletin de statistique et de législation comparée*, Ministère des Finances.

Parmi les secondes, les *céréales* méritent une mention en première ligne. Ce sont elles qui, représentant une valeur annuelle de 4.667 millions, forment, après la vigne, la principale richesse agricole de la France. Le maïs, le blé et l'avoine n'ont cessé de progresser aux dépens du seigle, de l'orge, du blé noir. Les *pommes de terre* viennent en seconde ligne.

Les troisièmes sont celles qui ont le plus gagné à l'amélioration de l'outillage. La première place, parmi elles, appartient à la *betterave* dont la production, sextuplée depuis un demi-siècle, atteint une valeur de 175 millions de francs. La seconde appartient au *tabac* qui, dans le même espace de temps, a quadruplé son rapport. Le *lin*, le *chanvre* et le *colza* ne viennent qu'ensuite. La surface cultivée en lin et en chanvre a même diminué d'une manière prodigieuse depuis 1840 : de 342 0/0 pour le chanvre, de 287 0/0 pour le lin. Par suite de transformations économiques dans l'industrie, le lin et le chanvre, autrefois exclusivement employés à la confection des toiles de fil et à la corderie, ont été supplantés par le coton. En même temps, l'extension de la navigation à vapeur ayant considérablement réduit l'usage des toiles à voiles et des cordages, il en est résulté un tel arrêt dans la demande que la production a dû se limiter de plus en plus ; aussi, des lois récentes (13 janvier 1892 et 9 avril 1898) ont-elles accordé des primes aux cultivateurs des deux plantes textiles menacées [1]. C'est, depuis un demi-siècle, le phénomène économique le plus curieux accompli dans le sens de la décroissance.

Les quatrièmes enfin (*prairies* et *prés*), en triplant leur rapport, ont favorisé l'accroissement et l'amélioration de l'*élevage* des bestiaux. Si l'importation des laines du Cap, de l'Amérique et de l'Australie a réduit le nombre des moutons en France, les chevaux, les bœufs, les porcs se sont multipliés en même temps

---

1. Le montant total des primes ne peut dépasser 2.500.000 francs. La prime, pour 1899, a été de 92 fr. 50 par hectare ; pour 1900, de 77 fr. 50 ; pour 1901, de 70 fr. 50.

qu'ils ont atteint un degré de perfectionnement de l'espèce auparavant inconnu.

3. Répartition des cultures. — Ces diverses cultures se répartissent sur notre sol selon que les conditions atmosphériques et géologiques favorisent ou contrarient leur croissance. L'abondance de l'humidité dans la terre de surface étant la condition d'existence des prairies, les prairies ne se rencontrent que là où les pluies sont fréquentes et le sous-sol peu perméable. Le maïs, au contraire, ayant besoin, pour mûrir ses grains, d'une somme de chaleur élevée jointe à une humidité suffisante, ne vient que dans les régions chaudes. La chaleur étant également nécessaire à la maturation de la vigne, il ne faut pas aller chercher cette dernière dans les terres froides du Nord.

La division de la France en grandes régions agricoles dérive de ce principe.

On distingue : la *région des prairies* correspondant à la Normandie, à la Bretagne, au Massif Central ; la *région des céréales*, s'étendant sur les pays du Centre, du Nord, du Nord-Est, du Sud-Est ; la *région du maïs*, couvrant le Sud-Ouest ; la *région de la vigne*, avec ses quatre groupes principaux, du Midi (littoral méditerranéen et basse vallée du Rhône), du Sud-Ouest (Garonne, Dordogne, Charente), de l'Ouest (Anjou et Touraine), de l'Est (Bourgogne, Champagne, Lorraine, Mâconnais) ; la *région des forêts*, dans les Landes, les Pyrénées, la Savoie, la Lorraine, le Centre (Orléans, Montargis).

4. Rang de la France et progrès restant à réaliser. — Il résulte de ce qui précède que la situation générale de l'agriculture française est bonne, comparée à celle des pays étrangers. Seuls, la Russie et les Etats-Unis d'Amérique sont supérieurs à la France pour la production des céréales. L'Allemagne est son égale. L'Italie, qui l'avait un instant dépassée pour la production des vins, a repris sa place derrière elle. La France ne peut lutter avec l'Australie et les deux Amériques comme pays d'élevage du mouton ; elle est moins riche que l'Allemagne et la Russie en animaux domestiques, mais elle l'est plus que les autres États d'Europe, y compris l'Angleterre; et nul ne peut lutter avec elle pour l'entretien des volailles.

Il est néanmoins de toute nécessité qu'elle progresse davantage, si elle ne veut pas être distancée. L'Italie assiste d'un œil jaloux à la reconstitution de ses vignobles. L'Allemagne s'annonce comme une rivale à peine moins redoutable sur le terrain économique que sur le terrain militaire. Chaque jour la lutte pour la vie est plus âpre, partant plus difficile. Rester stationnaire, c'est insensiblement descendre tous les degrés de l'échelle dans l'ordre économique. Que la France persévère avec la même ardeur vaillante dans la voie du progrès! N'a-t-elle pas déjà été assez récompensée de sa peine pour répudier toute idée d'arrêt?

LECTURE

La Dombes reconquise à l'agriculture. — « Cette région est constituée par un plateau aux innombrables vasques argileuses emplies par les eaux dormantes. Des buttes de quelques mètres de hauteur, connues dans le pays sous le nom de « poipes » s'élèvent çà et là entre les nappes lacustres et y reflètent leurs bouquets de verdure. La plupart des étangs sont de création moderne, il est vrai, et même la région du pays où ils sont le plus nombreux aujourd'hui était couverte de cultures au xive siècle. Des guerres féodales firent disparaître la population de villages entiers; les eaux s'amassèrent dans les bas-fonds; les ruisseaux s'obstruèrent; l'aspect de la contrée changea peu à peu. Il fallut abandonner l'ancien système de culture et remplacer les labours par la pêche. A la fin, l'usage de laisser les terres épuisées en « jachère d'eau » devint universel. Tout particulier avait le droit, moyennant certaines charges, de construire une chaussée à la partie inférieure de son fonds et d'inonder les terrains plus élevés; puis, quand les champs inondés avaient repris leur fertilité première, après deux

années de repos ou davantage, on vidait l'étang pour le soumettre pendant un an aux cultures ordinaires : tel était le système de rotation adopté dans le pays. Les récoltes étaient
pauvres et incertaines ; les chemins, mauvais, fangeux, bizarre-
ment contournés, se prêtaient difficilement aux charrois ; les
vieilles routines gardaient leur empire ; la misère régnait dans
tous les villages ; et la fièvre, émanée des étangs marécageux,
décimait les habitants.

« Vers le milieu du siècle, les terres de la Dombes, alternativement noyées et asséchées, occupaient une superficie de près
de 20.000 hectares, dont les deux tiers environ étaient sous
l'eau. Mais, grâce à la construction d'un chemin de fer et de
nombreuses routes carrossables, grâce aux engrais et à l'emploi
d'amendements par la marne et la chaux, on a pu entreprendre
avec succès la reconquête du sol. En 1870, la moitié de l'espace
marécageux était transformée en campagnes fertiles ; la culture
du seigle et de l'avoine avait fait place à celle du blé ; la vigne
même commençait à faire son apparition ; partout se montraient
de belles prairies ; la valeur du terrain avait doublé ; et, fait
plus important, la misère et la maladie avaient reculé devant
l'aisance et la santé. En vingt années, la population s'était
accrue d'un tiers, et la mortalité avait diminué d'autant. De
vingt-cinq ans la vie moyenne s'est élevée à trente-cinq, et les
fils des fébricitants sont devenus des hommes sains et vigoureux. » (Elisée Reclus, *la France*, **Hachette et C**[ie]**,** éditeurs.)

TABLEAU SYNOPTIQUE

AGRICULTURE

I — Le milieu

1. **Conditions premières favorables** : admirable fécondité naturelle expliquant l'attachement du Français à la terre. La France, pays d'Europe où la propriété est le plus morcelée (8 millions de propriétaires).

2. **Institutions agricoles favorisant ces conditions premières.**
   - 1° Ministère de l'Agriculture (Administration centrale).
   - 2° Ecoles
     - *a.* Institut national agronomique, Paris (enseignement supérieur).
     - *b.* Ecoles nationales d'agriculture, Grignon, Montpellier, Rennes (enseignement secondaire).
     - *c.* Ecoles pratiques d'agriculture (enseignement primaire supérieur). Fermes-écoles (enseignement primaire élémentaire).
   - 3° Chaires départementales d'agriculture (conférences dans les villages, leçons aux Ecoles normales).

II — Les progrès

1. **En triple sens**
   - 1° Extension du domaine cultivable : Landes, côtes du Languedoc, Crau, Dombes, Sologne, Brenne, conquises à l'agriculture.
   - 2° Accroissement de la force de production : engrais et amendements donnant artificiellement à la terre l'élément refusé ou trop parcimonieusement compté par la nature.
   - 3° Amélioration de l'outillage agricole : instruments perfectionnés et multipliés.

2. **Augmentation des cultures**
   - 1° Arborescentes : vignes, un instant frappées par le phylloxera, mais aujourd'hui reconstituées (45 à 50 millions d'hectolitres par an).
   - 2° Alimentaires : céréales formant, après la vigne, la principale richesse agricole de la France ; pommes de terre formant la seconde ; maïs, blé, avoine, inférieurs aux précédentes, mais supérieurs au seigle, à l'orge, au blé noir.
   - 3° Industrielles : betteraves (175 millions de francs); tabac, lin, chanvre, colza, ne venant qu'ensuite.
   - 4° Fourragères : prairies, prés (accroissement et amélioration de l'élevage des bestiaux).

3. **Répartition des cultures par grandes régions naturelles.**
   - 1° Région des prairies (Normandie, Bretagne, Massif Central).
   - 2° Région des céréales (centre, nord, nord-est, sud-est).
   - 3° Région du maïs (sud-ouest).
   - 4° Région de la vigne (midi, sud-ouest, ouest, est).
   - 5° Région des forêts (Landes, Pyrénées, Savoie, Lorraine, Centre).

4. **Conséquences.** — Pays naturellement agricole, la France tient un des premiers rangs en Europe.

CHAPITRE II

INDUSTRIE

NOTIONS GÉNÉRALES

Le tableau qui vient d'être tracé de la France agricole fait tort à celui qui va suivre. Il le faut avouer : la nature n'a pas donné à notre pays ce qui incite à la vie ouvrière. Elle s'est, du moins, montrée si avare de ses dons que, sans les ressources si variées du tempérament français, nous serions tombés, sous le rapport de la production industrielle, à l'un des derniers rangs parmi les États européens.

Mais qu'importe, en somme, à qui veut travailler à tout prix? La France en fut quitte pour faire venir d'ailleurs ce qu'elle n'avait qu'insuffisamment ou pas du tout chez elle. Les produits des régions tropicales furent travaillés sous son climat tempéré. Ceux de l'Extrême-Orient arrivèrent à Marseille, à Lyon, à Paris; d'où, transformés par d'habiles mains, ils refluèrent aux quatre coins du monde. Voilà comment, toutes proportions gardées, le développement de la puissance industrielle française marcha de pair, en ce siècle, avec l'accroissement de la richesse agricole.

LEÇON 1

Conditions premières médiocres. — Activité et esprit d'invention. — Situation de l'industriel français.

RÉSUMÉ. — 1. Conditions premières médiocres. — La France, ne possédant pas en abondance les matières premières qu'exige l'industrie, n'est pas *naturellement* un pays industriel. A l'exception de celles que son agriculture procure, elle demande la plus grande part des autres à l'étranger.

2. Activité et esprit d'invention. — Pour obvier aux inconvénients de cette insuffisance naturelle, elle a tiré parti de son activité et de son génie inventif. En même temps qu'une série de **dispositions législatives** encourageait le travail industriel, une révolution s'opérait dans les **procédés de fabrication.**

3. Situation de l'industriel français. — La situation de l'industriel français s'en trouva modifiée. Placé en face du *capitaliste*, le *travailleur* prit l'habitude de considérer le capital comme l'ennemi et celui qui le détient comme un exploiteur. De là naquit une question dont la solution est une des difficultés de l'époque présente.

RÉCIT. — **1. Conditions premières médiocres.** — Il s'en faut de tout que les conditions premières soient, en France, aussi bonnes pour l'ouvrier que pour l'agriculteur. Celui-ci eut certainement moins à faire que celui-là pour arriver au point où chacun d'eux est aujourd'hui. Sans parler de l'organisation corporative des métiers, lourde entrave à la liberté comme au progrès, ni de l'étroite réglementation dont, avant 1789, la grande majorité des fabrications était l'objet, la France n'est pas un de ces pays où se trouvent réunis la plupart des éléments favorables à l'essor industriel. Des trois grandes catégories d'industries que l'on distingue ordinairement, *mécaniques*, *textiles*, *alimentaires*, ces dernières seules trouvent en abondance chez nous les matières qui leur sont nécessaires. En effet, les industries mécaniques souffrent de la pauvreté relative des substances enfouies dans notre sol. Les industries textiles sont obligées de demander aux Etats-Unis et à l'Inde le coton qui ne pousse pas sous notre climat; à l'Amérique du Sud et à l'Australie, la laine que nos moutons nous donnent en quantité insuffisante; à la Chine et au Japon, la soie si maigrement fournie par nos magnaneries. Ce qu'Olivier de Serres disait, au temps de Henri IV, des plantations de mûriers dans le sud-est de la France n'est plus vrai aujourd'hui. La maladie est passée par là, réduisant, en des proportions notables, le revenu autrefois atteint « pour le plus clair denier tombant dans la bourse ». Il n'est guère que les industries alimentaires pour lesquelles nous puissions nous suffire à nous-mêmes, grâce aux produits de notre agriculture.

2. Activité et esprit d'invention. — Qu'a donc fait la France pour prendre, dans le monde industriel, un rang que ces conditions naturelles plutôt désavantageuses ne semblaient pas l'appeler à occuper? Elle a fait deux choses. D'abord, ses gouvernants ont, par une série de **dispositions législatives,** donné une vive impulsion au mouvement industriel. Ensuite, ses directeurs d'usines, ses manufacturiers, ses savants, chimistes ou inventeurs, ont étudié et réalisé une transformation complète des procédés de fabrication.

Parmi les **dispositions législatives,** la Révolution peut revendiquer l'honneur d'une des plus belles. C'est l'Assemblée Constituante qui, en proclamant la liberté du travail, affranchit l'ouvrier comme elle avait affranchi le citoyen. Après avoir, par la loi de 1790, émancipé l'industrie des liens des corporations, elle assura, en 1791, par la création des *brevets d'invention,* la *propriété industrielle.* **En 1798,** François de Neufchâteau, ministre de l'Intérieur du Directoire, fit décider la première *Exposition nationale* de l'industrie française. En 1801, fut fondée la *Société d'encouragement pour l'industrie nationale.* En 1806, l'Empire institua les *conseils de prud'hommes.* **En 1841,** parut la première *loi pour la protection des enfants* employés dans l'industrie. En même temps qu'il prodiguait décorations, éloges officiels, places honorifiques aux industriels les plus méritants, l'État protégeait l'ouvrier sans défense contre l'égoïsme avide du patron. Précaution sage s'il en fût! Car rien n'eût été plus propre à provoquer une prompte décadence de la population industrielle qu'un labeur prématuré, cause d'étiolement ou de déformation des trop jeunes ouvriers. L'année 1855 vit notre première *Exposition internationale*. Et, dès lors, le mouvement ne s'arrêta plus. De nombreux décrets vinrent développer les principes posés par le législateur de 1791 : des *écoles d'Arts et Métiers* se fondèrent à Angers, à Châlons, à Aix, à Lille; les subdivisions progressives de l'ancien ministère de l'Agriculture, du Commerce et des Travaux Publics aboutirent, en 1882, à la création d'un ministère du Commerce, qui devint, en 1886, le *Ministère du Commerce et de l'Industrie*. Le Gouvernement de la République, se préoccupant à la fois des généraux comme des soldats, avait formé des ingénieurs, des contremaîtres, des ouvriers. On pourrait dire de lui, avec plus de raison encore que du Gouvernement de Colbert, qu'il « fit surgir de terre une armée industrielle d'ouvriers en face de la France agricole [1] ».

La transformation des **procédés de fabrication** a été due principalement à la mécanique. Certes, les applications pratiques des découvertes des savants ont ouvert aux industriels un vaste champ d'expériences. A mesure qu'un fait nouveau était mis en lumière ou une loi nouvelle formulée, ceux-ci s'ingéniaient à en tirer parti. Rien n'était perdu pour eux. Tout de suite, la théorie passait par eux dans le domaine des faits. Mais on ne pouvait demander à la chimie de produire sur les chantiers industriels l'accroissement de force motrice que la mécanique pouvait seule donner. La *vapeur* fut l'âme de cette révolution. Un calcul des plus simples suffira à faire comprendre le

1. Michelet.

bénéfice de la substitution du travail mécanique au travail manuel. Un cheval-vapeur équivaut à la force de trois chevaux de trait, soit de 21 ouvriers. La puissance des machines à vapeur qui actionnent nos diverses industries étant évaluée à la force de 4 millions et demi de chevaux-vapeur, l'équivalent se trouve être de 13 millions de chevaux de trait, soit de 90 millions d'ouvriers.

3. Situation de l'industriel français. — Avec les conditions du travail, la situation du travailleur se trouva modifiée. Malgré l'augmentation des salaires dont le taux était, au commencement du siècle, la moitié de ce qu'il est aujourd'hui, le travailleur tomba sous la dépendance du grand capitaliste. Ce fut l'origine de la lutte entre le *travail* et le *capital*. Elle se manifeste aujourd'hui par la multiplicité des grèves, qu'on voit passer de 21 en 1874 à 53 en 1879, à 108 en 1885, à 261 en 1892, à 405 en 1895, à 476 en 1896. Progression inquiétante en une période de vingt-deux ans ! Il est vrai que les statistiques officielles signalent pour les années 1897 et 1898 une diminution. Le nombre des grèves tombe à 356 dans la première, à 368 dans la seconde. Mais il se relève presque aussitôt en des proportions inouies ! *L'Office du Travail* enregistre, pour la période de juillet 1899 à juillet 1900, un total de 1.027 grèves, ayant mis en chômage 214.987 ouvriers[1] ! Jamais pareil chiffre n'avait encore été atteint. Les fondations philanthropiques dues à bon nombre de patrons (logements à bon marché, économats, caisses de retraite, etc.) et l'application des pouvoirs publics à la solution de la *question sociale ouvrière* seraient-ils donc des préservatifs insuffisants[2] ?

<h3 align="center">LECTURE</h3>

Les plantations de mûriers à l'époque d'Olivier de Serres. — « Aucuns disent que ce fut à l'extrémité de la Provence enclavée

---

1. *Office du Travail, Statistique des grèves et des recours à la conciliation et à l'arbitrage.*

2. A remarquer toutefois l'importante diminution signalée pour l'année 1901 par l'*Office du Travail* dans le nombre des conflits industriels (523 grèves, 111.200 grévistes).

en Dauphiné que les mûriers abondèrent tout d'abord ; ils citent même Alan près de Montélimar. Quoi qu'il en soit, c'est chose certaine qu'en divers endroits de la Provence, du Languedoc, du Dauphiné, de la principauté d'Orange et surtout de la comté de Venaissin et archevêché d'Avignon, les mûriers et leurs services y sont à présent très bien reconnus. Là aussi, avec beaucoup de lustre, paraît la manufacture de la soie, et, de jour à l'autre, croît l'affection de planter des mûriers. En somme, c'est là où le revenu du mûrier atteint pour le plus clair denier tombant dans la bourse... Miracle de la nature ! Un ver s'enferme dans son peloton de soie ; là, il se transforme en papillon ; dix jours à cela il emploie ; au bout d'autres dix jours, il en sort par un trou, à cet effet perçant le cocon ; d'où se désemprisonnant retourne à la vue des hommes ; mais c'est en la figure nouvelle des papillons. Ce qui augmente la merveille, c'est la longue abstinence de cet animal, vivant vingt-trois jours sans prendre aucune substance, privé même de clarté pour le temps qu'il demeure en son écorce, comme en prison. » (Olivier de Serres, *Théâtre d'agriculture ou Ménage des champs*.)

Leçon II

Progrès et importance relative des industries principales. — Centres industriels. — Rang de la France pour la puissance industrielle.

RÉSUMÉ. — 1. Principales industries. — Le progrès s'est accompli dans les deux grandes branches d'industries que l'on distingue ordinairement : **extractives** et **manufacturières**.

2. Industries extractives. — La *houille* est extraite principalement des bassins de Valenciennes-Anzin, de la Loire, d'Alais, du Creusot. Le *minerai de fer* vient surtout de l'Est. Les *carrières* se cachent de préférence dans les flancs de nos montagnes.

3. Industries manufacturières (*textiles*, *mécaniques*, *alimen-taires*). — Il est malaisé de tracer à chacune d'elles son domaine. On remarque toutefois qu'à part les industries alimentaires répandues sur toute la surface du territoire, les autres se rencontrent plutôt dans les régions d'où sont tirées les matières premières qu'elles réclament. Les *soieries* sont à Lyon, dans le voisinage des mûriers ; les *usines métallurgiques* sont dans les départements qui, comme le Nord, possèdent des gisements houillers.

4. Rang de la France. — L'industrie française supporte, sans désavantage, la comparaison avec celle des autres États européens.

Récit. — **1. Principales industries.** — De l'effort accompli en double sens (dispositions législatives, transformation des procédés de fabrication) est résulté, depuis un demi-siècle, un accroissement sans précédent de la puissance industrielle. Alors qu'en 1848 la production totale ne dépassait pas 6 milliards, elle atteint aujourd'hui, année moyenne, une dizaine de milliards, ce qui équivaut à une augmentation du double en cinquante ans.

Nos diverses industries apportent chacune leur contingent à ce chiffre.

On peut les diviser en deux grandes classes : les **industries extractives** et les **industries manufacturières**. Les premières, qui ont pour objet d'extraire du sol les produits des mines et des carrières, occupent 226.815 ouvriers ; les secondes, qui transforment par la main de l'homme les matières premières en matières appropriées à ses besoins, en emploient 5.378.369 [1].

2. Industries extractives. — L'importance des **industries extractives** de la France ressort de ce qui a été dit plus haut de ses richesses souterraines [2]. Si l'on se rappelle la propor-

1. D'après les résultats du recensement des professions de France opéré en 1896 et publiés en 1900 par l'*Office du Travail*.
2. Voir pp. 127 et sq.

tion dans laquelle ces dernières sont réparties, on reconnaîtra de suite que le *fer*, la *houille* et les produits des *carrières* doivent être placés au premier rang. Si, en même temps, on n'a pas oublié leur distribution par régions, on regardera l'Est de la France, et notamment Longwy, comme le principal centre d'extraction du minerai de fer; le Nord, les pays du Creusot, de Commentry, de Saint-Etienne, d'Alais, d'Aubin, de Decazeville, de Carmaux, de Graissessac, comme les principaux centres d'extraction de la houille; les montagnes (Alpes, Pyrénées, Massif Central, Jura, Vosges, Ardennes, collines du Cotentin et de Bretagne), comme les centres d'exploitation les plus actifs des diverses roches de nos carrières.

Le département de Meurthe-et-Moselle (Longwy) fournit à lui seul près du tiers de notre production totale en minerai de fer. Avec ses 12 millions de tonnes de houille, le bassin du Nord ou de Valenciennes-Anzin reste en France sans rival. Ceux de la Loire ou de Saint-Etienne avec plus de 3 millions de tonnes, d'Alais avec 2 millions, du Creusot avec 250.000, sont les plus productifs après lui. La production totale, encore qu'elle ait été en progressant, reste cependant insuffisante à satisfaire normalement aux besoins de la consommation. Celle-ci ayant été, en 1899, de 45 millions de tonnes, et la production de 32 millions seulement, c'est environ 13 millions qu'il nous a fallu demander à l'étranger. Aussi ne venons-nous qu'au quatrième rang parmi les pays producteurs de houille. Les États-Unis avec 230 millions de tonnes, l'Angleterre avec 220 millions, l'Allemagne avec 135 millions nous devancent de très loin.

3. Industries manufacturières. — Parmi les **industries manufacturières**, les *industries textiles* sont très prospères. Elles sont principalement concentrées pour le *lin* et le *chanvre*, dans le Nord et la Somme; pour le *coton*, dans le Nord (Roubaix, Tourcoing), la Seine-Inférieure (Rouen), les Vosges (Epinal), Eure, l'Aube (Troyes), la Loire (Roanne); pour la *laine*, dans le Nord (Roubaix et Fourmies), l'Ardèche, le Tarn, la Marne,

(Reims), l'Aisne, la Seine-Inférieure (Elbeuf), la Somme ; pour la *soie*, dans le Nord, la Loire (Saint-Etienne) et surtout le Rhône (Lyon), qui possède à lui seul plus de la moitié des

Croquis 24. — Houilles et carrières.

métiers à bras. Mulhouse, le plus grand centre de notre industrie cotonnière avant 1870, appartient aujourd'hui à l'Allemagne.

Les *industries mécaniques* viennent ensuite. Les plus riches gisements de houille se rencontrant dans le Nord où est notre plus grand bassin houiller, la Loire, le Gard, la Saône-et-Loire, les *usines métallurgiques* se sont établies de préférence dans ces départements. Citons celles de Lille, Valenciennes, Maubeuge et Fourmies dans le Nord ; de Saint-Etienne, Saint-Chamond et Rive-de-Gier dans la Loire ; d'Alais dans le Gard ; du Creusot dans la Saône-et-Loire. Dirigée par les Schneider, cette dernière est sans rivale dans le monde entier par l'excellence et la variété des produits qui en sortent, canons, locomotives, rails, roues de toutes sortes. Que de bourgs, de villages, ou de hameaux devenus ainsi grandes cités ! Le Creusot, simple village de 1.320 habitants en 1806, en compte aujourd'hui 30.584 ; et Saint-Etienne, qui n'avait pas beaucoup plus que ce chiffre en 1806 mais qui le doublait en l'espace de vingt ans, l'a presque *quintuplé* aujourd'hui (146.559).

Une place à part doit être réservée aux *industries alimentaires*. Celles-là sont tellement multipliées et variées qu'il serait puéril d'essayer de les localiser. Il n'y a pas, à proprement parler, de centres industriels alimentaires ou, plutôt, il y en a presque à chaque pas. Force est donc de se borner à la mention de quelques groupes où la production est particulièrement intense : Paris, Lyon, Marseille, Clermont-Ferrand pour les *pâtes alimentaires ;* le Nord, la Seine, les Bouches-du-Rhône pour le *sucre ;* la Normandie pour le *cidre ;* les départements du Nord, du Nord-Est et de l'Est pour la *bière.*

4. Rang de la France. — Les progrès accomplis ont permis à la France de figurer avec honneur parmi les grands États industriels. Ils sont loin, toutefois, de l'avoir mise à leur tête.

Comme pays de production de la houille, des fontes, des fers et des aciers, la France vient avant la Belgique, l'Autriche et la Russie, mais après l'Angleterre, les États-Unis, l'Allemagne. Dans le travail du lin, du chanvre et du coton, l'Angleterre et les États-Unis ont encore le pas sur elle, et, après l'avoir suivie, l'Allemagne l'a dépassée depuis l'annexion du groupe de Mulhouse. En revanche, la France ne le cède qu'à cette dernière pour la production du sucre. Elle ne craint aucune concurrence pour celle des lainages. Elle est au-dessus de tout pour celle des soieries ; malgré la persévérance de leurs efforts, ni l'Angleterre, ni l'Allemagne, ni l'Italie, ni la Suisse n'ont réussi à l'atteindre ; à elle seule, la France fabrique plus de soieries que tous les autres États de l'Europe réunis.

Qu'est-ce à dire, sinon que la France, pays *naturellement* agricole, a su en outre *devenir*, à force de volonté, un pays industriel ?

LECTURE

Le Creusot. — « Le ciel est bleu, tout bleu, plein de soleil. Là-bas, devant nous, un nuage s'élève, tout noir, opaque, qui semble monter de la terre, qui obscurcit l'azur clair du jour, un nuage lourd, immobile. C'est la fumée du Creusot. On approche, on distingue. Cent cheminées géantes vomissent dans l'air des serpents de fumée, d'autres moins hautes et haletantes crachent des haleines de vapeur ; tout cela se mêle, s'étend, plane, couvre la ville, emplit les rues, cache le ciel, éteint le soleil.

« Il fait presque sombre maintenant. Une poussière de charbon voltige, pique les yeux, tache la peau, macule le linge. Les maisons sont noires, comme frottées de suie, les pavés sont noirs, les vitres poudrées de charbon. Une odeur de cheminée, de goudron, de houille, flotte, contracte la gorge, oppresse la poitrine, et parfois une âcre saveur de fer, de forge, de métal brûlant, d'enfer ardent, coupe la respiration, vous fait lever les yeux pour chercher l'air pur, l'air libre, l'air sain du grand ciel ; mais on voit planer là-haut le nuage épais et sombre, et miroiter près du sol les facettes menues du charbon qui voltige.

« C'est le Creusot.

« Un bruit sourd et continu fait trembler la terre, un bruit fait de mille bruits que coupe d'instant en instant un coup formidable, un choc ébranlant la ville entière... »

Fabrication de l'acier Bessemer. — « Sous une vaste galerie fonctionnent quatre énormes machines. Elles vont avec lenteur, remuant leurs roues, leurs tiges. Que font-elles ? Pas autre chose que de souffler l'air aux hauts fourneaux où bout le métal en fusion. De même, elles sont les poumons monstrueux des cornues colossales que nous allons voir.

« Les voici : elles sont deux, aux deux extrémités d'une autre galerie, grosses comme des tours, ventrues, rugissantes et crachant un tel jet de flamme qu'à cent mètres les yeux sont aveuglés, la peau brûlée, et qu'on halète comme dans une étuve.

« On dirait un volcan furieux. Le feu qui sort de la bouche est blanc, insoutenable à la vue, et projeté avec tant de force et de bruit que rien n'en peut donner l'idée.

« Là-dedans, l'acier bout, l'acier Bessemer dont on fait les rails. Un homme fort, beau, jeune, grave, coiffé d'un grand feutre noir, regarde attentivement l'effroyable souffle. Il est assis devant une roue pareille au gouvernail d'un navire, et parfois il la fait tourner à la façon des pilotes. Aussitôt la colère de la cornue augmente ; elle crache un ouragan de flamme. C'est que le chef fondeur vient d'augmenter encore le monstrueux courant d'air qui la traverse.

« Et, toujours, pareil à un capitaine, l'homme, à tout moment, porte à ses yeux une jumelle pour considérer la couleur du feu. Il fait un geste : un wagonnet s'avance et verse d'autres métaux dans le brasier rugissant. Le fondeur encore consulte les nuances des flammes furieuses, cherchant des indications, et soudain, tournant une autre roue toute petite, il fait basculer la formidable cuve. Elle se retourne lentement, crachant jusqu'au toit de la galerie un terrifiant jet d'étincelles ; et elle verse délicatement, comme un éléphant qui ferait des grâces, quelques gouttes d'un liquide flamboyant dans un vase de fonte qu'on lui tend, puis elle se redresse en rugissant.

« Un homme emporte ce feu sorti d'elle. Ce n'est plus maintenant qu'un lingot rouge qu'on dépose sous un marteau mû

par la vapeur. Le marteau frappe, écrase, rend mince comme
une feuille le métal ardent, qu'on refroidit aussitôt dans l'eau.
Une pince alors le saisit, le brise; et le contremaître examine
le grain avant de donner l'ordre : Coulez !

« La cornue se renverse de nouveau et, comme un valet qui
emplirait des verres autour d'une table, elle verse le flot flamboyant d'acier qu'elle porte en ses flancs dans une série de réci-
pients de fonte déposés en rond autour d'elle...

« Et toujours un coup formidable et régulier, dominant
le tumulte des roues, des chaudières, des enclumes, des mécaniques de toutes sortes, fait trembler le sol. C'est le gros
pilon du Creusot qui travaille, Il est au bout d'un immense
bâtiment qui en contient dix ou douze autres. Tous s'abattent
de moment en moment sur un bloc incandescent qui lance une
pluie d'étincelles et s'aplatit peu à peu, se roule, prend une
forme courbe, ou droite ou plate, selon la volonté des hommes.

« Lui, le gros, il pèse 100.000 kilogrammes, et tombe, comme
tomberait une montagne, sur un morceau d'acier rouge plus
énorme encore que lui. A chaque choc, un ouragan de feu
jaillit de tous les côtés, et l'on voit diminuer d'épaisseur la
masse que travaille le monstre.

« Il monte et redescend sans cesse, avec une facilité gracieuse, mû par un homme qui appuie doucement sur un frêle
levier; et il fait penser à ces animaux effroyables, domptés
jadis par des enfants, à ce que disent les contes. » (Guy de
Maupassant, *Au soleil*, **Paul Ollendorff**)

TABLEAU SYNOPTIQUE

INDUSTRIE

I. Le milieu

1. CONDITIONS PREMIÈRES MÉDIOCRES : insuffisance des matières indispensables à l'industrie ; les industries mécaniques et textiles, obligées de demander à l'étranger la plupart de celles qui les font vivre ; les industries alimentaires seules capables, grâce à l'abondance des produits agricoles, de se suffire à elles-mêmes.

2. COMMENT ON A REMÉDIÉ A L'INSUFFISANCE DES CONDITIONS PREMIÈRES.
   - 1° Dispositions législatives propres à encourager le travail industriel (Brevets d'invention, propriété industrielle, protection des enfants employés dans l'industrie, expositions).
   - 2° Transformation des procédés de fabrication (la vapeur).

II. Les Progrès

1. EN DOUBLE SENS
   - 1° Industries extractives (objet : extraire du sol les produits des mines et des carrières).
   - 2° Industries manufacturières (objet : transformer par la main de l'homme les matières premières en matières appropriées à ses besoins).

2. INDUSTRIES EXTRACTIVES PRINCIPAUX CENTRES
   - 1° Fer : Est de la France, notamment Longwy (tiers de la production totale).
   - 2° Houille : Valenciennes-Anzin (12 millions de tonnes), Saint-Etienne (3 millions), Alais (2 millions), Creusot (250.000), Commentry, Aubin, Decazeville, Carmaux, Graissessac. — Production totale (32 millions), insuffisante aux besoins de la consommation (45 millions).
   - 3° Carrières : Alpes, Pyrénées, Massif Central, Vosges, Jura, Ardennes.

3. INDUSTRIES MANUFACTURIÈRES ; PRINCIPAUX CENTRES.
   - 1° Textiles : lin et chanvre (Nord et Somme) ; coton (Roubaix, Tourcoing, Rouen, Épinal, Roanne) ; laine (Roubaix, Fourmies, Reims, Elbeuf) ; soie (Lyon, Saint-Etienne).
   - 2° Mécaniques : usines métallurgiques (Lille, Valenciennes, Maubeuge, Fourmies, Saint-Etienne, Saint-Chamond, Rive-de-Gier, Alais, Creusot (sans rival dans le monde entier).
   - 3° Alimentaires : un peu partout. Production particulièrement intense à Paris, Lyon, Marseille, Clermont-Ferrand (pâtes alimentaires), dans le Nord, la Seine, les Bouches-du-Rhône (sucre), la Normandie (cidre), le Nord, le Nord-Est et l'Est (bière).

4. CONSÉQUENCES. — La France, pays naturellement agricole, devenu, à force de volonté, un pays industriel.

CHAPITRE III

COMMERCE

NOTIONS GÉNÉRALES

Il ne suffit pas de produire, il faut encore être outillé de façon à pouvoir mettre ses produits en circulation. Autrement, le producteur, dès qu'il a satisfait aux besoins de la consommation locale, laisse reposer sa charrue ou ferme son usine. A quoi bon, en effet, amasser' des richesses qu'impuissant à porter au delà des limites de sa petite patrie il n'aurait pas la faculté d'échanger contre d'autres ?

Sans commerce, il n'est pas d'agriculture prospère ni d'industrie viable.

A l'une comme à l'autre il faut des voies de communication de toute espèce : routes, cours d'eau, canaux, chemins de fer, postes et télégraphes.

Il faut, en outre, une marine marchande, avec des ports, naturels ou artificiels, dans lesquels les navires puissent, à leur aise, opérer leurs chargements ou déballer les marchandises exotiques.

D'une part, la médiocrité générale du relief français et la multiplicité des vallées qui sillonnent les plaines ont facilité l'établissement des voies de communication.

D'autre part, le long développement de nos côtes, en invitant les hommes à la navigation, n'a pas été sans influence sur les destinées de notre marine.

L'activité des échanges commerciaux à l'intérieur comme à l'extérieur, par mer aussi bien que par terre, témoigne que le commerce français a su profiter de ce double avantage naturel.

LEÇON I

Les voies de communication et le commerce intérieur

RÉSUMÉ. — **1. Routes.** — La France a des voies de communication de toute espèce. Ses **routes** ne redoutent la comparaison avec celles des pays étrangers ni sous le rapport du nombre ni sous celui de l'entretien. C'est presque la perfection.

2. Cours d'eau. — Ses **cours d'eau** sont, à quelques exceptions près, assez souvent navigables pour être utilisés par la batellerie.

3. Canaux. — Ses **canaux**, soit qu'ils accompagnent les cours d'eau (*canaux latéraux*), soit qu'ils les relient entre eux (*canaux de jonction*), augmentent d'autant le nombre des artères navigables. Malheureusement, leur réseau est loin d'être complet.

4. Lignes ferrées. — Ses **lignes ferrées**, dont *sept Compagnies* se partagent la propriété, assurent la rapidité des transactions ; si elles n'ont pas encore atteint, dans le détail, la perfection, leur développement a pris, du moins, un essor prodigieux.

5. Postes et Télégraphes. — Enfin, son système de **postes et télégraphes**, quoiqu'inférieur aux systèmes similaires d'Angleterre ou d'Allemagne, suffit à la transmission des lettres d'affaires, aux négociations à distance entre acquéreurs et vendeurs.

Récit. — **1. Routes.** — Sans taire les imperfections de ses voies de communication, on ne peut nier que la France soit parmi les pays les mieux desservis du monde.

N'allez pas croire, cependant, que les **routes** aient été de tout temps telles que vous les voyez aujourd'hui. A l'époque de l'indépendance, les Gaulois n'avaient que des sentiers se perdant dans les vastes forêts dont le pays était alors couvert. Leurs vainqueurs les dotèrent de routes proprement dites. Mais ces routes, ou *voies romaines*, véritables travaux d'art que jalonnaient des *bornes milliaires* monumentales, restèrent peu nombreuses. Même lorsque, au moyen âge, nos rois, dans leur aversion pour le commerce, en négligèrent l'entretien, elles devinrent presque aussi impraticables que les anciens sentiers. Il faut arriver au xvie siècle avec Sully, au xviie avec Colbert, au xviiie avec Turgot, pour assister à cette réfection générale de la voïerie française qui excita, à un si haut degré, l'admiration de la France et de l'étranger. L'écho s'en retrouve dans les écrits de Mme de Sévigné et d'A. Young. Et cependant il s'en fallait alors de tout que notre réseau routier fût achevé.

L'Ancien Régime ne laissait pas moins à faire aux Gouvernements du xixe siècle que lui-même n'avait fait. Il n'est pas besoin de remonter à plus de cinquante ans en arrière pour trouver certaines régions de la France où, comme en Bretagne, l'état lamentable des chemins inspirait l'horreur des voyages. Aujourd'hui, villes et villages sont reliés, du Nord au Midi et de l'Est à l'Ouest, par un réseau dont le développement total est peu inférieur à 700.000 kilomètres et à la perfection duquel aucune autre nation n'a encore atteint.

2. Cours d'eau. — Les cours d'eau sont plus ou moins utilisables comme moyens de transport. Il suffit de se rappeler ce qui a été dit plus haut du caractère de nos fleuves [1], pour distinguer leur utilité relative. — Parmi les plus grands, la *Seine* est le type par

____

1. Voir plus haut pp. 87 et sq.

excellence des artères navigables ; sans l'égaler à cet égard, le *Rhône* rend quelques services ; mais la *Loire* ne vaut rien pour la navigation, et c'est à peine si la *Garonne*, exception faite de la Gironde, mériterait une mention supérieure à la Loire. — Parmi les fleuves secondaires, l'*Escaut*, la *Somme* et la *Charente* supportent sans désavantage la comparaison avec la Seine. — Enfin, l'*Oise*, la *Marne*, la *Saône*, la *Sensée*, la *Scarpe* et la *Lys* doivent, comme voies ouvertes au commerce, être rangées au premier rang des rivières affluentes.

3. Canaux. — Grands fleuves, fleuves secondaires et rivières affluentes sont tantôt suivis, tantôt reliés entre eux, par des **canaux.** Ceux-ci sont dits, dans le premier cas, *latéraux ;* dans le second, de *jonction.*

Le *canal latéral à la Loire*, prolongement du *canal de Roanne à Digoin*, permet aux bateaux de longer jusqu'à Briare le plus indisciplinable de nos fleuves. Le *canal latéral à la Garonne* rend le même service entre Toulouse et Castets. L'*Oise* aussi a son *canal latéral* de la Fère à Janville ; la *Marne* a le sien de Vitry-le-François à Epernay ; et la Seine elle-même est suivie, depuis Villebertin jusqu'à Méry, par une artère connue sous le nom de *canal de la Haute Seine.*

Plus nombreuses encore les voies creusées entre les différents cours d'eau. Plus indispensables aussi. Les canaux de jonction sont aux cours d'eau ce que sont les routes aux villes et aux villages. En les reliant entre eux, ils évitent, avec les pertes de temps, les transbordements coûteux. Ainsi la Seine est réunie : à l'Escaut par le *canal de Saint-Quentin* s'amorçant à l'Oise ; à la Somme, par le *canal de la Somme* dont l'Oise est encore l'intermédiaire naturel ; à la Meuse, au moyen de l'Aisne, par le *canal des Ardennes ;* au Rhin, par le *canal de la Marne au Rhin,* avec la Meuse et la Moselle pour intermédiaires ; à la Saône, au moyen de l'Yonne, par le *canal de Bourgogne ;* à la Loire, au moyen de l'Yonne, par le *canal du Nivernais,* et, au moyen du *Loing,* par le *canal* du même nom ramifié en *canaux de Briare et d'Orléans.* Le Rhône est, de même, uni au Rhin par le *canal du*

Rhône au Rhin, entre Saône et Ill, et par le *canal de l'Est* entre Saône et Moselle ; la Loire l'est à la Saône par le *canal du Centre* ; et la Garonne au Rhône par les *canaux du Midi*, *des Etangs* et

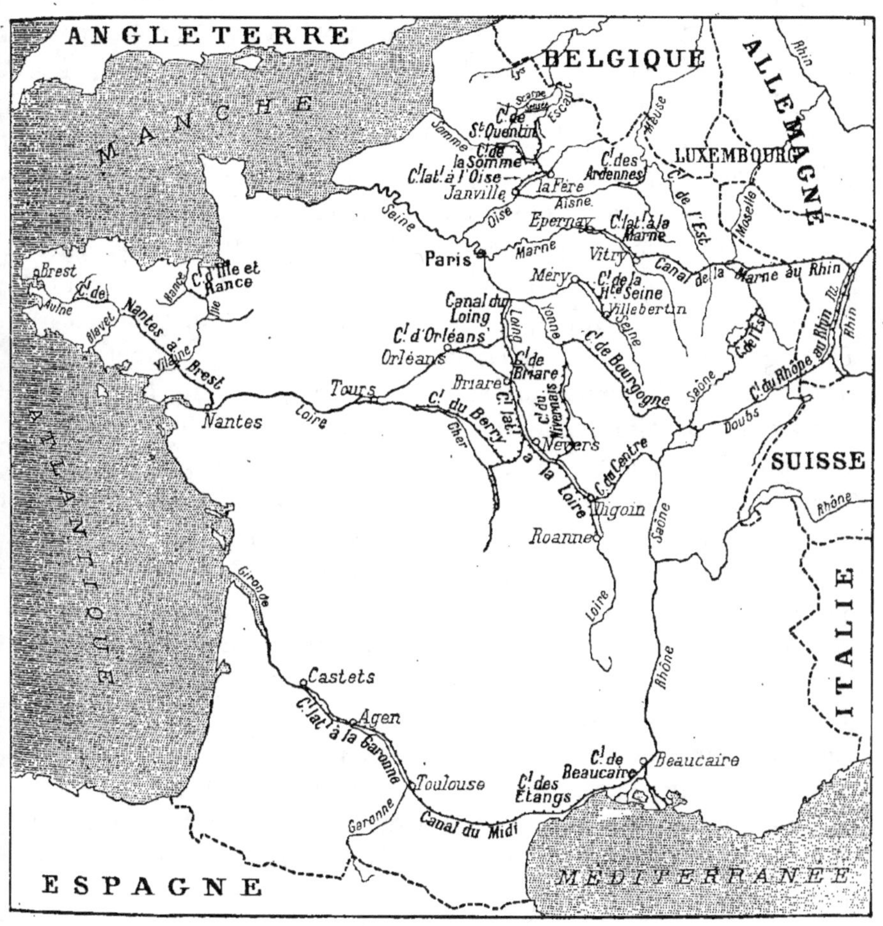

Croquis 25. — Canaux.

de Beaucaire. Le *canal du Berry* évite la grande courbe de la Loire depuis Nevers jusqu'à Tours ; celui *d'Ille-et-Rance* joint, par l'Ille, la Rance à la Vilaine ; celui de *Nantes à Brest* soude le réseau de la Loire à celui des fleuves bretons.

Comme les chemins de fer, les canaux empruntent des *tunnels* sous les montagnes ou des *ponts* sur les rivières. Tel le canal de la Marne au Rhin qui, après avoir franchi, au moyen d'un souterrain de près de 5 kilomètres, le faîte séparatif de la Marne et de la Meuse, traverse cette dernière sur un pont-aqueduc. Tel encore le canal latéral à la Garonne qui, par le pont d'Agen, passe de la rive droite du fleuve sur la rive gauche.

Tout cela est assurément quelque chose. Ce n'est pas, toutefois, suffisant. Aucune vue d'ensemble, aucune idée directrice n'a présidé à l'établissement de la carte des canaux français. Ceux-ci ne procèdent pas, comme les routes, de modèles déterminés. Les uns ont une largeur, les autres en ont une autre. Rien n'est plus variable, en même temps, que leur profondeur; et tel grand bateau que portent le canal du Midi, le canal latéral à la Loire et le canal latéral à la Garonne, dans lesquels la profondeur atteint respectivement 2 mètres, $2^m,20$ et 3 mètres, est inutilisable dans le canal du Berry ou celui du Nivernais dont la couche d'eau n'a que $1^m,60$ d'épaisseur. Mais ces grands canaux eux-mêmes sont, dans les années de sécheresse, exposés à manquer d'eau. On le vit bien pendant l'été de 1899 pour le canal du Midi. Puisque la montagne Noire ne fournit pas assez d'eau, qu'attend-on pour en faire venir des Pyrénées dont les gorges se prêtent à l'établissement de réservoirs? Depuis le mois de juillet 1898, l'État a repris à la Compagnie des Chemins de fer du Midi la direction du canal. Les droits de navigation ayant été supprimés, la vie y est devenue plus animée; le va-et-vient des barques plus actif. Le moment paraît favorable à l'exécution d'une entreprise qui compléterait l'œuvre grandiose de Riquet.

Si des imperfections on passe aux lacunes, on constate qu'aucun canal de jonction ne fait encore communiquer la Garonne et la Loire ; que les riverains du Rhône continuent à demander avec autant de persévérance que d'insuccès la construction d'un canal latéral à leur fleuve ; que le *canal des Deux-Mers*, qui doit ouvrir aux plus gros navires un passage de la Méditerranée à l'Océan, est resté à l'état de projet. Et cependant le seuil du Poitou offre aux ingénieurs un moyen commode de contourner le Massif Central ; si la commission interdépartementale, récemment constituée, du canal de jonction de la Garonne à la Loire sait activer son étude, le projet ne sera bientôt plus à réaliser. Un canal latéral au Rhône, en facilitant la navigation de ce fleuve, rendrait à la région qu'il arrose sa prospérité disparue. Et le canal des Deux-Mers, tout en favorisant de l'est à l'ouest les relations commerciales servirait les intérêts de la défense nationale. Peu nous importerait, alors, que l'Angleterre fermât Gibraltar ! En quelques heures, et sans sortir de chez nous, il nous serait facile de réunir en un même port nos flottes de guerre de la Méditerranée et de l'Océan.

Il n'est rien de plus éloquent que le cri d'alarme jeté, à ce sujet, par nos voisins. « La conséquence inévitable de la construction du canal des Deux-Mers, dit la *Deutsche Militar Zeitung*, serait un châtiment très dur pour la puissance de l'Angleterre ! » « Cette construction, avoue la *Pall Mall Gazette*, serait une entreprise éminemment nationale. La puissance maritime de la France en serait doublée. Gibraltar pourrait être vendu pour ce qu'on en pourrait obtenir, la France étant en mesure de le dédaigner. Ces conclusions, si effrayantes qu'elles paraissent, sont simplement trop bien fondées ! L'Angleterre pourrait donc avoir une raison amère de regretter l'accomplissement de ce projet. » Il est à la veille, aujourd'hui, d'être soumis aux Chambres. D'après le plan qui paraît répondre enfin à toutes les exigences techniques, économiques et nautiques de l'entreprise, le canal prendrait naissance à quelques kilomètres de Narbonne, passerait par Carcassonne, Castelnaudary, Toulouse où il franchirait la Garonne dont il suivrait la rive gauche jusqu'à son débouché dans la rade du Verdon, au sud de la pointe de Grave. Sa longueur serait de 496 kilomètres ; sa largeur, de 100 mètres ; sa profondeur, de 10.

Coûte que coûte, il faudra donc s'exécuter ! Il faudra qu'à nos 5.030 kilomètres de canaux nous ajoutions, sans trop tarder, quelques nouvelles centaines. C'est assez dire que les progrès n'ont pas été suffisants depuis le jour où Henri IV établit le premier canal de jonction entre Montargis et Briare.

4. Lignes ferrées. — Bien que de date récente, les **chemins de fer** se sont, au contraire, multipliés avec une prodigieuse rapidité. Le premier, inauguré en 1828, n'allait que de Saint-Étienne à Andrézieux; mais, aujourd'hui, l'ensemble du réseau mesure **42.000** kilomètres; et, demain, des voies nouvelles, comme celles de Quillan (Aude) à Perpignan (Pyrénées-Orientales), de Digne (Basses-Alpes) à Nice (Alpes-Maritimes) seront livrées à la circulation.

Pour avoir une idée de la disposition générale de ce réseau, il faut jeter les yeux sur la première page d'un *Indicateur des chemins de fer*. On y reconnaît la toile d'araignée dont parle M. Behm. Paris est, en effet. le centre commun d'où partent toutes les lignes. Il est, à la fois, le point d'aboutissement et le point de départ. A l'exception de la Compagnie du Midi, que commande Bordeaux, toutes les autres ont leurs têtes de ligne à Paris.

On distingue, y compris l'Etat, sept Compagnies principales :

Le *Nord*, avec les lignes de Paris à Calais, par Amiens; de Paris à Lille, par Arras et Douai; de Paris à Maubeuge; de Paris à Hirson.

L'*Ouest*, avec les lignes de Paris au Havre, par Rouen; de Paris à Cherbourg, par Evreux et Caen; de Paris à Granville; de Paris à Brest, par Rennes.

L'*Orléans*, avec les lignes de Paris à Bordeaux, par Orléans Tours, Poitiers; de Paris à Toulouse, par Orléans, Limoges, Brive, Cahors, Montauban; de Paris à Saint-Nazaire, par Orléans, Blois, Angers, Nantes. Une ligne transversale conduit de Clermont à Toulouse par Aurillac.

L'*Etat*, avec les lignes de Paris à Bordeaux par Niort et Saintes, et de Nantes à Bordeaux par La Rochelle.

Le *Midi*, avec les lignes de Bordeaux à Cette, par Toulouse,

Carcassonne, Narbonne; de Bordeaux à Hendaye; de Toulouse
à Hendaye par Tarbes.

Le *Paris-Lyon-Méditerranée*, avec la ligne de Bourgogne,

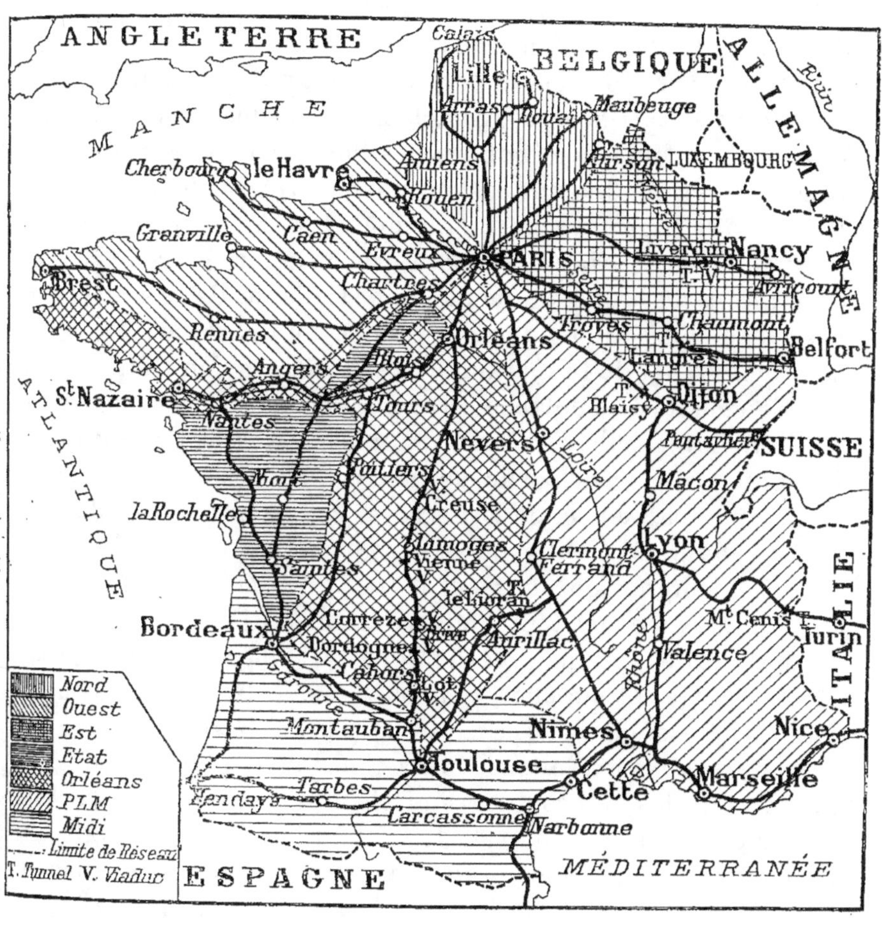

CROQUIS 26. — Chemins de fer.

de Paris à Marseille par Dijon, Mâcon et Lyon, et la ligne du
Bourbonnais, de Paris à Nîmes par Nevers et Clermont. La
première a trois prolongements importants : sur Pontarlier
sur Turin et sur Nice.

L'*Est*, avec les lignes de Paris à Avricourt par Nancy et de Paris à Belfort par Troyes et Chaumont.

Parmi ces lignes, les unes tracées en pays de plaines, comme celles de Bordeaux à Cette, de Bordeaux à Hendaye, de Paris au Havre, de Paris à Bordeaux, de Nantes à Bordeaux, ne rencontrent aucun obstacle important. D'autres, au contraire, en grande partie artificielles, franchissent sur des *viaducs* les vallées plus ou moins profondes des fleuves ou des rivières et passent sous les montagnes au moyen de *tunnels*. La ligne de Paris à Avricourt franchit l'Argonne et la Meuse au tunnel et au viaduc de *Liverdun*. Celle de Paris à Belfort perce le plateau de *Langres* au tunnel du même nom. Celle de Paris à Marseille passe sous les collines de la Côte-d'Or au tunnel de *Blaisy* et se prolonge par le tunnel du *Mont-Cenis* jusqu'en Italie. Celle de Clermont à Toulouse traverse le Cantal au tunnel du *Lioran*. Enfin celle de Paris à Toulouse n'arrive à cette ville qu'après avoir franchi sur de hauts viaducs les vallées de la *Creuse*, de la *Vienne*, de la *Corrèze*, de la *Dordogne* et du *Lot*.

Est-il besoin d'ajouter que toutes n'ont pas une égale importance? Les lignes qui unissent la mer du Nord ou la Manche à la Méditerranée méritent d'être citées avant les autres.

Le trafic des Compagnies du Nord, de l'Ouest, de Paris-Lyon-Méditerranée est, en effet, plus élevé que celui de l'État ou du Midi. Cette supériorité s'explique par la position même des régions qu'elles exploitent : Marseille, Paris, Le Havre et Dunkerque sont les étapes du grand chemin naturel qui, à travers l'isthme français, conduit du Levant aux pays du Nord. Il n'est cependant aucune Compagnie qui ne fasse ses affaires. Raison de plus pour combler les lacunes du réseau français; pour multiplier les petites lignes transversales qui relient entre elles les grandes artères; pour abaisser les tarifs.

Ces desiderata n'ont pas d'ailleurs échappé aux pouvoirs publics. L'intervention souveraine de l'État serait seule capable de réaliser les améliorations les plus désirables. Le rapport adressé, en février 1900, à la Commission des chemins de fer de la Chambre des députés sur le rachat des quatre Compagnies de l'Est, du Midi, de l'Ouest et de l'Orléans, ne dérive pas d'une autre idée.

5. Postes et Télégraphes. — Si merveilleux que soit notre système de **postes et télégraphes**, il demeure inférieur à ceux de l'Angleterre, de l'Allemagne et surtout des États-Unis. Que sont nos **7.500** bureaux de poste en comparaison des 17.600 de l'Angleterre, 19.500 de l'Allemagne, 56.000 de l'Union? L'Italie nous dépasse pour la rapidité des transmissions. A Turin, par exemple, il y a seize ou dix-huit levées par jour, si bien qu'une lettre mise à la poste par un habitant de la ville parvient à son destinataire en moins d'une heure. Dans Paris, un télégramme met un peu plus de temps pour aller de la Bastille à la place de l'Étoile ou de la Madeleine à Montmartre!

Quoi qu'il en soit, notre commerce intérieur, favorisé par la variété et la multiplicité des voies de communication, s'est développé parallèlement à notre agriculture et à notre industrie. L'enquête ouverte par le *Conseil supérieur du Commerce et de l'Industrie* (1900) à l'effet d'établir le classement par ordre d'urgence des travaux d'amélioration ou d'extension à effectuer sur les voies de communication va lui donner un nouvel essor.

LECTURE

Ce qu'étaient les routes, il y a cinquante ans, en quelques coins de la Bretagne. — « Il nous restait à faire cinq lieues dans cette contrée heureuse et voisine de l'état de nature où les chemins sont des obtacles, parce qu'on appelle ainsi des tranchées raboteuses et boueuses dont le creux est marqué par deux lignes non interrompues de fondrières. Il y en a où les alternatives des roches saillantes et des trous sont calculées avec une si remarquable habileté qu'une charrette neuve s'y use en deux kilomètres et qu'elle finit par rester là, obstacle nouveau, monument de misère, n'ayant pu ni aller en avant ni retourner en arrière.

« Avec le temps, les gens à qui elle appartient, ou d'autres, l'emportent petit à petit, pièce par pièce, et il ne reste rien pour avertir les téméraires qui viendront. Ainsi les plus terribles naufrages ne laissent aucune trace sur l'immensité perfide de l'Océan.

« Il ne faut pas croire pourtant que les Bretons des Côtes-du-Nord ne travaillent pas à leurs chemins. Bien au contraire, ils les tourmentent incessamment et dans aucun pays on ne prend tant de peine; mais ce n'est pas pour rendre la voie praticable, c'est pour « cueillir » la fange qui est au fond des trous et la porter religieusement sur les champs voisins. Ce travail intelligent est cause que la dent du roc monte sans cesse, plus profondément déchaussée, entre deux abîmes qui vont se creusant toujours.

« S'il vous arrive de rencontrer un brave riverain acharné à cette désastreuse besogne, ne vous gênez pas pour lui faire une observation amicale; il la comprendra, mais sans l'admettre, et il vous répondra, usant de cette aspiration emphatique qui remplace l'article démonstratif entre Saint-Brieuc et Pontivy :

« — H'est l'âme de mon pré ! ! !

« Je ne sais pas si vous comprenez : les prés, là-bas, vivent de l'agonie des routes.

« Ceux qui sont plus philosophes ajoutent :

« — Le chemin n'est point à personne, et mon pré est à moi ! »

(Paul Féval, *Châteaupauvre*, *Voyage au dernier pays breton*, **Paul Ollendorff**, éditeur).

Leçon II

Les ports et navires et le commerce extérieur

RÉSUMÉ. — 1. Les ports. — Des travaux d'approfondissement ou d'appropriation ont été exécutés dans les grands ports, comme *Le Havre, La Rochelle, Bordeaux, Marseille.*

Mais certaines parties du littoral (côtes du Languedoc, des Landes, etc.) manquent encore d'abris sûrs.

2. Les navires. — La pénurie de bons ports n'a pas empêché la France d'appareiller **16,000 navires** de commerce.

3. Commerce extérieur. — Et cet effectif, bien que ne lui donnant que le quatrième rang parmi les puissances commerciales, lui a permis de prendre, avec le secours de ses lignes ferrées, une part importante dans le **mouvement des échanges**. La France *importe surtout des matières premières* et *exporte des produits manufacturés*. Elle arrive, pour la valeur annuelle de son commerce, immédiatement après l'Angleterre.

Récit. — **1. Les ports.** — L'entretien des ports est une des nécessités du commerce non moins pressantes que l'entretien des voies de communication. Sans bons ports, un pays ne peut guère commercer facilement qu'avec ses plus proches voisins. Le commerce extérieur veut des ports.

La France s'est préoccupée d'**approfondir** ou **d'approprier** les siens[1]. *Dunkerque, Calais, Boulogne, Le Havre, La Rochelle, Bordeaux, Marseille* ont été l'objet d'importants travaux. Mais, en d'autres points du littoral, les abris sont demeurés difficilement accessibles ou font même totalement défaut. Plusieurs des havres les plus fréquentés de la Manche restent fermés à marée basse; la côte méditerranéenne du Languedoc n'a qu'un bon port, *Cette*; et la côté océanique entre la Gironde et la Bidassoa n'en présente aucun. Aux millions que la France a dépensés depuis vingt ans en travaux d'approfondissement ou d'appropriation il faudra ajouter d'autres millions pour compléter artificiellement l'œuvre de la nature.

2. Les navires. — La pénurie de bons ports n'a pas empêché notre marine marchande de prendre un rang honorable parmi celles des grandes puissances commerciales. Le contraire eût étonné de la part d'un pays baigné à la fois par l'Océan et par

1. Voir plus haut *croquis des Côtes*, pp. 66, 69, 71.

la Méditerranée, surtout depuis que le percement de l'isthme de Suez a fait de cette dernière un des tronçons du chemin de l'Extrême-Orient. Si, avec ses **16.000** navires, la France ne vient qu'au huitième rang pour la marine à voiles, après l'Angleterre, les États-Unis, l'Allemagne, l'Italie, la Norvège, la Russie et la Suède, elle occupe le quatrième rang pour la marine à vapeur. A cet égard, elle ne le cède qu'à l'Angleterre, à l'Allemagne et aux États-Unis.

3. Commerce extérieur. — Il n'est pas indispensable, d'ailleurs, de posséder une marine de premier ordre pour avoir une part fort belle dans le mouvement des échanges. Cela est si vrai que la Belgique, qui n'a pas 70 navires, est la contrée la plus commerçante de l'Europe. Aussi, importation et exportation réunies, notre commerce avec l'étranger représente-t-il une valeur annuelle de **9 milliards**. Et, ici, nous ne sommes devancés que par l'Angleterre. Mais veillons à ne l'être pas bientôt aussi par l'Allemagne qui nous suivait il y a dix ans, et marche, aujourd'hui, de pair avec nous.

D'une façon générale, la France *demande surtout les matières premières nécessaires à son industrie et donne en échange les produits de ses fabriques*. Elle achète des soies grèges à l'Italie, à la Chine et au Japon ; des cotons à l'Angleterre, aux États-Unis et à l'Inde ; des laines à l'Angleterre et aux États de l'Amérique méridionale ; et elle inonde le monde de ses soieries, de ses cotonnades, de ses draps. Les bois importés de Norvège repassent ses frontières sous forme de meubles ouvragés. Les sucres des colonies et des pays chauds sont raffinés et réexpédiés souvent au lieu d'origine. La houille venue de Belgique et d'Angleterre alimente les fourneaux des usines auxquelles l'étranger vient s'approvisionner de locomotives, de rails, de roues. Enfin, si la France fait venir d'ailleurs du blé et du café, elle expédie aux nations voisines une part considérable de ses vins, de ses légumes, de ses beurres, des produits de ses basses-cours.

LECTURE

Le port de Marseille. — « C'est la troisième ville de France comme population[1], la première par le mouvement de son port et par son commerce maritime, qui dépasse 2 milliards à l'année. De Londres et de Paris, Marseille est la première étape vers l'Orient, la porte large ouverte sur l'Afrique au sud, l'Espagne à l'ouest, l'Italie à l'est ; elle est la tête de ligne de la mer Rouge et de l'Inde, de l'Indo-Chine et du Céleste Empire... Avec ses 20 kilomètres de quais, ses bassins assez vastes pour 1.000 navires, ses larges rues, ses châteaux, ses villas, ses avenues, ses parcs, c'est l'une des villes les plus belles et les plus riches du monde. De toutes celles de France, c'est la plus cosmopolite. Elle est l'un des points de rencontre et de croisement du Nord et du Midi. Toutes les races s'y coudoient, l'Européen et l'Asiatique, l'Africain et l'Océanien. Marseille rayonne sur le monde entier, recevant et expédiant chaque année près de 20.000 navires jaugeant plus de 8 millions de tonnes, transportant plus de 250.000 passagers. Si elle a à redouter, pour ce dernier chiffre, la concurrence des voies ferrées activement poussées vers l'Orient, elle a, pour compenser ces pertes, l'accroissement du transit avec l'Algérie et la Tunisie, avec l'Inde et l'Indo-Chine... Elle a vu s'ouvrir l'Afrique et le percement de l'isthme de Suez étendre jusqu'aux confins de l'Extrême-Orient son horizon commercial. La mer intérieure, berceau de la civilisation européenne, a cessé d'être une impasse ; l'étroit couloir de la mer Rouge est devenu le seuil d'accès de l'Océan Indien, et la grande voie maritime, brusquement ramenée de l'Atlantique dans la Méditerranée, a, dans Marseille, l'une de ses têtes de ligne. » (de Varigny, *l'Europe*, **Montgrédien et C**[ie], éditeurs.)

1. Depuis le recensement de 1901, Marseille, avec ses 491.161 habitants, est devenue la seconde. Lyon n'en a que 459.099.

TABLEAU SYNOPTIQUE

COMMERCE

I

Commerce intérieur favorisé par la multiplicité et la variété des voies de communication.

1. ROUTES. Sans rivales au monde sous le double rapport du nombre (700.000 kilomètres) et de l'entretien.

2. COURS D'EAU. Seine (artère navigable par excellence), Escaut, Somme, Charente, Oise, Marne, Saône, Sensée, Scarpe, Lys.

3. CANAUX

1º Latéraux : à la Loire ; à la Garonne ; à la Marne ; à l'Oise ; de la Haute Seine.

2º De jonction : de Saint-Quentin ; de la Somme ; des Ardennes ; de la Marne au Rhin ; de l'Est ; du Rhône au Rhin ; du Loing ; du Nivernais ; de Bourgogne ; du Centre ; du Midi ; du Berry ; d'Ille-et-Rance ; de Nantes à Brest.

4. LIGNES FERRÉES

Compagnies : du Nord (Paris-Calais ; Paris-Lille ; Paris-Maubeuge ; Paris-Hirson).

— de l'Ouest (Paris-Le Havre ; Paris-Cherbourg ; Paris-Granville ; Paris-Brest).

— de l'Orléans (Paris-Bordeaux ; Paris-Toulouse ; Paris-Saint-Nazaire).

— de l'État (Paris-Bordeaux ; Nantes-Bordeaux).

— du Midi (Bordeaux-Cette ; Bordeaux-Hendaye).

— du Paris-Lyon-Méditerranée (Paris-Marseille ; Paris-Nîmes).

— de l'Est (Paris-Avricourt ; Paris-Belfort).

42.000 kilomètres.

5. POSTES ET TÉLÉGRAPHES. 7.500 bureaux de poste.

II

Commerce extérieur favorisé par l'appropriation des ports et la création d'une marine marchande.

1. PORTS. Travaux opérés à Dunkerque, Calais, Boulogne, Le Havre, La Rochelle, Bordeaux, Marseille, Cette.

2. MARINE MARCHANDE. 16.000 navires.

3. La France importe surtout des matières premières et exporte des produits manufacturés.

Sujets de devoirs. — *Pourquoi la France est-elle un pays plutôt agricole qu'industriel ?*

Tableau, par ordre décroissant d'importance, des principales industries françaises.

Comparer, au double point de vue agricole et industriel, la situation de la France à celle des principaux États de l'Ancien et du Nouveau Monde.

Même étude comparative pour les divers moyens de communication (routes, canaux, voies ferrées, postes et télégraphes).

Indiquer les voies de communication non encore existantes mais dont la mise à exécution est désirable. Autant que possible, en tracer le croquis.

Le chemin par voie d'eau et par voie de fer, de Marseille au Havre, de Grenoble à Brest, de Lyon à Strasbourg.

Même question pour d'autres points choisis à volonté sur la carte de France.

Rôle et importance de nos grands ports marchands.

Croquis général où figureront toutes les notions qui font l'objet de la troisième partie de ce livre.

QUATRIÈME PARTIE

LES COLONIES FRANÇAISES

CHAPITRE I

NOTIONS PRÉLIMINAIRES

NOTIONS GÉNÉRALES

Lorsqu'on a étudié le territoire compris entre la Manche et la Méditerranée, l'Atlantique et les Alpes, on ne connaît pas encore toute la France. La France n'est pas seulement ce coin de terre privilégié que constitue l'isthme européen. Les pays extérieurs à l'Europe sur lesquels flotte le drapeau français sont encore la France. Il y en a de grands et de petits, de riches et de pauvres. Tous ne sont pas également bien situés. Mais aucun n'est à dédaigner; car, quelles que soient la position, l'étendue, la puissance productive, c'est partout et toujours un prolongement de la patrie.

Leçon I

**Aperçu du développement colonial.
Apogée, décadence, restauration.**

RÉSUMÉ. — 1. Aperçu. — On distingue **trois** étapes : la première conduisant à l'**apogée** de notre puissance coloniale (XIVe-XVIIIe siècle); la seconde à la **décadence** (XVIIIe siècle-milieu du xixe) ; la troisième à la **restauration** (époque contemporaine).

2. Apogée. — Du xive au xviiie siècle, la possession du Canada, de l'Inde et des Antilles, sans compter celle de plusieurs autres terres d'importance moindre, assure à la France un **rang prépondérant**.

3. Décadence. — Mais bientôt le Canada est perdu, l'Inde est perdue, les Antilles sont réduites à peu de chose. La France **ne compte plus comme puissance coloniale**.

4. Restauration. — Elle se **relève** heureusement à partir de 1830. Lentement, mais sans arrêt, un empire se fonde dont l'Algérie-Tunisie et l'Indo-Chine sont aujourd'hui les grandes provinces.

Récit. — **1. Aperçu.** — Ce n'est pas ici le lieu de faire l'histoire détaillée du développement colonial de la France. Il faut toutefois l'esquisser à grands traits, si l'on veut juger de l'importance relative de notre domaine actuel.

On distingue trois époques successives.

Du xive au xviiie siècle la France **rayonne** un peu partout au delà des mers : c'est le temps des courses lointaines et des entreprises hardies. Au milieu du xviiie siècle et pendant la première partie du xixe, les fautes des gouvernants amènent l'effondrement du glorieux édifice dû aux efforts des générations précédentes : c'est l'époque sombre de notre histoire coloniale. Mais, à partir de 1830, la trame se renoue, les errements cessent, si bien qu'on assiste aujourd'hui à la **reprise** de la tradition enseignée par les grands colons d'autrefois.

Il y a donc eu **apogée**, puis **décadence**, enfin **restauration**.

2. Apogée. — Il faut le dire bien haut : c'est aux Français que revient l'honneur d'avoir lancé les premiers navires sur les mers extra-européennes. Devançant les Anglais, dont l'activité coloniale s'éveillait à peine, les marins normands abordaient, dès 1365, la côte occidentale d'Afrique, reconnaissaient les Canaries et fondaient un comptoir, Petit-Dieppe, à l'embouchure de la Gambie ; en 1504, ils touchaient, avec Paulmier de Gonneville, la côte brésilienne et parcouraient, en 1528, avec Jean Parmentier, l'Océan Indien depuis Madagascar jusqu'à Sumatra, en passant par les Maldives. Un peu plus tard (1534-1535), un Breton, Jacques Cartier, fondait dans l'Amérique du Nord, sur les bords du Saint-Laurent, la Nouvelle-France ou Canada ; Champlain y bâtissait Québec (1608) et Cavelier de la Salle occupait la Louisiane (1682). Dans l'Amérique du Sud, Richelieu, par la fondation de Cayenne (1625), faisait de la Guyane une possession française, en même temps qu'une bonne partie des Antilles, Saint-Christophe, la Martinique, la Guadeloupe, Saint-Domingue, tombaient en notre dépendance. Entre temps, Madagascar et la Réunion prenaient le nom de France orientale. Dans l'Inde, enfin, Dupleix créait une véritable France asiatique (1741).

Nous étions devenus la **première puissance coloniale** de l'Europe : par le Canada et les Antilles, nous présidions à la naissance du nouveau monde ; par l'Inde, nous étions en mesure de rajeunir l'ancien.

3. Décadence. — Malheureusement il n'en devait pas être ainsi longtemps. Louis XV et, après lui, Napoléon Ier, en usant les forces de la France en d'inutiles guerres continentales, perdirent le bénéfice des entreprises maritimes. Notre empire colonial **se désagrégea** morceau par morceau. Au traité de Paris (1763), un trait de plume suffit à nous enlever le Canada et l'Inde dans laquelle, de l'aveu peu suspect du colonel Malleson, l'Angleterre se contenta de « suivre les voies ouvertes par le génie de la France ». Quant **aux** Antilles, démembrées par ce même traité et celui non moins désastreux de 1814, elles furent réduites à presque rien.

Ce qui reste alors à la France est bientôt dit. En Amérique : Saint-Pierre et Miquelon, débris infimes de la Nouvelle-France ; la Guadeloupe et la Martinique ; la Guyane. En Asie : cinq pauvres épaves prêtes à être emportées au moindre coup de vent britannique, Chandernagor, Pondichéry, Mahé, Karikal,

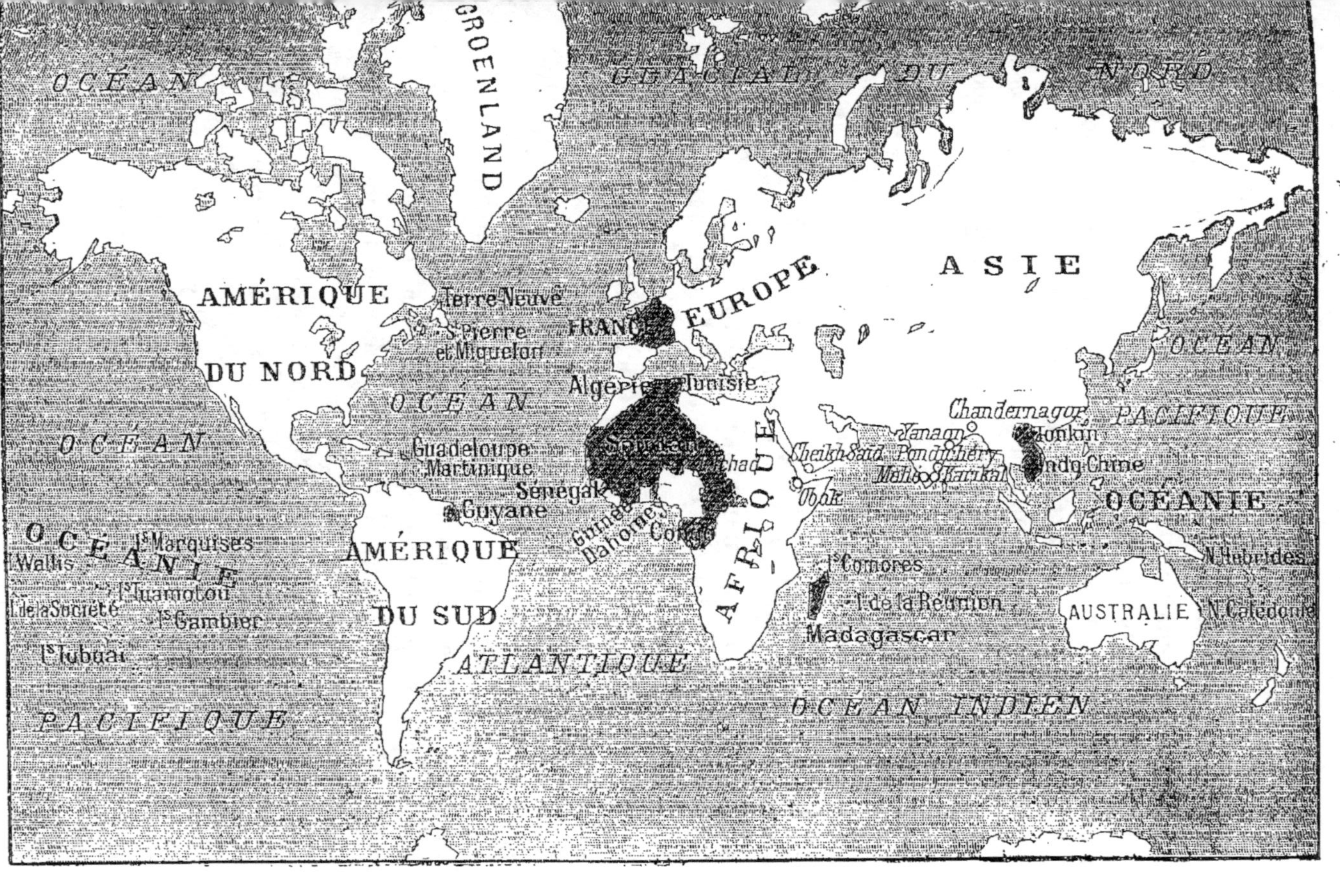

Croquis 27. — Les Colonies françaises.

Yanaon. En Afrique : le Sénégal et la Réunion. Plus d'empire américain ni indou, mais, exception faite des solitudes de la Guyane, un domaine sensiblement égal, en superficie, à un grand département français !

4. Restauration. — Voilà le maigre héritage que, depuis 1830, nous n'avons cessé de **fortifier d'annexions nouvelles.** Tous les Gouvernements qui se sont succédé depuis cette époque, Restauration, Monarchie de Juillet, second Empire, République, ont apporté leur pierre au monument.

Le premier a pris Alger (1830).

Le second a conquis la plus grande partie de l'Algérie, fondé de nouveaux établissements sur la côte de Guinée (Grand-Bassam, Assinie, le Gabon) et dans les eaux de Madagascar (Mayotte et Nossi-Bé), occupé des archipels océaniens (Tahiti, Gambier, Marquises, Tuamotou) (1830-1848).

Le troisième a achevé la conquête de l'Algérie (1857), agrandi le Sénégal (1854-1859), acquis Obok (1855), la Nouvelle-Calédonie (1853), et pris pied, par la Cochinchine, sur le continent jaune (1862).

En efforts comme en succès, le quatrième a dépassé les trois autres. A suivre sur tous les points du globe son action simultanée, on ne peut douter qu'il devienne le **grand restaurateur de notre fortune coloniale.** En Afrique, c'est un empire qu'il a fondé. Non seulement il a agrandi l'Algérie de plusieurs oasis dans le sud et de toute la Tunisie à l'est (1881-1883), mais il a pénétré du bassin du Sénégal dans celui du Niger, joint le Soudan à la Guinée (1881-1891), conquis le Dahomey (1893), étendu son influence, d'après l'accord anglo-français de 1898, jusque dans l'intérieur du Sahara et du Soudan. Parti de notre colonie du Gabon, encore insignifiante il y a quelques années, il s'est installé au Congo (1884), d'où il vient d'atteindre, par le Chari, le lac Tchad (1900). Après avoir imposé son protectorat à Madagascar en 1885, il en a fait une colonie en 1896. Par l'extension d'Obok à la côte des Somalis, il s'est assis solidement aux portes de la mer Rouge (1896). Bref, il a permis à la France, échelonnée tout autour de l'Afrique, d'y faire valoir partout ses intérêts. En Asie, il a agrandi la Cochinchine de l'Annam, du Cambodge et du Tonkin (1883-1885). Pour arracher ses nationaux aux dangers d'une effroyable insurrection, il est entré à Pékin avec les troupes alliées (1900) et, sans concevoir l'espoir d'un partage de la Chine, il a, du moins, pris garde de laisser ce dernier s'accomplir à son insu ou à son détriment. Nouvelle *Question d'Orient*, ou plutôt d'*Extrême-Orient*, qui point à l'horizon ! Aux Antilles, il a acquis Saint-Barthélemy (1877) et n'a manqué aucune occasion d'accroître de quelque île ou archipel notre empire océanien.

La France est **redevenue une puissance coloniale de premier ordre**. Si elle est restée de beaucoup inférieure à l'Angleterre, elle vient du moins immédiatement après elle.

LECTURE

Restauratrice de son œuvre coloniale, la France ne doit pas désespérer de son avenir. — « La France est presque la seule nation qui se soit approchée de la solution pour le problème de l'administration des races étrangères : elle ne les détruit pas, comme ont fait trop souvent les autres peuples ; elle sait, mieux que personne, se les assimiler. Depuis qu'elle a des troupes algériennes, sénégalaises, soudaniennes, gabonaises, malgaches, tonkinoises, annamites, leurs fastes militaires ont déjà de glorieux souvenirs, sans qu'une seule révolte les ait ternis. Du jour où elle a proclamé la liberté politique pour elle-même, elle l'a donnée aussi à ses colonies. Elle seule, jusqu'à présent, a osé concevoir la métropole et les colonies comme formant une seule patrie, un seul État ; non seulement elle a doté la plupart de ses dépendances de représentations locales, mais, par une politique qui remonte au décret du 22 août 1792, elle leur a assuré une représentation dans son Parlement. Français de France ou Français d'Afrique, des Antilles, de l'Océan Indien, de l'Indo-Chine, et, aussi bien, ceux des Indous, Sénégalais,

Océaniens, qui ont été élevés à la cité française, tous, sous les lois délibérées en commun, ont les mêmes devoirs et, tous, les mêmes droits. Suivant un mot de **M.** le sénateur Lenoël (Discours au Sénat, 23 mai 1892), « la France considère ses colonies comme partie intégrante de son territoire, tandis que l'Angleterre les considère presque comme des pays étrangers ; l'homme d'État anglais s'attend à ce que la séparation ait lieu quelque jour ; l'homme d'État français s'efforce d'arriver à l'assimilation. » (A. Rambaud, *la France coloniale*, **Armand Colin,** éditeur.)

Leçon II

Utilité des colonies. — Classification

RÉSUMÉ. — 1. Quatre raisons essentielles ont motivé la reconstitution dont il vient d'être parlé : **raison politique, raison sociale, raison économique, raison morale.**

2. Raison politique. — Si elle avait négligé de s'agrandir, la France, serrée entre ses ambitieux voisins, eût étouffé faute d'espace suffisant pour respirer à l'aise.

3. Raison sociale. — Sans les vides créés par l'émigration, elle eût souffert davantage des difficultés toujours croissantes de l'existence.

4. Raison économique. — Sans débouchés extra-européens, elle n'eût pu, à une époque où chaque pays européen tend à se suffire à lui-même, écouler ses produits et éviter ainsi l'engorgement.

5. Raison morale. — Elle eût, par surcroît, perdu l'occasion, belle entre toutes, d'élever jusqu'à elle, par l'apport de sa civilisation, les peuples courbés sous la barbarie.

6. Classification. — Ses colonies actuelles peuvent se répartir en **quatre** groupes : **africain, asiatique, américain, océanien.** Chaque groupe comprend, à son tour, deux sections : ce qui est *principal* et ce qui est *secondaire*.

RÉCIT. — **1.** La grandeur des efforts accomplis depuis 1830 est moins un produit de l'orgueil national que de la nécessité. Illusion que d'y voir un fol appétit de conquêtes ! A quelque point de vue qu'on se place, **politique, social, économique** ou **moral,** on y reconnaît l'application raisonnée et méthodique d'un peuple qui ne s'est agrandi que pour vivre, respirer à l'aise, se sauver de cet état d'anémie qui confine à la mort.

2. Raison politique. — A une époque où l'Europe se montre si ardente à la curée coloniale, la France ne pouvait, sans déchoir, rester en arrière. Il lui fallait sa part des terres restées vierges. Autrement, elle risquait, à mesure que s'élevaient des colosses autour d'elle, de ne compter guère plus dans le monde que la Roumanie ou la Grèce. Elle s'est souvenue à temps. Assurément, l'étendue de son empire n'est pas comparable à celle des empires russe ou anglais. C'est à peine si elle-même atteint les proportions d'une province en Chine, aux Etats-Unis ou au Brésil. Elle a fait assez, du moins, pour se maintenir au rang de grande puissance, et s'en trouve trop bien pour n'être plus tentée de renoncer désormais à une tradition qui lui permettra de faire équilibre aux autres Etats. Voilà pour le côté politique.

3. Raison sociale. — Est-il, au point de vue social, besoin d'insister sur les difficultés toujours croissantes de l'existence ? Chacun sait, pour en avoir plus ou moins souffert, que les vivres et les objets de première nécessité ne cessent de renchérir sans que le taux des salaires ou le revenu du sol s'accroissent en une égale mesure. Il en résulte un malaise dont les petits employés et les ouvriers sont les premiers à subir les atteintes. « La terre « que vous habitez, disait en 1095 le pape Urbain II au Concile de « Clermont, tient à l'étroit votre trop nombreuse population ; elle « est dénuée de richesses et fournit à peine la nourriture à ceux « qui la cultivent ; c'est pour cela que vous vous déchirez et dévo- « rez à l'envi, que vous vous combattez, que vous vous massacrez « les uns les autres. Apaisez donc vos haines et prenez la route « du Saint Sépulcre ! » Aujourd'hui, la terre de France, mieux cultivée, verse abondamment ses richesses ; mais il s'en faut que tous les hommes en aient leur part, et, s'ils ne s'y massacrent plus, ils laissent, en revanche, se perpétuer des conflits dont les grèves ne sont que les accidents.

Comme au xi⁰ siècle, le remède est dans l'*émigration*. Avec l'émigration, la vie devient plus facile pour qui s'en va comme pour qui demeure : le premier trouve, au loin, ce dont il était privé plus près, le second bénéficie de tout ce qu'une diminution dans la concurrence apporte avec soi de sécurité. La France commence à émigrer. En dehors du mouvement d'émigration en Algérie, l'*Office colonial* a enregistré, pour le 1ᵉʳ semestre de 1900, 157 familles de 305 personnes ayant pris le chemin des colonies. Cela est quelque chose, mais c'est insuffisant. Il faudra, par tous les moyens, accélérer ce mouvement. La solution de la question sociale ouvrière est peut-être — qui sait ? — dans l'exode vers les « terres-neuves », complément nécessaire des fondations philanthropiques dont il a été parlé[1].

4. Raison économique. — Joignez l'intérêt économique qui s'attache à cet exode. Sans lui, l'écoulement des produits du vieux pays devient chose malaisée, presque impossible. Car tous les Etats européens et, en dehors de l'Europe, le plus grand nombre des autres, fabriquent aujourd'hui pour leur propre compte. Chacun a tendance à se suffire à soi-même, à se passer du voisin. Partout des usines, partout des ouvriers dont les machines ou les bras centuplent les produits manufacturés. Force est donc bien d'étendre, en proportion, les marchés, c'est-à-dire d'assurer, par les colonies, de nouveaux débouchés à l'industrie nationale. Sinon, c'est, à brève échéance, l'engorgement, la fermeture des usines, la mise à la rue de plusieurs milliers de familles ! De là à la révolution il n'y a qu'un pas. Loin donc que, selon le mot de Montesquieu, l'effet ordinaire des colonies soit d'affaiblir le pays d'où on les tire, elles lui sont un dérivatif salutaire. Il en est d'une nation

1. Voir plus haut, p. 177.

comme de l'organisme humain : tout est perdu dès l'instant où le sang afflue au cœur. Sans compter que l'écoulement des marchandises sur une terre étrangère est une manière de conquête. « C'est la marchandise allemande, disent les publicistes d'outre-Rhin, qui doit conquérir l'Afrique ; chaque bribe de denrée allemande vendue sur ce continent est une pierre apportée au monument de la grandeur nationale[1]. » Le mot est à méditer. Chaque nation en peut faire son profit.

5. Raison morale. — Mais une nation ne vit pas seulement de satisfactions matérielles. Il ne lui suffit pas d'occuper, à la surface du globe, un espace qui compte, d'y accomplir sa destinée sans trop de souffrances ou d'échapper à la crise du trop-plein. Personne morale, elle a un idéal auquel elle conforme plus ou moins consciemment les actes de sa politique et dont l'abandon équivaudrait à la banqueroute. L'idéal de la France est fait de générosité, de désintéressement, de sacrifice. Etait-il, pour elle, plus belle occasion de le réaliser que de s'engager résolument dans la voie de la colonisation ? Sans rien exiger, en retour, que la soumission à ses lois et le respect de son drapeau, elle devint l'institutrice et l'éducatrice des êtres inférieurs qu'elle conquit. Bénéfice double ! La civilisation au lieu de la barbarie ! Des citoyens à la place d'étrangers !

6. Classification. — Ces étrangers, au nombre de 40 millions, sont inégalement distribués dans nos diverses colonies. Le vieux groupement classique par continents nous paraît devoir être maintenu. Il a l'avantage de faire voir la proportion relative dans laquelle notre influence y est répartie.

Nous distinguerons donc **quatre** groupes : **africain, asiatique, américain, océanien,** et, dans chaque groupe, ce qui est *principal* et ce qui est *secondaire*.

---

1. Dr Jühlke, *Kolonial-Politische Korrespondenz*, 12 juin 1886.

LECTURE

Aptitude morale de la France à la colonisation. — « Un géographe a dit que les nations étaient des personnes « ayant, à leur manière, une âme avec un fonds commun d'idées et de sentiments [1] ». Et cette âme a sa psychologie, car elle a ses souffrances et ses joies ; elle est susceptible de courage et d'abattement, de colère ou de tendresse ; elle peut, selon les circonstances, s'épanouir, se resserrer, puis, quand tout est perdu, s'évanouir. C'est qu'alors la nation a cessé de vivre. La *ville* est restée debout, mais la *cité* a péri. Qu'importe le reste désormais ? Je ne sais lequel est le plus urgent, ou d'assurer le fonctionnement de l'organisme matériel, ou d'entretenir le trésor moral que, pendant une longue suite de générations, des hommes de même race ont fraternellement amassé.

« Ce trésor, source de la vie, diffère avec les nations, comme le caractère avec les individus.

« Aux études désintéressées, aux recherches spéculatives, l'Anglais, esprit pratique, préfère les travaux du commerce et de l'industrie plus propres à attirer les millions dans son île. Si l'Angleterre a quelques mathématiciens, c'est parce que leurs calculs ne sont pas indifférents au lancement d'un pont sur la Tamise ou sur le Forth. Sans physiciens et sans chimistes, elle n'aurait jamais perfectionné les machines dont regorgent ses usines de Birmingham ou de Manchester ; aussi a-t-elle eu des uns et des autres. Mais cherchez ses artistes : le compte en est vite fait. Place donc aux artisans, aux inventeurs, aux marins ! L'art est bien peu de chose pour celui aux yeux de qui la patrie est partout où il y a gain à opérer, profits à conquérir.

« L'Italien, plus pauvre, né pour se ruiner plus que pour s'enrichir, vit de littérature, de poésie, de musique, de faran-

1. P. Foncin.

doles et, le dirai-je, de chimériques et criminelles illusions. L'Italie était autrefois la patrie de l'art. Le pays du Tasse et du Dante, fécondé par du sang français, n'est plus aujourd'hui que l'asile de l'ingratitude.

« Combien autre l'âme française, à laquelle rien ne reste étranger ! N'a-t-on pas dit que tout homme avait deux patries, la sienne et la France ? France des Croisades ou France de la Révolution, c'est toujours le même besoin d'associer autrui à sa foi ! Or, la colonisation est une croisade en même temps qu'une révolution : croisade contre l'ignorance de l'humanité inférieure, révolution dans sa pitoyable existence. Car le temps n'est plus où on s'en allait, un mousquet sur l'épaule, conquérir des royaumes à la façon des Cortez et des Pizarre. Le moment même est passé de traverser l'Afrique à coups de fusil, comme Stanley. Il importe, aujourd'hui, de s'attacher l'indigène ; de se présenter à lui avec des intentions et des allures pacifiques ; de lui faire comprendre qu'en prenant sa tutelle on s'engage à élargir son intelligence, à ennoblir sa vie, à donner aux sujets qui obéissent quelque dignité et aux despotes qui commandent un peu de grandeur et beaucoup plus de pitié.

« Mieux qu'aucune autre nation civilisée, la France est propre à ce rôle. Aux indigènes malheureux de nos colonies donnons donc quelque chose du bien-être que procure la vie civilisée, mais que la vie barbare ignore. Bref, ouvrons-leur l'âme de la France. Sûr moyen de maintenir dans le monde notre vieux renom de vaillance et de générosité ! » (Gaston Dodu, *Conférence donnée à Niort pour l'Alliance française*, janvier 1895.)

TABLEAU SYNOPTIQUE : NOTIONS PRÉLIMINAIRES

I. — APERÇU DU DÉVELOPPEMENT COLONIAL

Apogée
(XIVᵉ-XVIIIᵉ siècle)
Nature expansive et aventureuse du génie français.

1. Les grandes terres possédées par la France
- Canada (xvıᵉ siècle).
- Antilles : Saint-Christophe, Martinique, Guadeloupe, Saint-Domingue.
- Inde (1741).

2. Les territoires de moindre importance possédés par la France
- Côte occidentale d'Afrique : Petit-Dieppe (1365).
- Côte brésilienne (1504).
- Iles éparses dans l'Océan Indien (1528).
- Guyane : Cayenne (1625).
- France orientale (Madagascar et Réunion).

La France, première puissance coloniale de l'Europe.

II
Décadence
(XVIIIᵉ siècle-milieu du XIXᵉ)
Inutiles guerres continentales de Louis XV et de Napoléon Iᵉʳ.

1. Traité de Paris (1763) : perte du Canada et de l'Inde ; premier démembrement des Antilles.
2. Traité de 1814 : second démembrement des Antilles, désormais réduites à presque rien. Après quoi, il ne reste plus à la France que de misérables débris de son empire colonial.

III
Restauration
(Époque contemporaine)
Abandon de la politique Napoléonienne au profit d'une reprise de la tradition coloniale.

1. Restauration : Alger (1830).

2. Monarchie de Juillet
- Algérie (conquête de la plus grande partie).
- Côte de Guinée (Grand-Bassam, Assinie, Gabon).
- Mayotte et Nossi-Bé.
- Archipels océaniens (Tahiti, Gambier, Marquises, Tuamotou).

3. Second Empire
- Algérie (Achèvement de la conquête, 1857).
- Sénégal (Agrandissement, 1854-1859).
- Obok (1855).
- Nouvelle-Calédonie (1853).
- Cochinchine (1862).

4. République

1º Afrique
- Algérie (Agrandissement : Oasis du sud, Tunisie, 1881-1883).
- Jonction du Soudan à la Guinée (1881-1891).
- Dahomey (1893).
- Congo et lac Tchad (1884-1900).
- Madagascar (1885-1896).
- Obok (Extension à la côte des Somalis, 1896).

2º Asie
- Cochinchine (Agrandissement : Annam, Cambodge, Tonkin 1883-85).
- Chine (Pénétration par les troupes alliées, 1900).

3º Amérique : Antilles (Saint-Barthélemy, 1877).
4º Océanie : Acquisition de plusieurs îles.

Après quoi, la France est redevenue une puissance coloniale de premier ordre.

II. — UTILITÉ DES COLONIES

Raisons ayant motivé la restauration de l'empire colonial français.

1. POLITIQUE : Nécessité de s'agrandir sous peine d'étouffement, à l'heure où chaque État déborde hors de ses frontières.

2. SOCIALE : Nécessité d'atténuer, au moyen de l'émigration, les difficultés croissantes de l'existence.

3. ÉCONOMIQUE : Nécessité d'ouvrir des débouchés extra-européens aux produits nationaux, à l'heure où chaque pays européen tend à se suffire à lui-même.

4. MORALE : Occasion pour la France, dont le génie se prête particulièrement à ce rôle, de civiliser les peuples courbés sous la barbarie.

III. — CLASSIFICATION DES COLONIES

4 Groupes

1. AFRICAIN
   - 1° Ce qui est principal.
   - 2° Ce qui est secondaire.

2. ASIATIQUE
   - 1° Ce qui est principal.
   - 2° Ce qui est secondaire.

3. AMÉRICAIN
   - 1° Ce qui est principal.
   - 2° Ce qui est secondaire.

4. OCÉANIEN
   - 1° Ce qui est principal.
   - 2° Ce qui est secondaire.

CHAPITRE II

GROUPE AFRICAIN

NOTIONS GÉNÉRALES

Sur un continent que se disputent les puissances européennes nos colonies d'Afrique nous assurent une influence de tout premier ordre. L'Allemagne, l'Italie, l'Espagne, le Portugal, viennent loin derrière nous. Seule, l'Angleterre peut nous tenir en échec. C'est entre elle et nous que la partie se joue; car si nous n'y faisons pas, comme elle, des guerres qui soulèvent la conscience universelle, nous ne négligeons rien pour nous y agrandir ou nous y fortifier.

Colonies principales : Algérie-Tunisie.

Colonies secondaires : Afrique occidentale française (*Sénégal et dépendances, Congo français*); Afrique australe française (*Madagascar et dépendances, Réunion, Comores*); Côte française des Somalis et dépendances.

Leçon I

Colonies principales. — Algérie-Tunisie

RÉSUMÉ. — **1. Situation.** — En face de l'Europe et à vingt-quatre heures de navigation de Marseille, l'Algérie est moins une colonie proprement dite qu'une seconde France.

2. Étendue. — De la Méditerranée au Sahara et du Maroc à la Tunisie, elle couvre 670.000 kilomètres carrés dont 430.000 occupés réellement. Dans le premier cas, sa superficie dépasse celle de la France d'un quart et lui est inférieure d'un cinquième dans le second.

3. Configuration physique. — Deux soulèvements, l'*Atlas tellien* et l'*Atlas saharien* déterminent la structure générale : **zone du Tell**, au nord, de l'Atlas tellien (*monts de Tlemcen, du Djurjura*), à la mer (*golfes d'Oran, baies d'Arzeu et d'Alger, golfes de Bougie, de Stora, de Bône, caps Tenès, Matifou, Fer*); **zone des Hauts Plateaux**, dans la partie intermédiaire, entre l'Atlas tellien et l'Atlas saharien (chotts algériens) ; **zone du Sahara**, au sud, de l'Atlas saharien (*monts Ksour, Aurès*) au désert.

4. Climat et végétation. — Les *céréales*, la *vigne*, l'*olivier* et l'*oranger* viennent sous le climat doux du Tell ; les *pâturages* sont la principale production des hauts plateaux où règne le régime plus dur du climat continental ; le Sahara, tour à tour torride et glacé, ne produit rien en dehors des *oasis* où croissent le *figuier*, l'*abricotier*, le *palmier-dattier*. Les *carrières* et les *métaux* sont les principales richesses souterraines. La *houille*, malheureusement, fait défaut. D'où il suit que l'Algérie est un pays agricole plutôt qu'industriel.

5. Commerce. — Le commerce est assez convenablement facilité par 10.000 kilomètres de routes, 3.000 kilomètres de voies ferrées, 7.000 kilomètres de télégraphes et plusieurs lignes de navigation.

6. Avenir. — On n'assurera l'avenir qu'à la condition de former avec les indigènes de toute race (*Berbères, Arabes, Maures*, etc.) une société compacte et pacifiée. Rêve peut-être irréalisable, mais qu'on aurait tort de considérer comme tel *a priori*.

7. Tunisie. — Complément naturel de l'Algérie, elle a les mêmes caractères physiques. D'où il suit qu'il est assez malaisé, au point de vue géographique, de les distinguer l'une de l'autre. La distinction s'impose pourtant au point de vue administratif, l'Algérie étant sous notre *domination* et la Tunisie sous notre *protectorat*.

Récit. — **1. Situation.** — L'Algérie est la plus belle des colonies françaises.

L'excellence de sa situation frappe tout d'abord. Cette situation est, en effet, très préférable à celle de la colonie anglaise du Cap, à laquelle on l'a souvent comparée. Le Cap, fort éloigné de la Grande-Bretagne, ne s'ouvre que sur la mer immense. L'Algérie, au contraire, située en face de l'Europe, entre le 30° et le 37° de latitude nord, le 4° 40′ de longitude occidentale et le 6° 1′ de longitude orientale, n'est qu'à quelques heures de navigation des ports de la métropole. Il ne faut guère plus de temps pour aller de Marseille à Alger que de Nice à Paris. C'est, d'un pays à l'autre, un va-et-vient continuel, d'où résulta la pénétration profonde du nouveau par l'ancien. A ce titre, l'Algérie mérite d'être citée comme le type de la colonie faite à l'image de la mère patrie.

2. Etendue. — L'étendue de ses dimensions ne contribue pas moins à assurer son importance. Elle couvre tout l'espace compris entre la Méditerranée et le Sahara, depuis le Maroc à l'ouest jusqu'à la Tunisie à l'est. Une ligne tirée des environs de Nemours, dans la direction de l'oasis de Figuig, la sépare du premier ; une autre, partie du cap Roux et allant se perdre dans le Sahara aux environs de Berresof, la sépare de la seconde. Soit une superficie de 670.000 kilomètres carrés dont 430.000 occupés réellement. Beau chiffre, si on le rapproche des 536.408 kilomètres carrés représentant la superficie de la France et de la Corse réunies [1] !

3. Configuration physique. — La configuration physique, en apparence compliquée, est plutôt simple. On distingue deux soulèvements essentiels, orientés du sud-ouest au nord-est, l'*Atlas tellien* et l'*Atlas saharien*, descendant graduellement, celui-ci par le Sahara vers l'intérieur, celui-là par le Tell jusqu'à la mer. D'où trois zones bien caractérisées : zone du Tell, de la mer à l'arête de l'Atlas tellien ; zone des Hauts Plateaux,

---

1. Voir plus haut, p. 9.

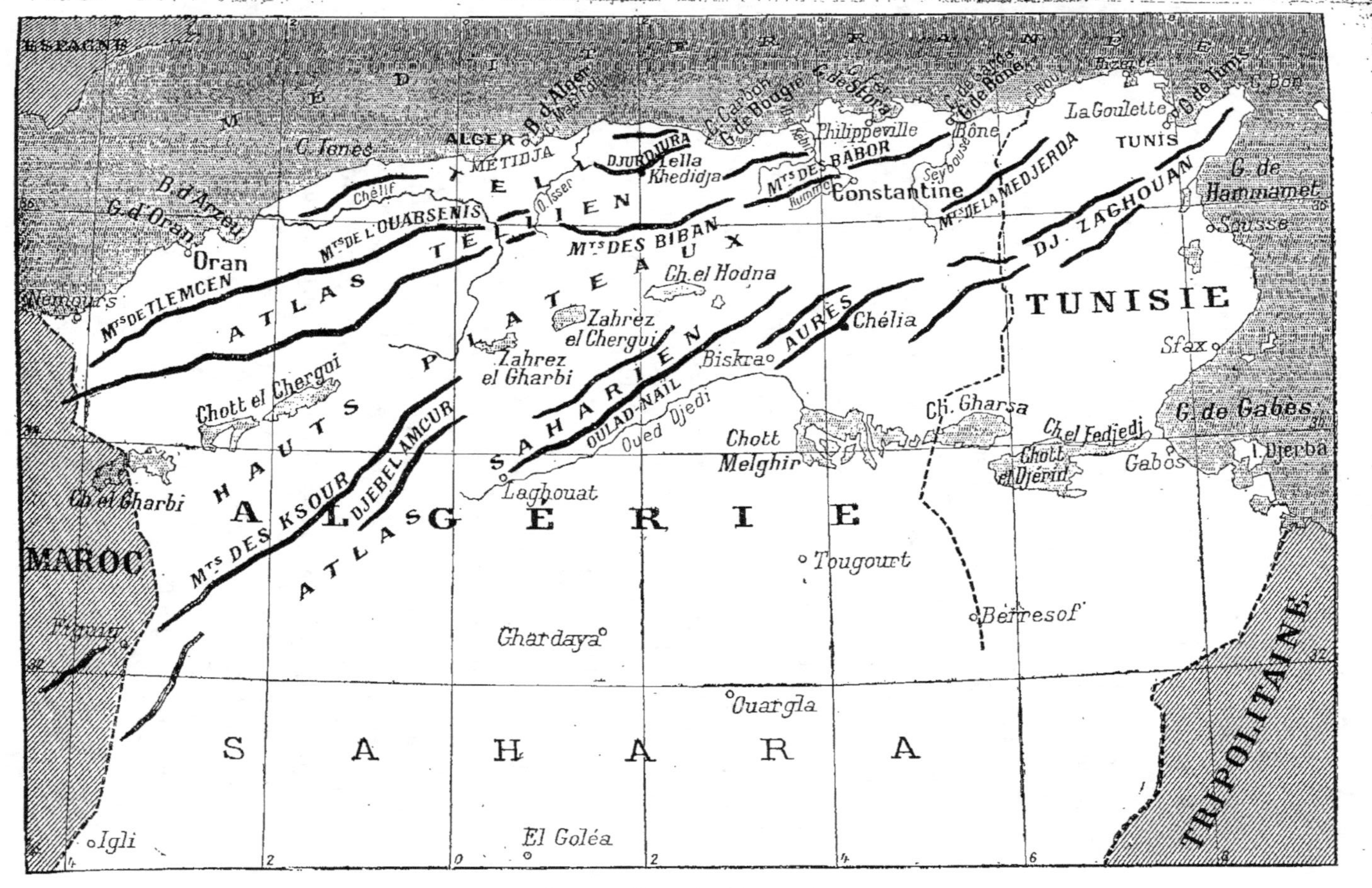

Croquis 28. — Algérie, Tunisie.

vastes étendues déprimées n'atteignant pas la hauteur moyenne des crêtes qui les limitent ; **zone du Sahara,** de l'Atlas saharien au désert.

a. **Zone du Tell.** — Ne vaut certes pas, comme pays de montagnes, la région alpestre ni **la région pyrénéenne.** On n'y rencontre aucun sommet comparable au mont Blanc ou au Nethou ; car, si l'altitude est rarement inférieure à 1.200 mètres, elle n'atteint nulle part 2,400. Malgré cette circonstance, les monts de *Tlemcen,* de l'*Ouarsenis,* du *Djurjura* (point culminant, *Lella Khedidja,* 2.308ᵐ), des *Babor* et des *Biban* offrent un ensemble dont le profil, se détachant sur le bleu intense du ciel, n'est pas sans effet. *Massifs isolés* plutôt qu'*arête continue,* ils rappellent les Alpes par leur structure[1]. Par l'aspect dénudé de leurs roches, ils ressemblent plutôt aux Pyrénées méditerranéennes[2].

Les rivières qui les coupent ne sont que des torrents, comme l'*Oued Isser,* l'*Oued el-Kébir* grossi du *Rummel,* et la *Seybouse,* ou des fleuves, comme le *Chélif,* le plus long des cours d'eau algériens (700 kilomètres), que des rapides rendent impropres à la navigation. Mais là encore tout pittoresque n'est point banni : témoin les cañons du Chélif ou le ravin découpé par le Rummel dans le bloc rocheux qui porte Constantine.

Le littoral où ces fleuves aboutissent n'est pas davantage parmi les plus privilégiés : la mer y est profonde, les vents violents, les tempêtes fréquentes. C'est bien le littoral « naturellement dépourvu de ports » dont parle l'historien latin Salluste. Mais le travail de l'homme a suppléé au travail de la nature ; il a creusé ou élargi les baies, perfectionné les refuges : *golfes d'Oran, baies d'Arzeu* et d'*Alger, golfes de Bougie,* de *Stora,* de *Bône.* Plusieurs caps projettent entre ces refuges leur fière silhouette : *cap Tenès, cap Matifou, cap Carbon* pro-

---

1. Voir plus haut, pp. 26 et 27.
2. Voir plus haut, pp. 24 et 25.

longement du Djurjura, *cap de Garde* prolongement des Babor, *cap Fer*.

b. **Zone des Hauts Plateaux.** — Les terres auxquelles elle correspond donnent, comme toutes les terres affectant cette forme pe relief, l'impression d'une plaine élevée. Çà et là, de légères ondulations en atténuent l'uniformité. Le centre est occupé, de l'est à l'ouest, par une dépression que remplissent les eaux de lagunes salées, connues sous le nom de *Chotts* (*Chott-el-Gharbi, Chott-el-Chergui, Zahrez-el-Gharbi, Zahrez-el-Chergui, Chott-el-Hodna*).

A part le Chélif, dont le cours supérieur appartient à la zone des plateaux, les autres rivières, de volume médiocre, ne parviennent pas à la Méditerranée. Les chotts sont leur point d'aboutissement. La valeur hydrographique des hauts plateaux est donc nulle ou à peu près.

c. **Zone du Sahara.** — Beaucoup plus accidentée que la précédente, elle dresse d'abord, dans la partie septentrionale, les cimes de l'Atlas saharien : *monts des Ksour, Djebel Amour, Oulad-Naïl, Aurès*, atteignant avec le *Chélia*, point culminant de l'Algérie, 2.331 mètres. Puis elle s'incline au sud vers une dépression profonde dont le *Chott Melghir* occupe la partie basse.

Comme dans la zone précédente, c'est aux chotts qu'aboutissent la plupart des cours d'eau. Tel l'*Oued Djedi*, finissant au Melghir.

4. Climat et végétation. — Ce qui vient d'être dit de la configuration physique de l'Algérie explique son climat et sa végétation.

Placé entre la Méditerranée et le Sahara, ce pays subit, au nord, l'influence de la mer ; au sud, celle du désert et, dans la région intermédiaire, les deux à la fois. Ainsi se succèdent trois zones climatériques correspondant approximativement aux régions déterminées par le relief : le **Tell**, aux hivers doux et aux printemps tièdes ; les **Hauts Plateaux**, où les écarts sont déjà beaucoup plus sensibles, puisque, après être monté, en été, à 38°, le thermomètre descend, en hiver, au-dessous de 0 ; le **Sahara**, aussi redouté pour ses chaleurs estivales (+ 50°) que pour les froids excessifs de ses nuits d'hiver (— 6°). Par le climat, le Tell rappelle la Provence ; les hauts plateaux, les Causses ; le Sahara, rien.

La végétation est subordonnée au climat. Donc, là encore, trois régions : le **Tell**, pays du *blé* (plaine de la Métidja), de la *vigne*, de l'*oranger*, de l'*olivier ;* les **Hauts Plateaux,** couverts de champs d'*alfa* et de *pâturages* où paissent d'innombrables troupeaux ; le **Sahara,** qu'animent de loin en loin ses *oasis.* Rien n'est plus faux, en effet, que de se figurer le Sahara dépourvu de toute végétation. Là où l'eau arrive, le désert se retire. Alors apparaissent le *figuier,* l'*abricotier,* le *palmier-dattier,* quelquefois les champs d'*orge* et les *jardins potagers.* Les *oasis de Laghouat, Ghardaya, Ouargla, Biskra* [1], *Tougourt, El Goléa* sont les plus étendues. Si l'on ajoute que la substitution des procédés savants aux méthodes primitives a considérablement accru la production, on comprendra l'importance de l'Algérie comme pays de rapport. Le blé, dont la production annuelle équivaut à plus du vingtième de celle de la France, et la vigne, dont le rendement fut en 1900 de 5.444.179 hectolitres, sont les deux cultures les plus développées. L'agriculture est et restera longtemps, en Algérie, la principale source de richesses. L'industrie, qui y trouve les *pierres,* les *métaux* et les *eaux minérales* paraît y être privée de ce qui la ferait vivre, la *houille.* Il est vrai qu'on vient de découvrir à Igli (1900) des fossiles appartenant au terrain carbonifère, ce qui permettrait de croire à l'existence, en ces parages, de gisements houillers. L'avenir dira s'il est vrai que la houille manque en Algérie, ou si les hommes n'ont pas su la découvrir et l'exploiter.

5. Commerce. — Un magnifique réseau de chemins de communication facilite la mise en circulation des produits. Magnifique, surtout si l'on considère qu'aucun n'existait avant la conquête.

1. Voir gravure n° 14.

On compte aujourd'hui 10.000 kilomètres de *routes* nationales ;
3.000 kilomètres de *voies ferrées* (grande ligne d'Oran à Tunis
par Alger, Philippeville, Bône, avec plusieurs amorces) ;
7.000 kilomètres de *communications télégraphiques*, et plusieurs *lignes de navigation* reliant la colonie et la métropole ou
les ports de la colonie entre eux (Marseille à Alger, à Oran, à
Bône, à Tunis ; Port-Vendres à Alger).

6. Avenir. — Preuve que la France a vaincu et fécondé la
nature en Algérie. Oserait-on prétendre qu'elle a eu également
raison de l'indigène ? Là est le point sombre de l'horizon. On
a eu beau transporter de toutes pièces notre organisation administrative, soumettre chacun des trois départements algériens
au régime des départements français, il s'en faut de tout que
l'Afrique, pays de civilisation orientale, soit encore réconciliée
avec la civilisation de l'Occident. La raison en est, sans doute,
pour une bonne part, dans la diversité de races et de religions
auxquelles appartiennent les populations. Citons, comme Européens : les *Français* (environ 300.000), les *Espagnols* (152.000,
surtout dans la province d'Oran), les *Italiens* (150.000, surtout
dans la province de Constantine) ; comme indigènes : les *Berbères*, premiers occupants du sol, qui ont embrassé la religion
musulmane à la venue des *Arabes*, nos prédécesseurs, également musulmans, les *Maures*, issus du mélange de toutes les
races. Les *Israélites*, naturalisés en bloc par le décret du
4 octobre 1870, sont à signaler comme ayant été, depuis la
conquête, les principaux intermédiaires entre Français et indigènes. En tout, 4.500.000 habitants. Il faudrait, pour assurer
l'avenir de l'Algérie, apaiser le fanatisme, calmer les haines,
grouper les divers éléments ethniques en une nation homogène.
Alors, sans doute, les gouverneurs ne se succéderaient plus en
Algérie avec presque autant de rapidité que les ministres dans
la mère patrie ; la paix féconde porterait ses bienfaits et, si
quelque idée séparatiste prenait naissance, elle semblerait un
anachronisme.

7. Tunisie. — Complément naturel de l'Algérie à l'est, a

Tunisie, qu'en perdant l'Algérie nous perdrions du même coup, nous engage à poursuivre sans trève notre œuvre d'organisation.

Gouverné, sous notre protectorat, par le bey, ce pays ne forme avec nos possessions algériennes qu'une même région naturelle. Nous y retrouvons, à peu de chose près, même relief, même régime hydrographique, même climat, mêmes populations. Ainsi l'Atlas tellien se continue en Tunisie par les *monts de la Medjerda*, comme l'Atlas saharien par le *Djebel Zaghouan*. L'écart entre les deux est toutefois moins accentué que précédemment. Leur réunion finit même par s'opérer en un épanouissement montagneux qui aboutit à la *presqu'île du cap Bon*. Aussi est-ce au sud de l'Atlas saharien, contrairement à ce qui se produit pour la plupart des chotts algériens, qu'on rencontre les chotts tunisiens (*Gharsa, Djerid, Fedjedj*). Le littoral rocheux du nord, sur lequel est assis *Bizerte* et où se creuse le *golfe de Tunis*, avec ses deux ports de *La Goulette* et de *Tunis*, rappelle, jusqu'au cap Bon, le littoral algérien. Ce n'est qu'à partir de ce point que la côte devient basse et marécageuse, sans d'autres indentations que celles, mal dessinées, de *Hammamet* et de *Gabès*, sans d'autres bons ports que *Sousse, Sfax, Gabès*, ou quelques havres de moindre importance. Près de la côte, l'île de *Djerba*. Enfin, si ce n'est que les précipitations sont plus abondantes en Tunisie qu'en Algérie, le climat est sensiblement le même dans les deux pays. Le sol et le sous-sol y donnent les mêmes rendements. Les populations sont aussi les mêmes, avec cette différence qu'on y trouve, parmi les Européens, deux fois autant d'Italiens que de Français. Le chiffre de la population tunisienne s'élevant à 1.500.000 habitants, cela donne, pour l'ensemble de notre colonie africaine, 6.000.000.

On le voit, l'Algérie-Tunisie vaut bien la somme d'efforts et d'argent que nous y avons dépensés. Nous devrons donc user de tous les moyens qui nous permettront de la franciser toujours plus.

LECTURE

1. *Moyens de franciser l'Algérie.* — « Réserver au gouverneur général, sorte de préfet de police algérien, le maintien de la sécurité, qui est le premier et le plus nécessaire de tous les biens ; créer plusieurs nouveaux départements ; admettre dans les conseils généraux des représentants des indigènes élus par eux ; créer aux limites du Tell des *confins militaires* et en confier le gouvernement à l'armée ; laisser aux chefs de service une large initiative ; rendre la justice de plus en plus *française* ; charger des cours spéciales de juger les crimes et délits commis par les indigènes entre eux ; créer partout des écoles de langue française pour les indigènes ; fonder à Alger des facultés véritables groupées sous le nom d'université ; en matière de colonisation, établir le régime *de droit commun* ; faciliter la mobilisation de la terre et les échanges ; renoncer pour toujours, sauf à titre de punition militaire, aux confiscations, expropriations et sequestre ; instituer, à l'usage des indigènes, une *naturalisation spéciale* qui respecte leur statut personnel. » (Pierre Foncin, dans A. Rambaud, *la France coloniale.*)

2. *Une oasis algérienne.* — « Figurez-vous trois couches de végétaux superposées. D'abord une forêt de palmiers portant dans les airs leurs têtes épanouies. Au-dessous, une seconde forêt d'arbres fruitiers de toute espèce ; et enfin, au ras du sol, un tapis de plantes herbacées et légumineuses. Sous nos arbres d'Europe, le soleil anémique ne pénètre pas assez pour faire pousser des plantes. Mais là, les rayons de feu passent à travers les palmes de la première couche comme à travers un tamis. Ils réchauffent et fécondent les arbres de la seconde couche, qui se couvrent de fleurs et de fruits, et arrivent enfin, amortis et tempérés, sur les plates-bandes des jardins. Les serres chaudes, avec leur fouillis, peuvent seules donner une idée de l'oasis. » (Général du Barail, *Mes Souvenirs*, **Plon-Nourrit et Cie**, éditeurs.)

Leçon II

Colonies secondaires. — Afrique occidentale française. Afrique australe française. Côte des Somalis et dépendances.

RÉSUMÉ. — 1. Afrique occidentale française. — L'Afrique occidentale française comprend le **Sénégal** avec ses dépendances et le **Congo français.**

a. Le premier de ces pays, embrassant tout le bassin du *Sénégal* et une notable partie de celui du *Niger*, s'étend, sur la côte, depuis le cap Blanc jusqu'à l'embouchure de ce dernier fleuve. Seules, la République de Libéria et quelques enclaves européennes en rompent la continuité. Il est loin de valoir l'Algérie : côtes arides, fleuves peu navigables, climat ou très sec ou très humide, plutôt mauvais. Malgré tout, valeur agricole appréciable.

b. Le second, limité par l'Atlantique, l'*Oubanghi* et le *fleuve Congo*, est une terre plantureuse qui promet d'importants rendements.

c. d. Plusieurs tentatives ont été opérées pour les rejoindre l'un et l'autre à l'Algérie, soit par le Sahara, soit par le lac Tchad.

2. Afrique australe française. — L'Afrique australe française comprend le groupe d'îles formé, dans l'Océan Indien, de **Madagascar** et dépendances, de **la Réunion** et **des Comores.**

a. Pays de plaines et pays de montagnes, ici de climat tempéré et là de climat tropical, **Madagascar** offre à la fois les productions des régions tropicales et méditerranéennes. Le géant de l'île est le *mont Tsiafaïavona* (près de 2.700^m). Ses villes principales sont *Tananarive* et *Tamatave.*

b. Île fertile et très peuplée, **la Réunion** (capitale *Saint-Denis*) est malheureusement dépourvue de rades sûres.

c. **Les Comores**, dont la principale est *Mayotte*, servent d'avant-poste à Madagascar.

3. Côte des Somalis et dépendances. — *Obok*, complété par l'adjonction de la baie de *Tadjourah* et de *Djibouti*, sert de point de relâche à nos navires en route vers l'Extrême-Orient.

RÉCIT. — **1. Afrique occidentale française.** — *a.* Le **Sénégal et ses dépendances** en sont le premier joyau. Limitée jadis à quelques postes côtiers, notre domination s'est étendue en deux sens : à l'intérieur et le long de la mer. D'une part, elle a pénétré dans le bassin entier du Sénégal et dans celui du Niger jusqu'à Boussa. De l'autre, elle s'est établie sur le littoral depuis le cap Blanc jusqu'à l'embouchure du Niger, interrompue seulement par la république de Libéria et quelques enclaves européennes. Ainsi s'est formé, sur cette partie du continent noir, un bloc compact de territoires français. **Sénégal, Soudan** (colonels Archinard et Humbert), **Rivières du Sud, Côte d'Ivoire** avec *Grand-Bassam* et *Assinie*, **Côte des Esclaves** avec *Agoué, Grand-Popo, Porto-Novo, Kotonou*, **Dahomey** (général Dodds) constituent un vaste ensemble d'environ 2 millions de kilomètres carrés, avec *Saint-Louis* (25.000 habitants) pour capitale, directement administrés ou protégés par la France.

Ce pays ne vaut pas l'Algérie.

A l'exception des découpures profondes des Rivières du Sud, les côtes sont en général arides, basses et sablonneuses. Toutefois *Dakar*, protégé par le *cap Vert*, a une rade splendide, et *Rufisque* est devenu un centre important de commerce.

Les eaux, descendues d'un soulèvement montagneux, le *Fouta-Djallon* (1.800 à 2.000ᵐ), s'écoulent soit vers le *Sénégal*, soit vers le *Niger*. Ces fleuves ne sont malheureusement pas d'une grande utilité pour la navigation. Outre que leur régime est fort inégal, leur cours est interrompu par des rapides. Le Sénégal a ceux de *Gouïna* et de *Félou ;* le Niger étage les siens entre *Tombouctou* et *Say*.

Le climat, très variable du Sénégal au Dahomey, ne rappelle nulle part le climat enchanteur du Tell. Sec au Sénégal, où le thermomètre atteint à l'ombre jusqu'à 35°, il est plus tempéré au pays des Rivières, humide et malsain sur la côte de Guinée. Ce contraste s'explique par l'inégale répartition des pluies

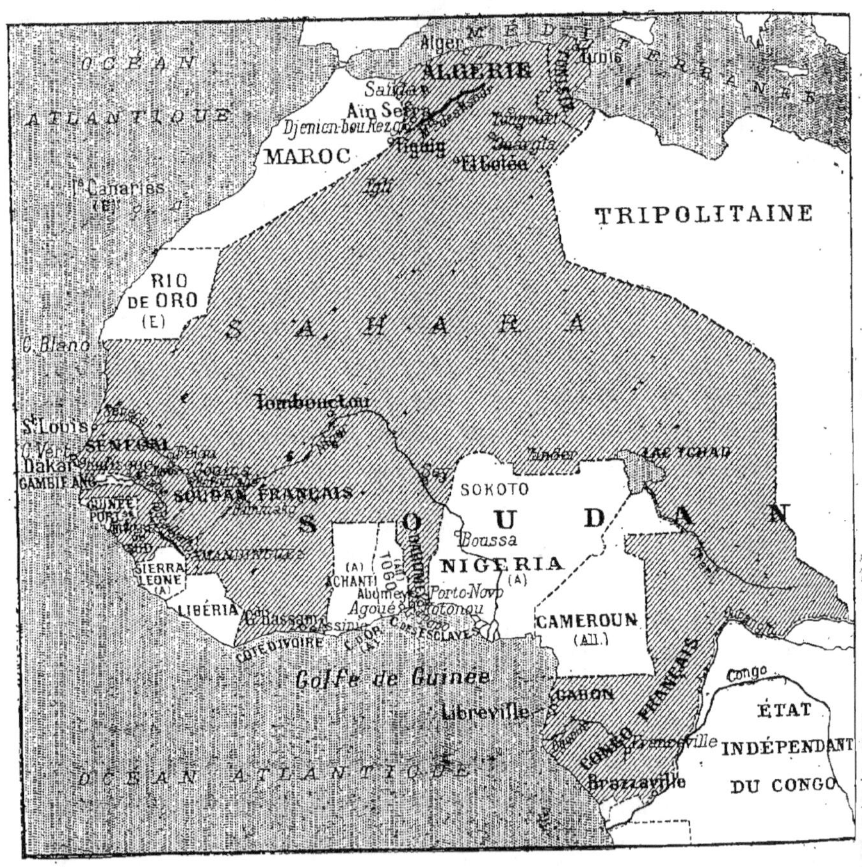

CROQUIS 29. — L'Afrique occidentale française.

qui deviennent plus abondantes à mesure qu'on se rapproche de l'équateur.

La végétation se ressent naturellement de cette variété. Au *mil* et à l'*arachide* du Sénégal succèdent le *riz* et le *maïs* du Soudan, comme à ces derniers les *savanes* ou les *forêts de mangliers, palmiers, cocotiers* des Rivières du Sud et de la côte de Guinée. Le trait commun de ces différents pays est qu'ils sont, comme l'Algérie, essentiellement agricoles. Il est vrai qu'on connaît mal encore leurs richesses souterraines. La découverte des abondantes mines d'or de la Côte d'Ivoire est de fraîche date. Au dire d'un explorateur, M. Binger, il n'est peut-être pas de pays au monde où l'on trouve autant de poudre et de pépites d'or aux mains des indigènes. La moyenne annuelle d'exportation de l'or représente déjà plus de 155 kilogrammes valant près de 500.000 francs. Malgré tout, ces pays ne semblent pas, jusqu'ici du moins, être appelés à un grand avenir industriel.

Fallait-il, pour cela, négliger l'établissement des chemins de communication? L'insuffisance des voies fluviales nous faisait un devoir d'en juger autrement. Des routes ont été pratiquées; une ligne ferrée unit Saint-Louis à Dakar et à Rufisque; d'autres sont en construction, comme celle de Dakar à Kayes, Bafoulabé et Bammako, ou celle qui, partant de la Côte d'Ivoire au point où doit s'élever *Bingerville*, s'enfoncera à travers la brousse sur une longueur de 280 kilomètres. Mais on n'a pas fait assez. Si l'on veut que nos établissements progressent, il faudra faire plus et mieux. Peut-être ne dépendra-t-il que de nous que Bingerville devienne un second Johannesburg ou une autre Dawson-City.

b. **Le Congo français.** — Avec le *Gabon* pour origine, ce pays, dont M. de Brazza est le véritable créateur, occupe une superficie de 700.000 kilomètres carrés entre l'Atlantique à l'ouest, le *fleuve Congo* au sud, l'*Oubanghi* à l'est, le Cameroun allemand au nord. C'est presque 200.000 de plus que la France.

Le Congo français est de fondation trop récente pour avoir pu encore être mis en valeur. Les expériences restreintes qu'on a faites démontrent toutefois qu'il est d'une extrême fertilité. Sous ce climat humide et chaud à la fois, les plantes poussent avec une rapidité prodigieuse, donnant deux et trois récoltes annuelles. Encore un pays agricole ! L'*huile* et les *amandes de palme*, les *arachides*, le *caoutchouc*, les *bois tinctoriaux*, les *textiles*, le *beurre végétal*, doivent être placés au premier rang de ses richesses ; le *riz* et le *cacao* paraissent devoir y donner d'abondantes récoltes ; le *tabac* y vient à merveille. Autant de promesses d'avenir pour les principaux établissements de la colonie : *Libreville* sur l'*anse du Gabon*, *Franceville* dans la haute région de l'*Ogooué*, *Brazzaville* sur le *Congo*. Il s'en faut, malheureusement, que la sécurité de nos factoreries y soit encore bien assurée : en avril 1902 une révolte des noirs sur les rives de la Sangha livrait nos nationaux aux pires dangers.

c. **Jonction de l'occident africain français avec l'Algérie par le Sahara.** — Joindre l'occident africain français à l'Algérie française est une idée qui devait se faire jour. Du moment que le Sahara n'est pas la plaine de sable uniformément aride qu'on se figurait jadis, sa réalisation n'a rien de chimérique. Il ne suit pas de là qu'elle soit aisée. Les Touaregs, maîtres du Sahara, opposent à sa pénétration un obstacle autrement sérieux que la nature. Leur hostilité a suffi à faire échouer les tentatives opérées jusqu'à cette date. Le moment est venu de peser le pour et le contre, de calculer la proportion entre les dépenses et le bénéfice, puis, cela fait, de prendre parti. Si on veut la pénétration, on devra fonder des postes fortifiés aux oasis et achever la voie ferrée. Il n'est pas d'autre moyen d'en finir avec les Touaregs. Alors peut-être réussira-t-on là où le marquis de Morès, MM. de Polignac, Duveyrier, Foureau, d'Attanoux, Méry, d'autres encore, ont échoué. Or on s'est contenté de construire quelques forts au sud d'El Goléa et de prolonger la ligne ferrée de Saïda et Aïn-Sefra, au delà des Ksour, jusqu'à Djemen-Bou-Rezg, c'est-à-dire à 25 kilomètres seulement de Figuig. Le dernier tronçon n'est même pas achevé. Si, au contraire, on ne croit pas que la conquête du Sahara importe à la prospérité commerciale comme à la sécurité politique de nos colonies de l'Afrique septentrionale et occidentale, le plus simple est d'y renoncer.

d. **Tentatives vers le Tchad.** — Et cependant à l'heure où, grâce aux explorations de M. Gentil, le bassin du Chari, voie d'accès du Congo au lac Tchad, devient territoire français, ne serait-il pas quelque peu douloureux d'abandonner à jamais

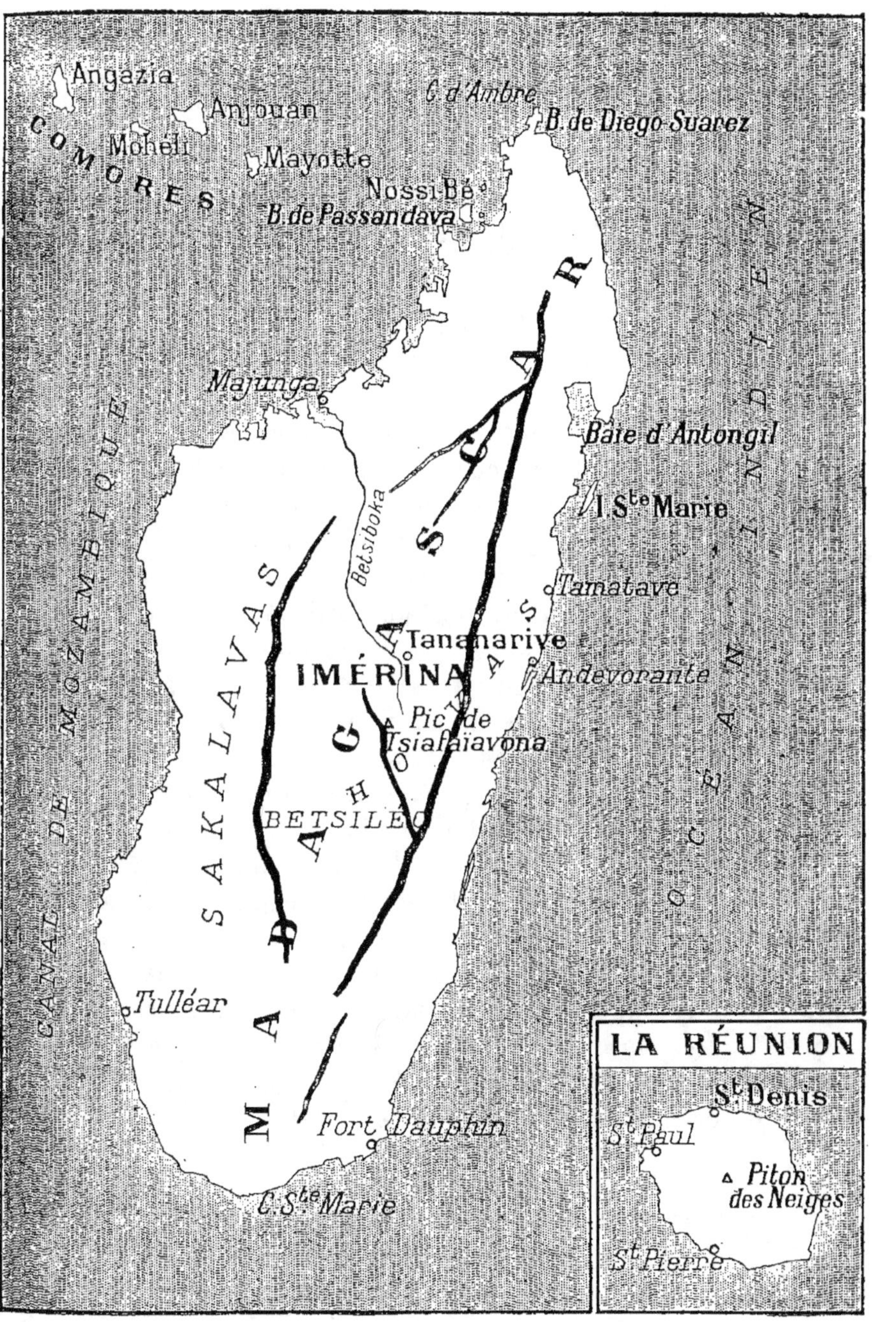

CROQUIS 30. — Madagascar et dépendances.

l'espoir d'une jonction? Rêve bien fait pour exalter tous les cerveaux français que celui de la France allant, par le Sahara et le Tchad, de la Méditerranée au sud de l'Équateur!

Car nos tentatives vers le Tchad viennent d'être couronnées de succès. Les trois missions organisées pour se diriger vers le lac, algérienne (MM. Foureau et Lamy), soudanienne (lieutenants Meynier et Joalland)[1], congolaise (MM. Gentil et Bretonnet), après avoir opéré leur jonction à Koussouri, écrasèrent le 28 avril 1900 les forces du chef Rabah. Il ne reste plus aujourd'hui qu'à compléter l'œuvre de conquête par celle d'organisation.

2. Afrique australe française. — *a*. **Madagascar et dépendances.** — Plus grande que la France avec sa superficie de 592.000 kilomètres carrés, cette île est appelée à devenir une source de revenus pour la métropole. C'est à la fois un pays de plaines et un pays de montagnes. Les plaines aboutissent à un littoral généralement bas et, sauf au nord où s'ouvrent les *baies* d'*Antongil*, de *Diego-Suarez*, de *Passandava*, de *Majunga*, et où se dessine le fin profil du *cap d'Ambre*, elle est pauvre en articulations. Le climat y est humide et malsain. A l'intérieur, les montagnes sont formées de chaînes orientées du sud au nord et servant de bordure à des plateaux dont le climat est, au contraire, tempéré; la chaîne la plus haute atteint, au *Tsia-faïavona*, près de 2.700 mètres, point culminant de l'île; les plateaux, tourmentés et déchirés, sont ceux d'*Imérina* et de *Betsiléo;* chaînes et plateaux couvrent de si grands espaces que les fleuves, dont le principal est le *Betsiboka*, ont à peine de quoi se développer. Or, des plaines aux montagnes, on rencontre toutes les cultures, depuis le *riz*, le *coton*, le *café*, jusqu'à la *vigne*, aux *céréales*, au *citronnier* et à l'*oranger*. Résultat de la différence d'altitude et de la variété de climat. Dans le

---

1. Ces officiers sont les remplaçants, comme chefs de la mission soudanienne, des capitaines Voulet et Chanoine, dont les noms rappellent le drame accompli au Soudan vers la fin de 1899.

sous-sol, de la *houille*, du *cuivre*, du *plomb argentifère*.
Lorsque nous aurons transformé le pays et pris les dispositions
nécessaires à l'exploitation de ses richesses, il se prêtera au
double développement agricole et industriel dont il est susceptible. Si les *Sakalavas*, livrés à l'anarchie, pratiquent le banditisme, les *Hovas* sont une race supérieure. Nul doute que
Tananarive et *Tamatave* deviennent alors des centres impor-

Croquis 31. — Côte des Somalis et dépendances.

tants, et que les innombrables petites stations du littoral comme
Andevorante, Fort-Dauphin, Tullear, tant d'autres, s'ouvrent à
la vie commerciale. Déjà la ligne ferrée qui doit relier Tananarive à la mer, est en voie de construction.

Sur la côte occidentale de Madagascar la France possède l'île
de *Nossi-Bé* et plusieurs îlots voisins; sur la côte orientale, l'île
Sainte-Marie.

b. **Réunion**. — Ile volcanique, dominée par le *Piton des Neiges*
(2.369ᵐ), fertile, au climat chaud quoique tempéré par les
brises marines, la Réunion est celle de nos colonies dont la
population est proportionnellement le plus élevée. C'est, après
l'Algérie, celle qui rappelle le plus la mère patrie. *Saint-Denis*,

Saint-Pierre et *Saint-Paul* sont des villes aux allures françaises. Malheureusement pourquoi faut-il que les navires, dans une mer souvent balayée par les cyclones, ne rencontrent sur les côtes aucune rade sûre ?

c. **Comores.** — Au nombre de quatre, *Mayotte*, *Anjouan*, *Angazia* et *Mohéli*, ces îles sont loin de valoir la précédente. Par la faute d'un climat tropical, mortel aux Européens, l'influence française y a moins pénétré. Elles n'en jouent pas moins l'utile rôle d'avant-postes de la grande île, reine de l'Afrique australe française. La France possède directement Mayotte et n'a que le protectorat des autres Comores.

3. Côte des Somalis et dépendances. — **Obok,** point de départ de notre domination sur cette côte, s'est complété par l'adjonction de la *baie de Tadjourah* et de *Djibouti*. Ce pays ne tire sa valeur ni de sa végétation qui est maigre, ni de sa population plutôt insignifiante. Mais depuis que, par le percement de l'isthme de Suez, la mer Rouge est devenue un des tronçons du chemin de l'Extrême-Orient, Obok sert de point de relâche à nos navires en route vers l'Indo-Chine[1].

Bien que situé sur le continent asiatique, le territoire français de *Cheikh-Saïd* se rattache au groupe d'Obok. Grâce à quoi la France, en dépit de la présence des Anglais à Périm, est en mesure de surveiller, à l'orient comme à l'occident, l'entrée du détroit de Bab-el-Mandeb.

<h3 align="center">LECTURE</h3>

Les populations de Madagascar. — *Supériorité des Hovas sur les Sakalavas.* — « La séculaire tranquillité du pays a créé ou développé chez le Hova des habitudes sédentaires d'agricul-

---

1. Il est à remarquer que la délimitation entre les possessions françaises et italiennes n'avait pas encore été faite jusqu'à ces derniers temps. Par la récente convention du 24 novembre 1900 les deux gouvernements sont tombés d'accord pour y procéder effectivement.

ture, d'industrie et de commerce. Le Hova s'entend parfaitement à cultiver ses rizières. Comme ferblantier, il fait déjà à
l'Indien même, sur les côtes, une concurrence terrible. Les tissus
de soie et de coton de l'Imérina sont de beaucoup les meilleurs
et presque les seuls qui se fassent dans l'île. Il y a des bouchers
détaillants partout où il y a des Hovas, détail particulièrement
apprécié du voyageur, qui ne peut pas acheter un bœuf tous
les jours. Quelque rudimentaires que soient les communications faute de chemins, il existe du moins une classe de por-
teurs spécialement entraînés. Le petit commerçant hova se
faufile partout où le lui permettent sa timidité et la protection
insuffisante de son gouvernement ; et les Comoriens ne sont
pas de taille à lui tenir tête.

Chacun des paragraphes de ce panégyrique aurait pour
contre-partie que rien de semblable n'existe chez les Sakalavas.

Les rois Sakalavas appartiennent à une vieille famille légen-
daire et religieusement vénérée ; mais leur autorité ne s'étend
pas plus loin que leur action personnelle, faute de rouages pour
la transmettre. Les innombrables chefs de village sont, en fait,
les maîtres chez eux. L'anarchie et l'absence de toute répres-
sion régulière ont naturellement engendré le banditisme, le
volé n'ayant d'autre ressource que de se faire voleur. Tout
Sakalava est nécessairement un Fahavalo : dans tout village,
pendant la saison sèche, la moitié des hommes au moins est
toujours absente, en expédition. Des hauts plateaux aux terres
basses, c'est une perpétuelle descente de troupeaux de bœufs
volés aux Hovas, de femmes et d'enfants enlevés en esclavage,
sans compter les innombrables razzias de village Sakalava à
village Sakalava. Le banditisme absorbe toutes les forces vives ;
pas d'agriculture, si beau que soit le pays ; les Sakalavas ne
font pas de riz et vivent de patates qui poussent toutes seules.
A peine se donnent-ils la peine de couper quelques billes
d'ébène et de coaguler quelques boules de caoutchouc avec
lesquels ils achètent aux traitants de la côte les cotonnades et

la poudre lorsqu'ils ne peuvent pas les leur voler. Leurs besoins sont d'ailleurs minimes, et les objets les plus simples de fabrication européenne, les allumettes, par exemple, sont absolument inconnues de ce peuple côtier. Nos anciens « alliés », trahis, auxquels beaucoup de gens en France ne semblent penser qu'avec une sympathie mêlée de remords, n'ont pas une idée très nette de notre existence, et n'ont aucun désir de faire plus ample connaissance avec notre civilisation, tandis que les Hovas poussent, jusqu'au grotesque, le désir de s'assimiler nos connaissances, nos habitudes et jusqu'à notre façon de s'habiller. « Je n'ose pas m'asseoir devant toi sur une chaise, me disait le gouverneur d'Analabi, parce que je n'ai pas de pantalon. »

« Entre deux peuples aussi différents que les Hovas et les Sakalavas, il n'est pas étonnant qu'il existe une large bande de territoires inhabités. Pour les Hovas, ce désert est une protection relative contre les incursions des Fahavalos. Pour les Sakalavas, c'est une protection contre les représailles des Hovas, incapables d'organiser les convois d'une armée un peu considérable. » (Emile Gautier, *Mission à Madagascar, Annales de Géographie*, 1894.)

TABLEAU SYNOPTIQUE

GROUPE AFRICAIN

Colonies principales

1. ALGÉRIE, LA PLUS BELLE DES COLONIES

1° Excellence de la situation : en face de l'Europe et à vingt-quatre heures de navigation des ports de la métropole.

2° Etendue : espace compris entre Méditerranée et Sahara depuis Maroc jusqu'à Tunisie. 670.000 kilomètres carrés dont 430.000 occupés réellement.

3° Configuration physique
- a. Atlas : Tellien (Monts de Tlemcen, de l'Ouarsenis, du Djurjura, des Babor, des Biban) ; Saharien (Monts Ksour, Djebel-Amour, Oulad-Naïl, Aurès).
- b. Zones : du Tell inclinée vers la mer (littoral battu par les vents, golfes d'Oran, Arzeu, Alger, Bougie, Stora, Bône ; caps Tenès, Matifou, Carbon, de Garde, Fer) ; des Hauts-Plateaux (les chotts : El-Gharbi, El-Chergui, El-Hodna) ; du Sahara.
- c. Cours d'eau : le Chélif est le principal (700 kilomètres).

4° Climat et végétation
- a. Maritime et doux dans le Tell (céréales, vigne, olivier, oranger).
- b. Continental et plus rude dans les Hauts-Plateaux (pâturages).
- c. Successivement torride et glacé dans le Sahara (fruits dans les oasis, stérilité ailleurs). Les richesses souterraines, à part les carrières et les métaux, étant peu abondantes, l'Algérie est un pays agricole plutôt qu'industriel.

5° Commerce
- a. Routes (10.000 kilomètres).
- b. Voies ferrées (3.000 kilomètres).
- c. Télégraphes (7.000 kilomètres).
- d. Lignes de navigation (Marseille à Alger, à Oran, à Bône, à Tunis ; Port-Vendres à Alger).

6° Populations
- a. Européens : Français (300.000), Espagnols (152.000), Italiens (50.000).
- b. Indigènes : Berbères, Arabes, Maures, Israélistes, au total 4.500.000 habitants. — Trois départements avec, pour chefs-lieux, Alger, Oran, Constantine.

2. TUNISIE, COMPLÉMENT NATUREL DE L'ALGÉRIE (PROTECTORAT)

1° Continuation de l'Atlas Tellien par les monts de la Medjerda et de l'Atlas Saharien par le Djebel Zaghouan.

2° Reproduction des trois zones algériennes avec les mêmes accidents (chotts tunisiens : Gharsa, Djerid, Fedjedj).

3° Même climat et même végétation, avec cette différence que les pluies sont plus abondantes.

4° Mêmes populations, avec cette différence que les Italiens sont deux fois plus nombreux que les Français. Au total 1.500.000 habitants. Capitale: Tunis.

GROUPE AFRICAIN (*suite*)

II Colonies secondaires

1. Afrique occidentale française

1° Sénéga et dépendances. — Etendue : tout le bassin du Sénégal et une notable partie de celui du Niger, la côte interrompue toutefois par quelques enclaves étrangères du cap Blanc à l'embouchure du Niger. Valeur : Côtes arides, fleuves peu navigables, climat malsain, richesses agricoles. Villes principales : Saint-Louis, Dakar, Rufisque.

2° Congo français. — Etendue : espace compris entre Atlantique, Oubanghi, fleuve Congo. Valeur : trop récemment annexé pour avoir pu donner encore d'abondants rendements Sa fertilité prodigieuse, sous son climat humide et chaud, permet toutefois d'escompter les plus belles espérances. Villes principales : Libreville, Franceville, Brazzaville.

3° Tentatives opérées pour rejoindre le Sénégal et le Congo à l'Algérie par le Sahara ou par Tchad (victoire des missions françaises sur le chef Rabah, avril 1900).

2. Afrique australe française

1° Madagascar. — Superficie : (592.000 kilomètres carrés). Plaines et montagnes dont le Tsiafaïavona (2.700m), est le géant. Climat tempéré et tropical selon les régions. D'où variété des productions. Villes principales : Tananarive et Tamatave. — Nossi-Bé. — Sainte-Marie.

2° Réunion. — Fertile et très peuplée. Villes principales : Saint-Denis, Saint-Pierre, Saint-Paul.

3° Comores (Mayotte, Anjouan, Angazia, Mohéli).

3. Côte des Somalis : Obok, baie de Tadjourah, Djibouti.

CHAPITRE III

GROUPE ASIATIQUE

NOTIONS GÉNÉRALES

Notre situation en Asie n'est point comparable à celle que nous nous sommes créée en Afrique. Si, en Afrique, la partie se joue entre Anglais et Français, elle se passe, en Asie, entre Russes et Anglais. Ce n'est pas à dire que ces peuples n'aient à y compter avec nous. Aux Indes, les Anglais sont obligés de nous supporter chez eux; nous sommes des moribonds qui ne veulent jamais mourir! Au sud, les Russes trouvent dans nos possessions indo-chinoises le contrepoids naturel à leur immense empire du Nord.

Sans valoir sa sœur d'Afrique, la France d'Asie a donc son prix.

Colonies principales : Indo-Chine française.

Colonies secondaires : Inde française.

Leçon I

Colonies principales. — Indo-Chine française

RÉSUMÉ. — 1. Situation et étendue. — L'Indo-Chine française, formée du **Tonkin,** de l'**Annam,** de la **Cochinchine** et du **Cambodge,** est située au sud-est de l'Asie et couvre une surface de 530.000 kilomètres carrés. Est distante d'un mois de navigation des ports de la métropole.

2. Configuration physique et richesses naturelles. — Deux soulèvements montagneux dont l'un dans le Tonkin septentrional, l'autre le long de la côte d'Annam. Deux grandes plaines basses correspondant, l'une au delta du *Song-Koï* (Tonkin inférieur), l'autre au delta et au cours inférieur du *Mékong* (Cochinchine et Cambodge).

Le Song-Koï et le Mékong sont bien des *voies d'approche vers la Chine*, mais des voies imparfaites puisqu'elles sont interrompues soit par des rapides, soit par des crues périodiques.

Aussi, les voies de commerce actuellement existantes sont-elles insuffisantes à l'exploitation des richesses naturelles (*riz, coton, blé, forêts, mines, animaux domestiques*).

Les capitales sont : *Hanoï* (Tonkin), *Hué* (Annam), *Saïgon* (Cochinchine), *Pnom-Penh* (Cambodge).

3. Climat. — Tropical et meurtrier aux Européens.

4. Population. — 18 millions d'habitants, appartenant à deux races, annamite et cambodgienne.

5. Avenir. — L'Indo-Chine ne sera jamais, pour la France, une *colonie de peuplement*, mais pourra devenir une magnifique *colonie d'exploitation*.

Récit. — **1. Situation et étendue.** — Composée de deux colonies proprement dites (*Cochinchine, Tonkin*) et de deux protectorats (*Cambodge, Annam*), l'Indo-Chine française forme au sud-est de l'Asie, entre l'empire chinois, le royaume de Siam et la mer de Chine, une bande de terre beaucoup plus longue que large, d'une superficie totale de 530.000 kilomètres carrés. C'est, à peu de chose près, la superficie de la France. Moins favorisée que l'Algérie sous le rapport de la proximité de la métropole, elle n'est cependant plus, depuis le percement de l'isthme de Suez, qu'à un mois de navigation de Marseille. Ajoutez que sa position sur le chemin de l'Extrême-Orient en fait un important point de relâche pour nos navires en route vers cette direction.

2. Configuration physique et richesses naturelles. — Rien de plus simple que sa configuration physique.

Deux soulèvements montagneux et deux grandes plaines basses.

L'un des soulèvements, haut de 1.000 à 1.200 mètres, couvre le Tonkin septentrional; l'autre, dont les cimes maîtresses, *Phou-Laey*, *Phou-San*, *Mère-et-Enfant*, atteignent respectivement 2.750, 2.765 et 2.100 mètres, court le long de la côte d'Annam. Le premier est un massif calcaire qui diverge en tous sens et où rien n'est plus facile que de se perdre. Le second, au contraire, allongé en chaîne, oppose, avec ses croupes d'argile rougeâtre, un moindre obstacle aux communications. Un col important est celui d'*Aï-Lao* (410^m), qui conduit de *Hué*, capitale de l'Annam, à *Kemmarat*. A cette chaîne, dont les derniers escarpements échancrent le littoral, l'Indo-Chine doit quelques baies profondes et sûres, comme *Touране* et *Qui-Nhon*, car, partout ailleurs qu'en Annam, la côte, basse et marécageuse, est pauvre en abris naturels.

Les deux grandes plaines sont formées, au nord, par le Tonkin inférieur, au sud par la Cochinchine et le Cambodge. La première correspond au delta du *Song-Koï*, la seconde au delta ainsi qu'au cours inférieur du *Mékong*.

Issu du Yunnan (Chine méridionale), le Song-Koï, après avoir baigné *Lao-Kay* et *Hung-Hoa*, commence son delta à *Son-Tay*. *Hanoï*, la capitale (150.000 habitants), s'élève sur une des branches, *Haï-Phong* sur une autre. Ce fleuve est bien une *voie d'approche vers la Chine*, mais une voie imparfaite, puisqu'elle est coupée de rapides qu'il faudra tourner à l'aide de canaux, ou interrompue par des crues périodiques dont on ne voit guère le moyen de venir à bout.

Le Mékong, descendu du Thibet à travers le plateau siamois, bifurque à *Pnom-Penh*, capitale du Cambodge, en deux bras : la *rivière de Bassac*, à l'ouest, avec, pour centre principal, *Chaudoc*, le *Tien-Giang*, à l'est, avec *Mytho*. A ces deux branches s'unissent d'autres rivières courtes mais profondes, dont les *deux Vaïco*, le *Donnaï* et la *rivière de Saïgon* sont les principales. Avec ses 80.000 habitants, *Saïgon*, capitale de la Cochinchine, est aujourd'hui une ville européenne en pleine croissance. De toutes les villes françaises d'Extrême-Orient, elle est celle dont l'avenir paraît le mieux assuré. C'est le Paris de ces régions. Malheureusement, si le Mékong ouvre, comme le Song-Koï, une route vers la Chine, il est, comme lui, traversé par des cataractes, qui sont autant d'obstacles à notre pénétration dans l'Empire du Milieu.

Là, cependant, doit être notre objectif. La pénétration de la Chine apparaît, sinon comme la raison d'être, du moins comme la condition essentielle du développement de notre empire indo-chinois. Il ne suffit pas d'avoir échelonné des comptoirs depuis le golfe du Tonkin jusqu'au golfe de Siam, développé la culture du *riz*, du *coton*, du *blé*, défoncé les mines (*houille* excellente au village tonkinois de Hongaÿ [1], *or*, *argent*, *fer*), reconnu des *forêts* aux essences précieuses, et organisé l'*élevage* méthodique des animaux domestiques (bœufs, porcs, volailles); il faut encore favoriser le prolongement de notre rayonnement économique jusqu'aux frontières chinoises par la création de voies de communication appropriées. Nous ne devons pas oublier que notre puissance dans l'Indo-Chine ne dépend guère moins de nos relations commerciales que de nos rapports politiques avec la Chine. A voir l'état de décomposition dans lequel se traîne ce triste empire, on peut juger de l'urgence qu'il y a pour nous à marcher à lui. Vraisemblablement l'heure de sa dislocation totale ou partielle sonnera quelque jour. Il ne faudrait pas, ce jour-là, avoir la pénible surprise de constater que les courants commerciaux se seraient établis sans nous et contre nous. Puisse la construction du réseau de chemins de fer indo-chinois auquel nos ingénieurs travaillent dissiper toute crainte à ce sujet!

3. Climat. — L'avenir de la colonie est lié, en effet, au perfectionnement des procédés d'exploitation. Le climat ne permet

1. Voir gravure n° 15.

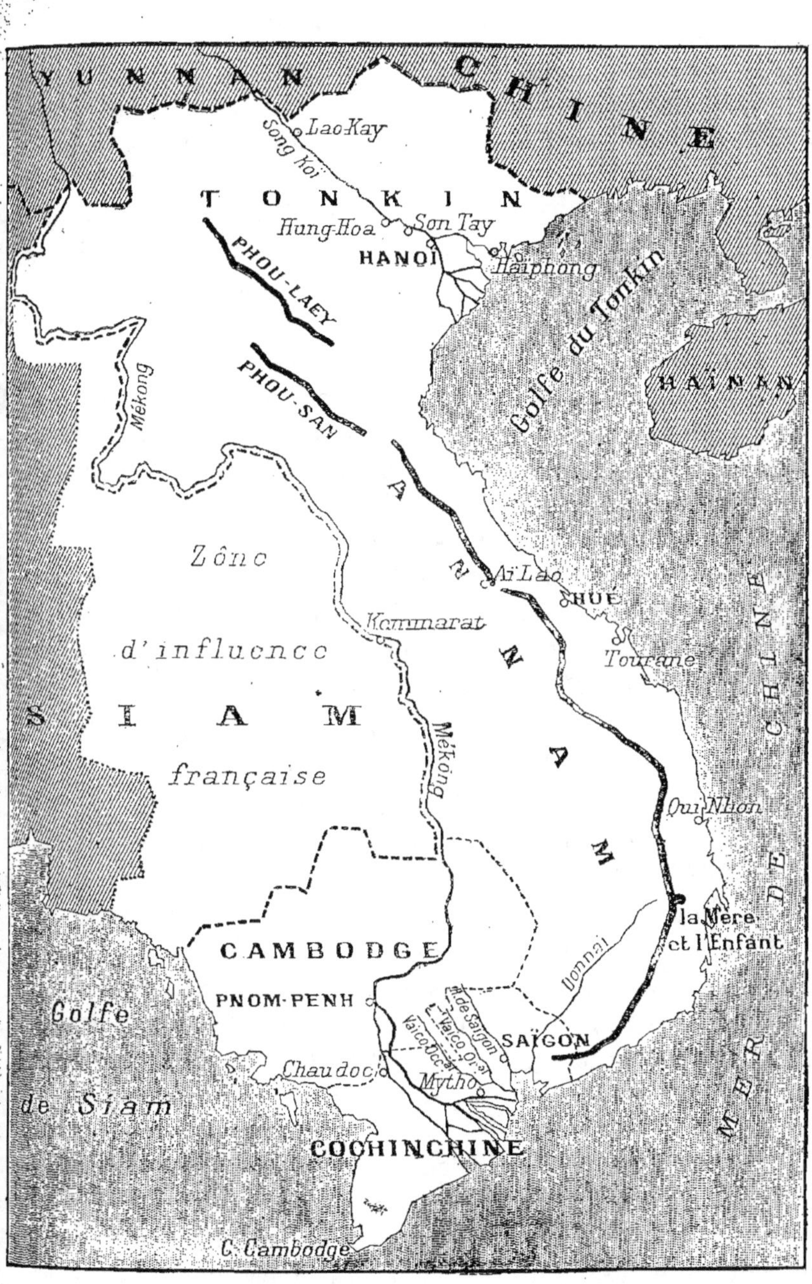

CROQUIS 32. — L'Indo-Chine française.

pas qu'elle devienne une *colonie de peuplement*. Il est tropical, c'est-à-dire chaud et humide, par suite meurtrier. L'Européen, quelles que soient les précautions hygiéniques dont il s'entoure, y succombe trop souvent. La dysenterie et les insolations sont ses deux plus redoutables ennemis. Il n'est pas jusqu'aux plaies en apparence les plus bénignes, aux simples écorchures ou piqûres de moustiques, qui peuvent dégénérer en maux longs à guérir, quelquefois même incurables.

4. Population. — Au reste, avec sa population très dense (18 millions d'habitants) et répartie en deux races (*annamite, et cambodgienne*), l'Indo-Chine ne peut guère servir de foyer d'appel. Trois fois plus peuplée que l'Algérie-Tunisie quoique moins étendue, elle n'offre pas à la colonisation un espace suffisant pour attirer l'émigrant.

5. Avenir. — Tous nos efforts doivent donc tendre à utiliser les ressources agricoles et minières du pays. Nul doute, si nous savons nous y prendre, qu'il devienne pour nous, avant peu, la *colonie d'exploitation par excellence*.

LECTURE

Le port et la ville de Saïgon. — « Sans qu'il puisse être comparé à la rade si merveilleusement animée de Singapore, notre port saïgonais n'est pas moins fréquenté par de nombreux navires de toute forme et de toute provenance : *prahos* et *lorchas* des Malais, jonques des Chinois, barques pontées des Annamites, bâtiments de guerre des diverses nations européennes qui ont des stations coloniales dans l'Extrême-Orient, bâtiments de commerce portant tous les pavillons du globe, paquebots et steamers pour les destinations les plus multiples. C'est un va-et-vient quotidien dont la contemplation m'a toujours charmé...

Saïgon, ville de création récente, ne comporte aucun point de comparaison possible avec les autres colonies européennes voisines. Ce à quoi nous visons, c'est à y établir une richesse compacte, homogène, utile surtout à la métropole; cela nous semble préférable à une agglomération de vingt races différentes, basée uniquement sur le commerce intérieur, sans ressources propres et soumise à toutes les chances d'une guerre lointaine. Voilà notre but avoué : y réussirons-nous?

Au point de vue purement physique, à ceux-là qui, comparant Saïgon à Singapore, en ont fait ressortir les infériorités d'un air de dédain pour la nouvelle ville, on peut répondre qu'on ne saurait tout d'un coup, à vingt-deux lieues dans l'intérieur des terres, édifier une cité aussi monumentale que celle qui possède déjà plus de quarante ans d'existence et qui a pu s'asseoir heureusement sur les bords de la mer. Certes, ici le coup d'œil n'est point aussi satisfaisant qu'à Pointe-de-Galles ou qu'à Singapore. On sent encore chez nous le travail de l'enfantement. Quand on songe, cependant, à ce qu'était Saïgon, il y a quinze ans, aux marécages qui en couvraient une partie, aux cimetières qui en occupaient une autre et laissaient exhaler, pendant les pluies, de redoutables effluves, aux cases en paillottes qui servaient de demeures à tous les Français, quand, d'un autre côté, l'on met en balance les canaux creusés, les grandes voies tracées, les constructions solides élevées de toutes parts, les grands édifices si promptement sortis de terre, cette haute ville, qui se développe comme par enchantement, l'agglomération sans cesse croissante des habitants, on ne peut méconnaître l'activité déployée, et l'on est forcément amené à taxer d'impatience inconsidérée les plaintes de ces envieux qui veulent faire supporter aux autres le poids de leurs illusions perdues ou de leur caractère chagrin. Quelques années encore, et Saïgon n'aura rien à désirer de ce qui fait l'orgueil des cités qui l'avoisinent. On a construit déjà beaucoup; on construit beaucoup encore : nous pensons que l'heure est loin d'être venue où l'on devra s'arrêter dans cette voie d'agrandissement. Déjà les environs de l'ancienne citadelle sont envahis et la truelle de nos entrepreneurs menace les brousses de la Plaine des tombeaux. Ce n'est pas là un signe de décadence. » (Raoul Postel, *l'Extrême-Orient*[1].)

1. Cette description faite, il y a vingt ans déjà, par un ancien magistrat de Cochinchine, faisait présager les progrès réalisés depuis.

Leçon II

Colonies secondaires. — Inde française

RÉSUMÉ. — **1.** Infériorité de notre situation dans l'Inde, mais importance qui résulte pour nous du seul fait de notre présence.

2. **Cinq territoires** (*Chandernagor*, *Yanaon*, *Pondichéry*, *Karikal*, *Mahé*) et **huit loges** (*Mazulipatam*, *Calicut*, *Surate*, *Cassimbazar*, *Jougdia*, *Dacca*, *Balassore*, *Patna*), couvrant une surface de 508 kilomètres carrés. Capitale : *Pondichéry*.

RÉCIT. — **1.** L'histoire esquissée plus haut du développement colonial de la France explique l'**infériorité de notre situation dans l'Inde.** Après avoir été les maîtres de cette vaste péninsule, nous n'y possédons plus aujourd'hui que cinq petits territoires et huit loges ou comptoirs sans importance. Le tout ne dépasse pas 508 kilomètres carrés de superficie, avec 283.000 habitants. C'est peu et c'est beaucoup aussi. Avoir **gardé pied** sur un territoire dont on a presque tout perdu, ce n'est point avoir à tout jamais abdiqué. Qui sait? L'Inde frémit en silence sous le joug de ses maîtres. D'un jour à l'autre elle peut crier sa révolte. Alors il pourrait arriver que la France se trouvât bien d'être restée là !

Les **cinq territoires** sont : *Chandernagor*, sur l'*Hougly*, un des bras du *delta du Gange*; *Yanaon*, sur un des bras du *delta du Godavéry*; *Pondichéry* (45.000 habitants), capitale de nos établissements; *Karikal* et *Mahé*.

Les **huit loges** sont: *Mazulipatam*, sur la *côte de Coromandel*; *Calicut*, sur celle de *Malabar*; *Surate*, sur le *golfe de Cambaye*; *Cassimbazar*, *Jougdia*, *Dacca*, *Balassore* et *Patna* dans le Bengale.

Il est clair que, réduite à ces limites, la France ne peut réaliser dans l'Inde un chiffre d'affaires très élevé. Pondichéry est,

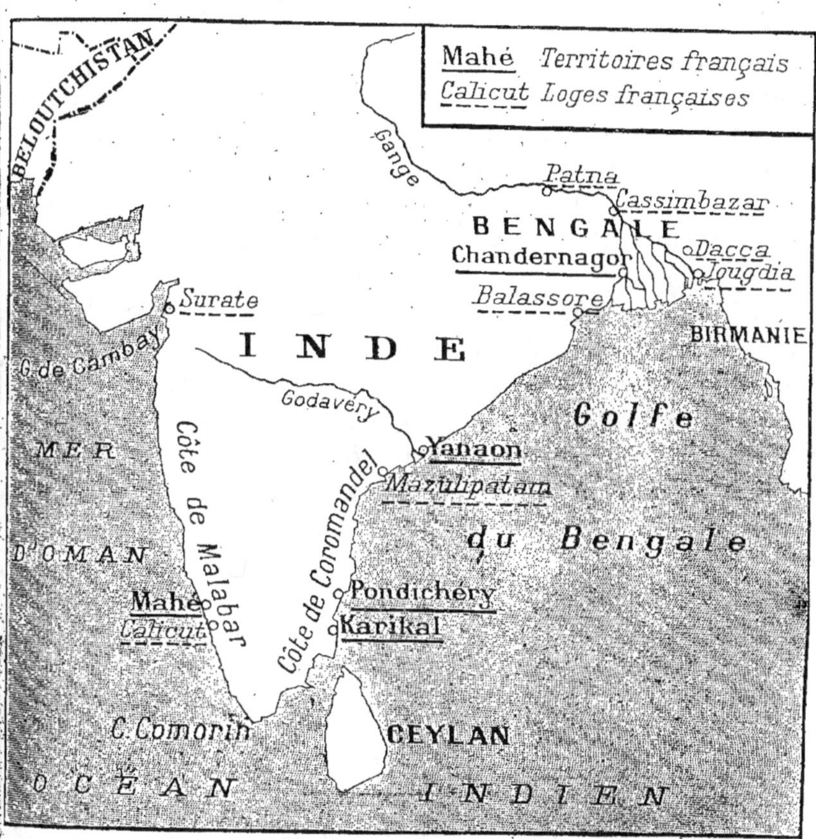

CROQUIS 33. — Inde française.

en réalité, le seul marché de l'Inde française ; la culture principale est celle du *riz* ; la *filature*, le *tissage* et la *teinture* des étoffes sont les industries les plus prospères.

LECTURE

Beauté de l'Inde. — « Près de 420 millions d'hectares, huit fois la France ; près de 250 millions d'hommes, six à sept fois les Français ; au nord, les pics de la terre qui s'approchent le plus de l'empyrée ; au pied de ces pics, et faits de leurs cascades, trois grands fleuves ; au sud de ces fleuves, au bout de plaines torrides, des monts caparaçonnés de bois au lieu d'être couronnés de neige, comme la chaîne titanique du nord ; et, après ces monts, un vaste plateau triangulaire, tropical par ses latitudes, tempéré par sa hauteur : telle est l'Inde, pays de merveilles, site de villes opulentes, lieu de tant de guerres, de tant d'héroïsmes ou de forfaits, de tant d'empires élevés, puis abattus, que nulle histoire ne dépasse les drames de la sienne ; l'Inde, berceau de civilisations très antiques, de nombreuses philosophies, de plusieurs religions, d'une poésie grandiose. » (Onésime Reclus, *la Terre à vol d'oiseau*, **Hachette et C**ie, éditeurs.)

TABLEAU SYNOPTIQUE

GROUPE ASIATIQUE

I — Colonies principales

INDO-CHINE FRANÇAISE

1° Etendue : longue bande de terre à l'extrémité S.-E. de l'Asie ; deux colonies proprement dites (Cochinchine, avec Saïgon pour capitale; Tonkin. avec Hanoï pour capitale) ; deux protectorats (Cambodge avec Pnom-Penh pour capitale, Annam avec Hué pour capitale) ; au total 530.000 kilomètres carrés.

2° Configuration physique

a. Deux soulèvements montagneux : celui du Tonkin septentrional (massif orienté en tous sens) ; celui de la côte d'Annam (longue chaîne, Phou-Laey, Phou-San, Mère-et-Enfant).

b. Deux grandes plaines basses : celle du Tonkin inférieur (delta du Song-Koï) ; celle de la Cochinchine et du Cambodge (delta et cours inférieur du Mékong).

3° Climat et Productions

Climat tropical et meurtrier.

a. sol : riz, coton, blé, forêts, pâturages (animaux domestiques).

b. sous-sol : houille, or, argent, fer.

II — Colonies secondaires

INDE FRANÇAISE

1° Cinq territoires : Chandernagor, Yanaon, Pondichéry, Karikal, Mahé.

2° Huit loges : Mazulipatam, Calicut, Surate, Cassimbazar, Jougdia, Dacca, Balassore, Patna.

En tout 508 kilomètres carrés. Capitale Pondichéry.

CHAPITRE IV

GROUPE AMÉRICAIN

NOTIONS GÉNÉRALES

Nous ne possédons dans le nouveau monde aucun territoire dont l'étendue ou l'importance rappelle notre Algérie d'Afrique ou notre Indo-Chine d'Asie.

Nous y avons cependant trois points d'appui. Par Saint-Pierre et Miquelon, voisins de Terre-Neuve, nous demeurons aux portes de l'Amérique septentrionale. Par les Antilles françaises, nous regardons l'Amérique centrale. Par la Guyane, nous avons notre part de l'Amérique méridionale.

Ainsi, du nord au sud, nous disposons de trois centres coloniaux dont il ne faut pas exagérer la valeur, mais qu'il ne faudrait pas non plus dédaigner.

Colonies principales : Groupes de Saint-Pierre-Miquelon et des Antilles.

Colonies secondaires : Guyane.

Leçon I

Colonies principales : Groupes de Saint-Pierre-Miquelon et des Antilles. — Colonies secondaires : Guyane.

RÉSUMÉ. — 1. Colonies principales. — Groupe de Saint-Pierre-Miquelon (capitale *Saint-Pierre*), auquel les produits de la pêche assurent le troisième rang, comme importance commerciale, parmi nos colonies. — **Groupe des Antilles** formé de la *Martinique* (capitale *Fort dé-France*) et de la *Guadeloupe* (capitale *Basse-Terre*) avec ses dépendances, *Marie-Galante*, *Désirade*, *Saintes*, *Saint-Barthélemy*, moitié de *Saint-Martin*.

2. Colonies secondaires. — **Guyane,** dont le climat tropical est moins malsain qu'on l'a bien voulu dire, dont les forêts offrent de beaux bois d'ébénisterie, dont les fleuves (*Oyapock*, *Maroni*) cachent l'or dans leurs alluvions. Une décision récente (1900) vient de donner au Brésil la presque totalité du *Contesté franco-brésilien*.

RÉCIT. — **1. Colonies principales.** — *a*. Le **groupe de Saint-Pierre-Miquelon** (capitale *Saint-Pierre*) ne doit sa valeur ni à sa superficie qui est faible (210 kilomètres carrés), ni à sa population dont le chiffre égale à peine celui d'une petite ville française (6.300 habitants). La stérilité naturelle de la terre, jointe à la longueur des hivers pendant lesquels le thermomètre descend quelquefois jusqu'à 26° au-dessous de zéro, y rend sinon impossible, du moins difficile, tout essai agricole. Mais les revenus de la pêche (morue, homard, hareng, capelan, encornet) y sont considérables. Sans la pêche, Saint-Pierre et Miquelon ne seraient rien. Aux revenus de la pêche ces îles doivent de tenir le troisième rang, comme importance commerciale, parmi toutes nos colonies. Nous avons, d'ailleurs, conservé le droit de pêche sur les côtes de *Terre-Neuve*.

b. Le **groupe des Antilles** comprend la *Martinique* (capitale *Fort-de-France*) et la *Guadeloupe* (capitale *Basse-Terre*) composée de deux masses insulaires, la *Basse-Terre* et la *Grande-Terre*, et à laquelle se rattachent *Marie-Galante*, *la Désirade*, les *Saintes*, *Saint-Barthélemy* et *Saint-Martin* dont la moitié nous appartient, le reste étant aux Hollandais.

Martinique et Guadeloupe sont également montagneuses et volcaniques (*Montagne-Pelée*, 1.350^m en Martinique[1], *Piton de la Soufrière* 1.484^m en Guadeloupe), sujettes aux mêmes

1. La dernière éruption de la Montagne-Pelée est du mois de mai 1902. La ville de Saint-Pierre disparut sous une coulée de laves et de cendres.

tremblements de terre, soumises à l'influence d'un même climat tropical et riches de la même végétation (*canne à sucre, caféier, cotonnier*). Elles occupent ensemble, dépendances comprises, une superficie de près de 3.000 kilomètres carrés avec une popu-

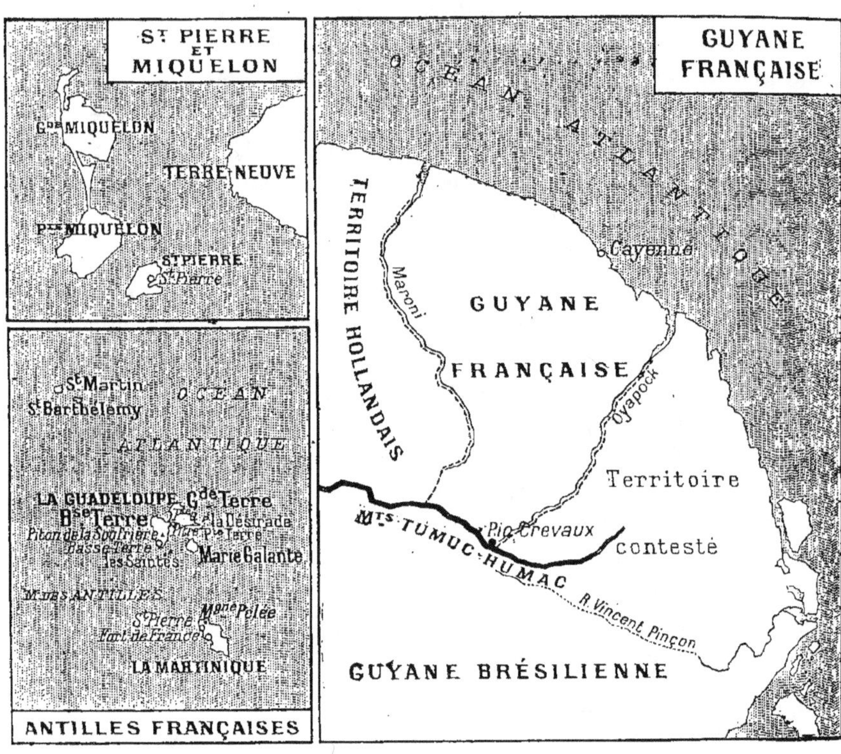

Croquis 34. — Saint-Pierre et Miquelon. — Antilles. — Guyane.

lation totale de 370.000 habitants. *Saint-Pierre* dans la Martinique et *Pointe-à-Pitre* dans la Guadeloupe dépassent en importance les deux capitales.

2. Colonies secondaires. — Bien que méritant de n'être rangée qu'en seconde ligne parmi nos colonies d'Amérique, la **Guyane** vaut mieux que sa réputation. Il n'y faut pas voir seulement la colonie pénitentiaire. Au climat chaud et humide du littoral,

asile des épidémies et de la mort, il faut savoir opposer l'atmosphère moins meurtrière des plateaux forestiers que dominent la
chaîne des *Tumuc-Humac* et le *pic Crevaux*. Si les marécages
du bas pays sont pauvres, l'intérieur fournit quelques beaux
bois d'ébénisterie, et l'*or* se rencontre dans les alluvions des
rivières, comme l'*Oyapock* et le *Maroni*.

Sur une population de 30.000 habitants, la capitale, *Cayenne*,
en compte 12.000.

Malheureusement une décision récente (1900) tranche à notre
désavantage la question, pendante depuis le xviie siècle, du *Contesté franco-brésilien*. Le traité d'Utrecht avait délimité de façon
peu claire notre frontière de l'est. Donnait-il à la France ou
laissait-il au Brésil les 150.000 kilomètres carrés qui séparent
la Guyane de ce pays ? Le Président de la Confédération hel-
vétique, choisi comme arbitre, en vient d'attribuer la presque
totalité à nos voisins.

LECTURE

Contesté franco-brésilien. — « Le Conseil fédéral de la
Suisse vient de trancher définitivement le différend qui exis-
tait entre la France et le Brésil, relativement aux limites de la
Guyane française.

La décision du Conseil fédéral, que les deux Républiques
avaient choisi comme arbitre, est entièrement favorable au
Brésil. Il n'y a pas à récriminer, puisque la sentence avait été
acceptée par avance ; mais peut-être est-il utile d'expliquer en
quelques mots cette question, vieille de plus de deux siècles.

La contestation remonte, en effet, au xviie siècle, alors que le
Brésil était encore possession portugaise. Dès 1688, le Gouvernement de Louis XIV réclamait, comme limite méridionale de la
colonie française de Cayenne, la rive gauche de l'Amazone,
tandis que le Gouvernement portugais prétendait que les frontières du Brésil, dans cette région, étaient la rivière d'Oyapock,
formant la limite septentrionale du bassin de l'Amazone.

A la suite de divers incidents, les Français s'emparèrent, en 1697, du fort portugais de Macapa, sur la rive gauche de l'Amazone ; puis les deux puissances signèrent un traité provisoire, par lequel était neutralisé le territoire de 400.000 kilomètres carrés, situé entre l'Amazone et l'Oyapock.

Au début du xviiie siècle, ce traité fut rompu par le Portugal, qui entra dans la coalition contre Louis XIV, pendant la guerre de la Succession d'Espagne.

La guerre se termina par le traité d'Utrecht, dont un des articles portait le désistement de la France, qui renonçait à tous ses droits sur le territoire contesté.

Mais alors surgit une difficulté d'un autre genre. La colonie portugaise s'étendait bien jusqu'à l'Oyapock. Mais à quel cours d'eau fallait-il attribuer ce nom ?

Le mot *oyapock* est un mot *guaraai*, signifiant *eau*, et qui s'appliquait, dans la langue des indigènes, à toutes les rivières de cette région, et les Français soutenaient qu'en l'espèce il désignait la rivière Vincent-Pinçon, située à l'est de la frontière revendiquée par le Portugal.

La contestation revint donc chaque fois que des traités mettaient fin à des complications internationales, dans lesquelles le Portugal, inféodé à l'Angleterre, se trouvait toujours opposé à la France.

Lorsque, sous Napoléon Ier, les Français s'emparèrent de Lisbonne, tous les traités précédents furent annulés ; mais le traité de Vienne, en 1815, fixa une fois de plus la frontière du Brésil, jusqu'à la rivière Oyapock, sans toutefois la définir avec plus de précision.

Lorsque le Brésil se fut séparé du Portugal, il engagea des négociations avec la France, pour aboutir à une transaction. Mais ces négociations traînèrent longtemps ; les deux puissances, en effet, n'attachaient qu'une importance médiocre à la possession de ce pays, habité par quelques tribus errantes, couvert de forêts et de marais, et difficilement exploitable.

Mais, vers 1894, des coureurs de bois découvrirent de l'or

d'alluvion aux sources du fleuve Calçonne, et des aventuriers brésiliens vinrent, en assez grand nombre, s'établir dans cette région.

L'un d'eux ayant fait prisonnier et maltraité un nègre subventionné par le gouverneur de la Guyane française, celui-ci envoya, pour le délivrer, une canonnière à Aurapa, où eut lieu un combat.

M. Hanotaux, alors ministre des Affaires étrangères, proposa au Brésil de trancher le différend par l'arbitrage. Le Brésil accepta, et le Conseil fédéral suisse fut choisi comme arbitre. » (*Le Petit Méridional*, 10 décembre 1900.)

TABLEAU SYNOPTIQUE

GROUPE AMÉRICAIN

1 **Colonies** **principales**	1 GROUPE DE SAINT-PIERRE ET MIQUELON	Superficie faible ; population clairsemée ; sol stérile mais pêche extrêmement productive. Capitale Saint-Pierre. Droit de pêche de la France sur les côtes de Terre-Neuve.	
	2 GROUPE DES ANTILLES	Iles montagneuses, volcaniques, soumises à l'influence du climat tropical.	*a.* Martinique (Capitale Fort-de-France, dépassée en importance par Saint-Pierre). *b.* Guadeloupe (Capitale Basse-Terre, dépassée en importance par Pointe-à-Pitre) et dépendances (Marie-Galante, la Désirade, les Saintes, Saint-Barthélemy et moitié de Saint-Martin).
II **Colonies** **secondaires**	GUYANE	Malsaine sur le littoral, mais plus hospitalière sur les plateaux ; pauvre dans le bas pays, mais plus riche à l'intérieur (bois d'ébénisterie, or de l'Oyapock et du Maroni). Capitale Cayenne. Question du Contesté franco-brésilien tranchée en faveur du Brésil (1900).	

CHAPITRE V

GROUPE OCÉANIEN

NOTIONS GÉNÉRALES

Par l'appellation de groupe océanien, il faut entendre 116 îles représentant une superficie totale de 27.750 kilomètres carrés. C'est un peu moins que la Belgique. L'importance de l'Océanie française est, d'ailleurs, moins dans son étendue que dans son rôle d'intermédiaire entre la vieille Asie et la jeune Amérique. Aussi bien, si jamais l'isthme de Panama vient à être percé, elle se trouvera singulièrement rapprochée de l'Europe. La valeur de sa situation maritime sera, du coup, doublée.

Colonies principales : Archipel néo-calédonien.

Colonies secondaires : Archipel polynésien (*de la Société, Tubuaï, Gambier, Tuamotou, Marquises, Futuna, Wallis*).

Leçon I

Colonies principales : Archipel néo-calédonien.
Colonies secondaires : Archipel polynésien.

RÉSUMÉ. — **1. Colonies principales.** — Archipel néo-calédonien dont la *Nouvelle-Calédonie* (capitale *Nouméa*) est la grande terre et plusieurs îlots les sentinelles avancées.

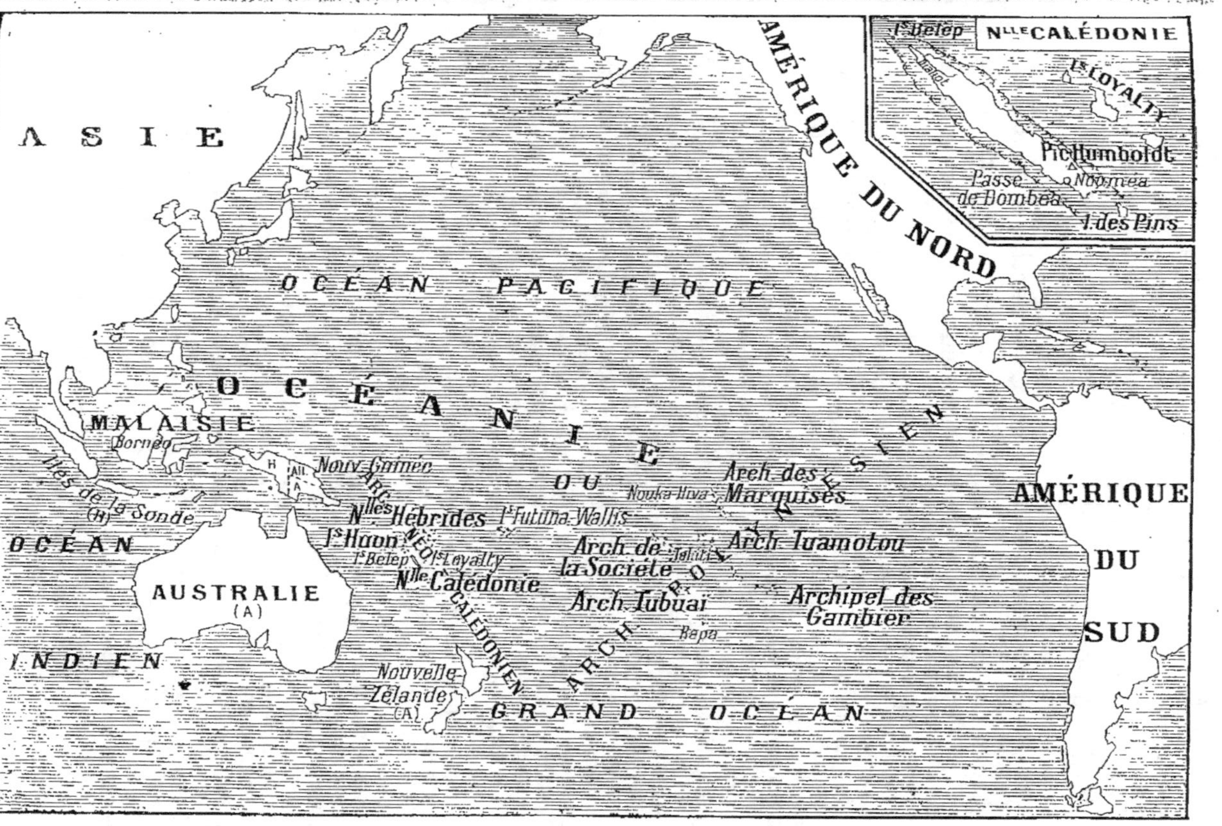

CROQUIS 35. — Océanie française.

2. Colonies secondaires. — **Archipel polynésien** avec, pour reine, *Taïti* (capitale *Papeïti*), dans les *îles de la Société*. Les *Tubuaï, Gambier, Tuamotou, Marquises*, et surtout les *Futuna* et *Wallis* lui sont inférieures.

Récit. — **1. Colonies principales.** — L'archipel néo-calédonien comprend une grande île, la *Nouvelle-Calédonie*, d'une superficie égale à deux Corses, et plusieurs îlots, sortes de satellites de la précédente.

La Nouvelle-Calédonie est d'un accès assez difficile. Elle est entourée d'une ceinture de coraux que les navires ne peuvent franchir qu'aux endroits où des passes ont été pratiquées, généralement en face des estuaires fluviaux. Telle la *passe de Dombéa*, qui conduit à *Nouméa*, la capitale, au fond d'une des plus belles rades de l'Océan. Entassement de montagnes s'élevant, au mont *Humboldt*, jusqu'à 1.650 mètres, la Nouvelle-Calédonie a peu de valeur hydrographique : à l'exception du *Diahot*, ses cours d'eau n'ont ni développement ni profondeur. Mais le climat est très sain, et l'administration pénitentiaire fit preuve d'humanité en la choisissant comme lieu de déportation. Ses richesses souterraines (*cuivre, nickel, or*), sans être négligeables, ne peuvent être comparées aux produits de son *agriculture*, ni aux bénéfices résultant de la pratique de l'*élevage*.

Parmi les îlots qui l'avoisinent, il convient de citer les *Loyalty*, l'*île des Pins*, les *Belep*, les *Huon*. Au point de vue géographique, *les Nouvelles-Hébrides* sont bien une dépendance de l'archipel français ; mais la convention anglo-française de 1878 a stipulé que ces terres ne seraient ni françaises, ni anglaises. Depuis 1887, elles sont même placées sous une administration mixte composée d'officiers des deux escadres française et anglaise du Pacifique. Situation étrange, en somme, pouvant devenir, d'un jour à l'autre, l'origine de difficultés.

2. Colonies secondaires. — La **Polynésie française** comprend :

L'archipel de la Société dont *Taïti* est la principale. Avec son climat délicieux, sa végétation puissante, ses sommets du haut desquels il est donné à l'homme de contempler un des plus beaux spectacles de la nature, Taïti est la reine de l'Océanie. Son port, *Papeïti*, est un des meilleurs du Pacifique.

L'archipel Tubuaï, dont *Rapa* possède un port excellent.

L'archipel des Gambier, où les habitants se livrent à la pêche des huîtres perlières.

L'archipel Tuamotou, la plus vaste pêcherie qui soit au monde.

L'archipel des Marquises, avec, pour chef-lieu, *Nouka-Hiva*.

Enfin les *Futuna* et les *Wallis*, grains de sable dans l'Océan.

LECTURE

La pêcherie de Tuamotou. — « Sur les quatre-vingts îles dont elle se compose, il n'en est que cinq ou six ne produisant pas de perles. Malheureusement cette immense pêcherie, mal exploitée, n'a pas donné jusqu'ici les revenus qu'on peut en attendre. La production des nacres pour le seul archipel de Tuamotou, s'élève au chiffre d'environ 390 à 400 tonneaux par an, représentant, au prix moyen de 1.500 francs la tonne, une valeur de 580 à 600.000 francs. Quant aux perles, il est absolument impossible d'en faire la moindre évaluation. En vend-on pour 100.000 ou 500.000 francs ? C'est entre ces deux chiffres qu'est la vérité. Dans tous les cas, on peut, sans témérité, avancer que l'archipel des Tuamotou livre au commerce pour au moins 1 million de produits par an, en nacre, coprah et perles. » (Louis Vignon, *les Colonies françaises*, **Guillaumin et Cie**, éditeurs.)

TABLEAU SYNOPTIQUE

GROUPE OCÉANIEN

I **Colonies** **principales**	ARCHIPEL NÉO-CALÉDONIEN	Grande terre : Nouvelle-Calédonie (capitale Nouméa). Petites terres : Loyalty, des Pins, Bélep, Huon.
II **Colonies** **secondaires**	ARCHIPEL POLYNÉSIEN	Archipel de la Société : île principale, Taïti (capitale Papéïti). Archipel Tubuaï : île principale Rapa. Archipel des Gambier. Archipel Tuamotou. Archipel des Marquises : île principale Nouka-Hiva. Archipel des Futuna et Wallis.

Sujets de devoirs. — *Au lieu de grouper les colonies par continents, répartissez-les par zones maritimes (Méditerranée, Océan Atlantique, Océan Indien, Océan Pacifique) et étudiez, dans leurs grandes lignes, celles que vous rencontrez dans chaque zone.*

Où la France vous paraît-elle avoir une situation coloniale meilleure, de la Méditerranée, de l'Océan Atlantique, de l'Océan Indien, de l'Océan Pacifique ? Indiquez vos raisons.

Sur une carte générale de l'Afrique placez les colonies françaises.

Même travail pour l'Asie.

Même travail pour l'Océanie.

Tableau général des colonies françaises groupées par continents.

CONCLUSION

Tu vois, jeune homme, et toi, jeune fille aussi, ce qu'est ton pays.

Il n'occupe pas sur la rondeur du globe une bien grande place. Ce n'est pas de lui qu'on pourrait dire que le soleil ne s'y couche jamais, puisqu'il suffit de vingt-quatre heures pour le traverser dans sa plus grande largeur. Encore, n'est-il pas partout l'objet des soins qu'il mérite : ses plaines, mal défendues contre les inondations, deviennent çà et là la proie du fléau.; ses terres en friche reculent avec trop de lenteur devant les espaces cultivables ; et, de distance en distance, ses rivages attendent l'exécution de travaux qui, entrepris de meilleure heure, en auraient fait déjà le rendez-vous de flottes nombreuses. Peut-être aussi faut-il, si honorable que soit la grandeur de l'effort réalisé, déplorer la parcimonie avec laquelle sont consentis les sacrifices destinés à combler les lacunes de ses voies de communication. La réduction de certaines dépenses moins justifiées rendrait aisée la mise en œuvre d'un des moyens les plus propres à favoriser l'essor commercial comme à fortifier l'unité de la nation.

Mais ce sont là réserves de détail qu'autorise la perfection de l'ensemble.

Les yeux qui ont été donnés à l'homme pour admirer la nature s'attachent avec complaisance aux traits harmonieux du tableau.

Aime-le donc ton pays pour sa beauté physique, comme tu l'aimes pour sa grandeur morale N'aie aucune peur de paraître moins épris de celle-ci que de celle-là. Personne ne te fera l'injure de penser qu'ayant grandi à l'école du devoir tu ne brûles point déjà de la sainte ardeur de le servir, jeune homme avec tes bras, jeune fille avec ton cœur.

Aime-le encore pour l'aisance qu'il te procure, pour tous les biens que tu dois à la générosité de son sol, au charme de ses campagnes, à la douceur de son ciel. Car si ta vie est facile et ton travail rémunérateur, c'est son honneur à lui. Rends grâce à sa pure atmosphère si tes chances d'arriver à l'âge d'homme y sont plus élevées qu'en aucun autre pays du monde; et n'oublie point que c'est à la largesse avec laquelle, devenu homme, il te payera de ta peine, que tu dois la perspective d'une vieillesse tranquille et honorée.

Aime-le jusque dans son prolongement sur les terres lointaines où la vision de sites nouveaux ne t'empêche point de retrouver quelque chose de lui.

Aime-le enfin, aime-le surtout, parce qu'il est, depuis des siècles, le champ de repos de tes pères confié, dès ta naissance, à ta piété.

Et, pour le bien aimer, commence par le bien connaître!

APPENDICE

PROVINCES ET DÉPARTEMENTS

GROUPÉS EN 6 GRANDES RÉGIONS

I. — Région du Nord

PROVINCES	DÉPARTEMENTS	CHEFS-LIEUX	SOUS-PRÉFECTURES [1]
Flandre	NORD	*Lille*	Dunkerque, Douai, Valenciennes, Cambrai, Hazebrouck, Avesnes.
Artois	PAS-DE-CALAIS	*Arras*	Boulogne-sur-Mer, Saint-Omer, Béthune, Saint-Pol, Montreuil.
Picardie	SOMME	*Amiens*	Abbeville, Doullens, Péronne, Montdidier.
Normandie	SEINE-INFÉR	*Rouen*	Le Havre, Dieppe, Yvetot, Neufchâtel.
	EURE	*Evreux*	Louviers, Bernay, Pont-Audemer, Les Andelys.
	CALVADOS	*Caen*	Lisieux, Bayeux, Falaise, Vire, Pont-l'Evêque.
	MANCHE	*Saint-Lô*	Cherbourg, Coutances, Avranches, Valognes, Mortain.
	ORNE	*Alençon*	Argentan, Domfront, Mortagne.
Ile-de-France	SEINE	*Paris*	
	SEINE-ET-OISE	*Versailles*	Etampes, Corbeil, Pontoise, Mantes, Rambouillet.
	SEINE-ET-MARNE	*Melun*	Meaux, Fontainebleau, Provins, Coulommiers.
	OISE	*Beauvais*	Compiègne, Senlis, Clermont.
	AISNE	*Laon*	Saint-Quentin, Soissons, Château-Thierry, Vervins.

II. — Région de l'Est

PROVINCES	DÉPARTEMENTS	CHEFS-LIEUX	SOUS-PRÉFECTURES
Champagne et Barrois	AUBE	*Troyes*	Bar-sur-Aube, Nogent-sur-Seine, Bar-sur-Seine, Arcis-sur-Aube.
	HAUTE-MARNE	*Chaumont*	Langres, Vassy.
	MARNE	*Châlons-sur-Marne*	Reims, Epernay, Vitry-le-François, Sainte-Menehould.
	ARDENNES	*Mézières*	Sedan, Rethel, Rocroi, Vouziers.

1. Placées par ordre décroissant d'importance au point de vue de la population.

PROVINCES	DÉPARTEMENTS	CHEFS-LIEUX	SOUS-PRÉFECTURES
Lorraine et Barrois	MEUSE	*Bar-le-Duc*	Verdun, Commercy, Montmédy.
	MEURTHE-ET-MO-SELLE	*Nancy*	Lunéville, Toul, Briey.
	VOSGES	*Epinal*	Saint-Dié, Remiremont, Mirecourt, Neufchâteau.
Franche-Comté	HAUTE-SAÔNE	*Vesoul*	Gray, Lure.
	DOUBS	*Besançon*	Montbéliard, Pontarlier, Baume-les-Dames.
	JURA	*Lons-le-Saulnier*	Dôle, Saint-Claude, Poligny.
Bourgogne	YONNE	*Auxerre*	Sens, Joigny, Avallon, Tonnerre.
	CÔTE-D'OR	*Dijon*	Beaune, Châtillon-sur-Seine, Semur.
	SAÔNE-ET-LOIRE	*Mâcon*	Chalon-sur-Saône, Autun, Louhans, Charolles.
	AIN	*Bourg*	Belley, Nantua, Gex, Trévoux.

III. — Région du Sud-Est

PROVINCES	DÉPARTEMENTS	CHEFS-LIEUX	SOUS-PRÉFECTURES
Lyonnais	RHÔNE	*Lyon*	Villefranche-sur-Saône.
	LOIRE	*Saint-Etienne*	Roanne, Montbrison.
Dauphiné	ISÈRE	*Grenoble*	Vienne, Saint-Marcellin, La Tour-du-Pin.
	DRÔME	*Valence*	Montélimar, Die, Nyons.
	HAUTES-ALPES	*Gap*	Briançon, Embrun.
Savoie	SAVOIE	*Chambéry*	Albertville, Saint-Jean-de-Maurienne, Moutiers.
	HAUTE-SAVOIE	*Annecy*	Thonon, Bonneville, Saint-Julien.
Comtat Venaissin	VAUCLUSE	*Avignon*	Orange, Carpentras, Apt.
Provence	BOUCHES-DU-RHÔNE	*Marseille*	Aix-en-Provence, Arles.
	VAR	*Draguignan*	Toulon, Brignoles.
	BASSES-ALPES	*Digne*	Sisteron, Forcalquier, Barcelonnette, Castellane.
Comté de Nice	ALPES-MARITIMES	*Nice*	Grasse, Puget-Théniers.
Corse	CORSE	*Ajaccio*	Bastia, Sartène, Corté, Calvi.

IV. — Région du Sud-Ouest

PROVINCES	DÉPARTEMENTS	CHEFS-LIEUX	SOUS-PRÉFECTURES
	Haute-Loire...	*Le Puy*........	Yssingeaux, Brioude.
	Lozère.........	*Mende*........	Marvejols, Florac.
	Ardèche........	*Privas*........	Tournon, Largentière.
	Gard...........	*Nîmes*........	Alais, Uzès, Le Vigan.
Languedoc	Hérault........	*Montpellier*...	Béziers, Lodève, Saint-Pons.
	Aude..........	*Carcassonne*...	Narbonne, Castelnaudary, Limoux.
	Haute-Garonne	*Toulouse*......	Saint-Gaudens, Muret, Villefranche-de-Lauraguais.
	Tarn..........	*Albi*..........	Castres, Gaillac, Lavaur.
Roussillon	Pyrénées-Orientales...	*Perpignan*.....	Prades, Céret.
Comté de Foix	Ariège.........	*Foix*..........	Pamiers, Saint-Girons.
Béarn	Basses-Pyrénées.........	*Pau*..........	Bayonne, Oloron, Orthez, Mauléon.
	Gers..........	*Auch*..........	Condom, Lectoure, Mirande, Lombez.
Gascogne	Hautes-Pyrénées.........	*Tarbes*........	Bagnères-de-Bigorre, Argelès.
	Landes........	*Mont-de-Marsan*.........	Dax, Saint-Sever.
	Tarn-et-Garonne......	*Montauban*....	Moissac, Castelsarrasin.
	Aveyron........	*Rodez*.........	Millau, Villefranche-de-Rouergue, Saint-Affrique, Espalion.
	Lot...........	*Cahors*........	Figeac, Gourdon.
Guyenne	Dordogne.......	*Périgueux*.....	Bergerac, Sarlat, Ribérac, Nontron.
	Lot-et-Garonne	*Agen*..........	Villeneuve-sur-Lot, Nérac, Marmande.
	Gironde........	*Bordeaux*......	Libourne, Bazas, Blaye, La Réole, Lesparre.

V. — Région de l'Ouest

PROVINCES	DÉPARTEMENTS	CHEFS-LIEUX	SOUS-PRÉFECTURES
Aunis et Saintonge	Charente-Inférieure........	*La Rochelle*...	Rochefort, Saintes, Saint-Jean-d'Angély, Marennes, Jonzac.
Angoumois	Charente.......	*Angoulême*....	Cognac, Barbezieux, Ruffec, Confolens.

PROVINCES	DÉPARTEMENTS	CHEFS-LIEUX	SOUS-PRÉFECTURES
	VIENNE	*Poitiers*	Châtellerault, Civray, Loudun, Montmorillon.
Poitou	DEUX-SÈVRES	*Niort*	Parthenay, Bressuire, Melle.
	VENDÉE	*La Roche-sur-Yon*	Les Sables-d'Olonne, Fontenay-le-Comte.
Anjou	MAINE-ET-LOIRE	*Angers*	Cholet, Saumur, Baugé, Segré.
	LOIRE-INFÉRIEURE	*Nantes*	Saint-Nazaire, Châteaubriant, Ancenis, Paimbœuf.
	MORBIHAN	*Vannes*	Lorient, Pontivy, Ploërmel.
Bretagne	FINISTÈRE	*Quimper*	Brest, Morlaix, Quimperlé, Châteaulin.
	CÔTES-DU-NORD	*Saint-Brieuc*	Dinan, Guingamp, Lannion, Loudéac.
	ILLE-ET-VILAINE	*Rennes*	Fougères, Saint-Malo, Vitré, Redon, Montfort.
Maine	MAYENNE	*Laval*	Mayenne, Château-Gontier.
	SARTHE	*Le Mans*	La Flèche, Mamers, Saint-Calais.

VI. — Région du Centre

PROVINCES	DÉPARTEMENTS	CHEFS-LIEUX	SOUS-PRÉFECTURES
Touraine	INDRE-ET-LOIRE	*Tours*	Chinon, Loches.
Berry	INDRE	*Châteauroux*	Issoudun, Le Blanc, La Châtre.
	CHER	*Bourges*	Saint-Amand, Sancerre.
Bourbonnais	ALLIER	*Moulins*	Montluçon, Gannat, La Palisse.
Nivernais	NIÈVRE	*Nevers*	Cosne, Clamecy, Château-Chinon.
Auvergne	PUY-DE-DÔME	*Clermont-Ferrand*	Thiers, Riom, Ambert, Issoire.
	CANTAL	*Aurillac*	Saint-Flour, Mauriac, Murat.
Limousin	CORRÈZE	*Tulle*	Brive, Ussel.
	HAUTE-VIENNE	*Limoges*	Saint-Yrieix, Rochechouart, Bellac.
Marche	CREUSE	*Guéret*	Aubusson, Bourganeuf, Boussac.
	LOIR-ET-CHER	*Blois*	Vendôme, Romorantin.
Orléanais	LOIRET	*Orléans*	Montargis, Gien, Pithiviers.
	EURE-ET-LOIR	*Chartres*	Dreux, Nogent-le-Rotrou, Châteaudun.

Il reste de l'Alsace-Lorraine l'arrondissement de Briey, incorporé au département de Meurthe-et-Moselle et le territoire de Belfort.

Algérie

L'Algérie forme trois départements :

	DÉPARTEMENTS	CHEFS-LIEUX	SOUS-PRÉFECTURES
	ALGER	*Alger*	Tizi-Ouzou, Médéa, Orléansville, Miliana.
Algérie	ORAN	*Oran*	Tlemcem, Sidi-bel-Abbès, Mascara, Mostaganem.
	CONSTANTINE	*Constantine*	Bône, Philippeville, Sétif, Bougie, Batna, Guelma.

LES VILLES FRANÇAISES

GROUPÉES EN TROIS CLASSES D'APRÈS LEUR POPULATION
ET PAR ORDRE ALPHABÉTIQUE[1]

I. — Grandes Villes (au-dessus de 100.000 habitants)

Bordeaux
Le Havre
Lille
Lyon
Marseille
Nantes
Paris
Roubaix
Rouen
Saint-Etienne
Toulouse

II. — Villes moyennes (de 20 à 100.000 habitants)

Agen
Aix-en-Provence
Ajaccio
Alais
Albi
Amiens
Angers
Angoulême
Arles
Arras
Avignon
Bastia
Bayonne
Besançon
Béziers
Blois
Boulogne-sur-Mer
Bourges
Brest
Caen
Calais

Cambrai
Carcassonne
Castres
Cette
Chambéry
Châlons-sur-Marne
Chalon-sur-Saône
Chartres
Châteauroux
Châtellerault
Cherbourg
Clermont-Ferrand
Dijon
Douai
Dunkerque
Elbeuf
Epinal
Evreux
Grenoble
La Rochelle
Laval

Le Creusot
Le Mans
Le Puy
Limoges
Lorient
Lunéville
Mazamet
Montauban
Montluçon
Montpellier
Moulins
Nancy
Narbonne
Nevers
Nice
Nîmes
Niort
Orléans
Pau
Périgueux
Perpignan

Poitiers
Reims
Rennes
Roanne
Rochefort
Saint-Nazaire
Saint-Omer
Saint-Quentin
Tarbes
Toulon
Tourcoing
Tours
Troyes
Valence
Valenciennes
Vannes
Versailles
Vienne

III. — Villes (au-dessous de 20.000 habitants)

Abbeville
Albertville
Alençon
Ambert
Ancenis
Annecy
Annonay
Antibes
Antin
Apt
Arcis-sur-Aube
Argelès
Argentan

Aubusson
Auch
Aurillac
Autun
Auxerre
Avallon
Avesnes
Avranches
Bagnères-de-Bigorre
Barbezieux
Barcelonnette
Bar-le-Duc
Bar-sur-Aube

Bar-sur-Seine
Baume-les-Dames
Bayeux
Bazas
Beaugé
Beaune
Beauvais
Belfort
Bellac
Belley
Bergerac
Bernay
Bessèges

Béthune
Blaye
Bonneville
Bourg
Bourganeuf
Boussac
Bressuire
Briançon
Briey
Brignoles
Brioude
Brive
Cahors

---

1. Les chefs-lieux sont en lettres grasses, les sous-préfectures en lettres ordinaires, les autres villes en italique.

Calvi	Gex	Mirande	Saint-Amand
Cannes	Gien	Mirecourt	**Saint-Brieuc**
Carpentras	*Givors*	Moissac	Saint-Calais
Castellane	Gourdon	Montargis	*Saint-Chamond*
Castelnaudary	*Granville*	Montbéliard	Saint-Claude
Castelsarrasin	Grasse	Montbrison	Saint-Dié
Céret	Gray	**Mont-de-Marsan**	*Saint-Dizier*
Charleville	Guéret	Montdidier	Sainte-Menehould
Charolles	Guingamp	Montélimar	Saint-Flour
Châteaubriant	Hazebrouck	Montfort	Saint-Gaudens
Château-Chinon	*Hyères*	Montmédy	Saint-Girons
Châteaudun	Issoire	Montmorillon	Saint-Jean-d'Angély
Château-Gontier	Issoudun	Montreuil	St-Jean-de-Maurienne
Châteaulin	Joigny	Morlaix	Saint-Julien
Château-Thierry	Jonzac	Mortagne	**Saint-Lô**
Châtillon-sur-Seine	La Châtre	Mortain	Saint-Marcellin
Chaumont	La Flèche	Moutiers	Saint-Malo
Chinon	*La Grand'Combe*	Murat	Saint-Pol
Cholet	Langres	Muret	Saint-Pons
Civray	Lannion	Nantua	Saint-Sever
Clamecy	**Laon**	Nérac	Saint-Yrieix
Clermont (Oise)	La Palisse	Neufchâteau	Saintes
Cognac	La Réole	Neufchâtel	Sancerre
Commercy	Largentière	Nogent-le-Rotrou	Sarlat
Compiègne	**La Roche-sur-Yon**	Nogent-sur-Seine	Sartène
Condom	La Tour-du-Pin	Nontron	Saumur
Confolens	Lavaur	Nyons	Sedan
Corbeil	Le Blanc	Oloron	Segré
Corté	Lectoure	Orange	Semur
Cosne	Les Andelys	Orthez	Senlis
Coulommiers	Lesparre	Paimbœuf	Sens
Coutances	Les Sables-d'Olonne	Pamiers	Sisteron
Dax	Le Vigan	Parthenay	Soissons
Denain	Libourne	Péronne	*Tarare*
Die	Limoux	Pithiviers	Thiers
Dieppe	Lizieux	Ploërmel	Thonon
Digne	Loches	Poligny	Tonnerre
Dinan	Lodève	Pontarlier	Toul
Dôle	Lombez	Pont-Audemer	Tournon
Domfront	**Lons-le-Saunier**	Pontivy	Trévoux
Doullens	Loudéac	Pont-l'Évêque	**Tulle**
Draguignan	Loudun	Pontoise	Ussel
Dreux	Louhans	Prades	Uzès
Embrun	*Lourdes*	**Privas**	Valognes
Epernay	Louviers	Provins	Vassy
Espalion	Lure	Puget-Théniers	Vendôme
Etampes	**Mâcon**	**Quimper**	Verdun
Falaise	Mamers	Quimperlé	Vervins
Fécamp	Mantes	Rambouillet	**Vesoul**
Figeac	Marennes	Redon	Villefranche-de-Lauragais
Firminy	Marmande	Remiremont	Villefranche-de-Rouergue
Flers	Marvejols	Rethel	Villefranche-sur-Saône
Florac	Mauléon	Ribérac	Villeneuve-sur-Lot
Foix	Mauriac	Riom	Vire
Fontainebleau	Mayenne	*Rive-de-Gier*	Vitré
Fontenay-le-Comte	Meaux	Rochechouart	Vitry-le-François.
Forcalquier	Melle	Rocroy	*Voiron*
Fougères	**Melun**	**Rodez**	Vouziers
Fréjus	**Mende**	Romorantin	Yssingeaux
Gaillac	*Menton*	*Royan*	Yvetot
Gannat	**Mézières**	Ruffec	
Gap	Millau	Saint-Affrique	

INDEX ALPHABÉTIQUE

INDEX ALPHABÉTIQUE

TABLE DES MATIÈRES

PRÉFACE

PREMIÈRE PARTIE
GÉOGRAPHIE PHYSIQUE

CHAPITRE I. — NOTIONS PRÉLIMINAIRES

CHAPITRE II. — LIMITES

CHAPITRE III. — RELIEF

CHAPITRE IV. — CLIMAT

CHAPITRE V. — HYDROGRAPHIE

CHAPITRE III. — **COMMERCE**

QUATRIÈME PARTIE
COLONIES FRANÇAISES

CHAPITRE I. — **NOTIONS PRÉLIMINAIRES**

CHAPITRE II. — **GROUPE AFRICAIN**

CHAPITRE III. — **GROUPE ASIATIQUE**

CHAPITRE IV. — **GROUPE AMÉRICAIN**

CHAPITRE V. — **GROUPE OCÉANIEN**

CONCLUSION

APPENDICE

INDEX ALPHABÉTIQUE

TABLE DES CROQUIS

TABLE DES PHOTOGRAVURES

PRÉFACE

Les volumes que nous publions pour les Écoles primaires supérieures, ne font pas double emploi avec nos volumes antérieurement édités.

Ils ont un caractère propre, spécial, que nous nous permettrons d'exposer.

Il est bien entendu que nous n'avons pas abandonné la méthode que nous avons adoptée pour nos publications antérieures, et qui a été si appréciée par les maîtres de tous les ordres d'enseignement.

Mais, dans ces volumes, nous avons cherché à l'accommoder à la catégorie d'élèves auxquels nous nous adressons.

Venant de quitter l'école primaire, ces élèves n'ont pas encore une connaissance bien approfondie de l'histoire de France, et sont habitués à des résumés, à des notions simples.

Aussi, avons-nous suivi le même plan auquel les instituteurs ont bien voulu reconnaître tant d'avantages dans nos cours d'histoire à l'usage des écoles primaires.

Des *Notions générales* précèdent chaque chapitre; donnant, sous une forme nette et brève, un tableau d'ensemble des grandes idées qui dominent et expliquent les faits particuliers racontés dans le chapitre. Ces *Notions générales* sont destinées à être lues attentivement et, au besoin, commentées par le professeur avant que l'étude du chapitre ne soit entamée; l'élève saisira ainsi le lien logique qui unit entre eux les divers éléments, dont le chapitre doit lui présenter l'exposé méthodique.

Le chapitre est divisé *en leçons;* la leçon contient, à son tour, deux parties distinctes : un *résumé* et un *récit.* Le *résumé* est destiné à être appris par cœur par les élèves ; il est divisé en un petit nombre de paragraphes, dont le récit développe méthodiquement, paragraphe par paragraphe, toutes les matières.

Mais, dans cette série de volumes destinés aux Ecoles primaires supérieures, nous avons, bien entendu, haussé le ton, et les élèves trouveront dans nos volumes des détails suffisants pour répondre au programme de leurs études, et nous avons surtout cherché à donner le *détail pittoresque,* caractéristique, celui qui fait mieux connaître une époque, que de longs récits.

Note de l'éditeur. — Les nombreuses éditions qu'ont eues les volumes destinés aux Ecoles primaires supérieures, prouvent que MM. Ammann et Coutant ont conçu un plan intéressant, et qu'ils l'ont exécuté avec habileté.

COURS DE MORALE
THÉORIQUE ET PRATIQUE
CONFORME AUX PROGRAMMES
DES ÉCOLES PRIMAIRES SUPÉRIEURES (FILLES ET GARÇONS)

PAR

A. PIERRE   &   **MLLE ALINE MARTIN**

Ancien Directeur départemental du Nord
Inspecteur général de l'Enseignement primaire,
Directeur de l'Ecole normale supérieure
de Saint-Cloud

Professeur agrégée
au Lycée de jeunes filles de Besançon

NOUVELLE ÉDITION

1 vol. in-12 : Broché, 1 fr. 50. — Relié toile, 2 fr. »

Voir nos Catalogues, les Extraits de nos volumes envoyés sur simple demande affranchie.

Tours, Imp. Deslis Frères, 6, rue Gambetta.

Communiqué par le Touring-Club.

1. — LES PYRÉNÉES : Eaux-Chaudes.

2. — SAINT-CLAUDE.

Neurdein frères, phot.

3. — LAC D'ANNECY : Château de Duingt.

Cliché A. Lasson.

4. — LES CAUSSES : Vue intérieure d'une grotte.

5. — BRETAGNE : Les alignements de Carnac.

6. — CETTE : La jetée.

7. — Un pont sur la Loire (Fourchambault, Nièvre).

Neurdein frères, phot.

8. — Le lac de Retournemer dans les Vosges.

9. — PARIS : Les 7 ponts.

10. — La Seine à Rouen.

11. — Haute vallée de l'Aude : les gorges de Saint-Georges.

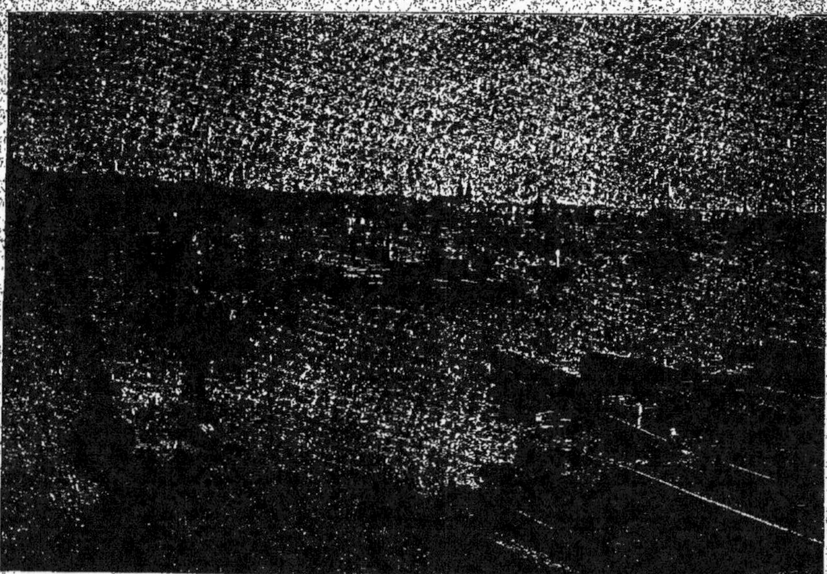

12. — BORDEAUX : Le quai de Bourgogne et la rade.

13. — TOULON : L'escadre.

14. — ALGÉRIE : Environs de Biskra.

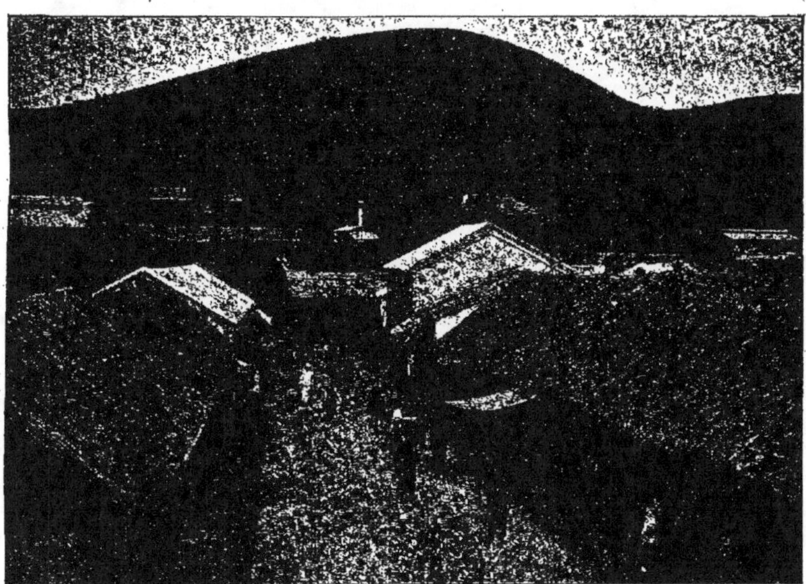

15. — TONKIN : Village indigène de Hongay.